RELACIÓN DE GOBIERNO DEL REAL DE MINAS DE HUANCAVELICA
(1758-1763)

Antonio de Ulloa

Relación de Gobierno del Real de Minas de Huancavelica (1758-1763)

Edición, estudio introductorio y notas de
Kendall W. Brown y José J. Hernández Palomo

Banco Central de Reserva del Perú

IEP
Instituto de Estudios Peruanos

Serie: Historia Económica, 26
Fuentes y clásicos de la Historia Económica del Perú 2

Antonio Miró Quesada 441-445, Lima 1
Telf.: (51-1) 613-2000 / Fax: (51-1) 613-2552
www.bcrp.gob.pe

Horacio Urteaga 694, Lima 11
Telf.: (51-1) 332-6194 / Fax: (51-1) 332-6173
www.iep.org.pe

ISBN: 978-9972-51-554-5
ISSN: 2071-4246
Impreso en Perú

Primera edición: Lima, enero de 2016
1000 ejemplares

Hecho el depósito legal
en la Biblioteca Nacional del Perú N.° 2015-17834

Registro del proyecto editorial
en la Biblioteca Nacional: 11501131501387

Corrección de estudio introductorio:	Rossanna Alva
Diagramación y composición de portada:	Gino Becerra
Cuidado de edición:	Odín del Pozo

De Ulloa, Antonio

Relación de gobierno del Real de minas de Huancavelica (1758-1763). Lima, BCRP; IEP, 2016.
(Historia Económica 26)

1. HISTORIA ECONÓMICA; 2. MINERÍA; 3. INDUSTRIA MINERA; 4. COLONIA; 5. BORBONES; 6. ANTONIO DE ULLOA; 7. AZOGUE; 8. HUANCAVELICA; 9. PERÚ

W/05.01.01/H/26

Contenido

Retrato de Antonio de Ulloa (Anónimo, Museo Naval de Madrid)

"Primer plano geométrico y prospectos"
de la ciudad y minas de Huancavelica, por Pedro de Tagle (1790).
Archivo General de Indias, Mapas y planos, Perú y Chile 225.

Prefacio

Este libro se propone dar a conocer a la comunidad de historiadores y estudiosos de la historia económica, social y política del Perú un documento de enorme valor. Se trata de la *Relación de gobierno del Real de Minas de Huancavelica*, escrita por Antonio de Ulloa en 1763 que hasta hoy permaneció inédita y, por lo mismo, desconocida para la mayor parte de los peruanos. La importancia de esta *Relación* reside tanto en el tema que trata, como en su autor. Las minas de Huancavelica fueron la fuente del azogue o mercurio consumido por la minería del país, e incluso de otras partes de la América española, desde finales del siglo XVI hasta inicios del XIX. Su control le permitió al Estado colonial vigilar la producción de plata, que era el principal bien de exportación del virreinato peruano. Por ello, estas minas fueron "estancadas"; es decir, que tanto su propiedad como su administración fue puesta en manos del gobierno colonial, aun cuando este solía entregar en concesión las labores a mineros particulares, quienes las explotaban a modo de contratistas, sujetos a ciertas condiciones pactadas en un contrato o "asiento".

En este contexto, Antonio de Ulloa fue una de las figuras más reconocidas de la Ilustración española. Formado en ciencias naturales, destacó como oficial naval y gobernador de la administración colonial. Es famoso su informe escrito juntamente con Jorge Juan y Santacilia, publicado (póstumamente en 1826) bajo el título de *Noticias secretas de América*.

Era parte de las obligaciones de las autoridades virreinales preparar al término de su mandato una *Memoria* o *Relación de gobierno*, en la que se daba cuenta de las gestiones realizadas durante su administración, a la vez que trataban de orientar a su sucesor en las reformas a emprender o en los obstáculos que debía prever. El presente documento es la *Relación de gobierno* que Ulloa preparó tras su gestión como gobernador de las minas de Huancavelica entre 1758 y 1763. El documento, del que hay copia en unos pocos archivos del mundo, ha sido utilizado por algunos historiadores de la minería peruana como el español Miguel Molina Martínez, y por estudiosos de los problemas de corrupción en la administración pública del país, como Alfonso Quiroz, quien hace de Ulloa uno de los héroes en la lucha contra este flagelo presente en el país desde tiempos muy remotos.

La edición del documento y el estudio introductorio ha estado a cargo de los profesores Kendall W. Brown y José Hernández Palomo, de los Estados Unidos y España, respectivamente, quienes gozan de un largo y brillante recorrido en el campo de la historia colonial latinoamericana. Con gran satisfacción el Banco Central de Reserva del Perú y el Instituto de Estudios Peruanos entregan este libro como parte de la serie *Historia Económica*, en el entendido de que así cumplen cabalmente con los propósitos de esta colección, el cual es la divulgación de los estudios sobre historia económica del país y de los documentos y materiales que iluminan su investigación.

Banco Central de Reserva del Perú *Instituto de Estudios Peruanos*

Estudio intoductorio

Kendall W. Brown
Brigham Young University, Provo, UTAH (EE. UU.)
José J. Hernández Palomo
CSIC, Escuela Estudios Hispanoamericanos

Al Profesor John TePaske,
amigo y maestro, que siempre nos ayudó
y enseñó en nuestras investigaciones del mundo americano.

El 11 de agosto de 1757, Fernando VI nombró a Antonio de Ulloa gobernador de la provincia de Huancavelica y superintendente de sus minas, anheloso por aumentar la producción de las reales minas en el Perú.[1] Nacido en Sevilla en 1716, el joven Ulloa obtuvo una plaza en la Guardia Marina de Cádiz y, en 1734, partió con la expedición científica de Charles Marie de la Condamine rumbo a América, donde se quedó una década entre Quito y Lima. Ulloa aprovechó para estudiar la historia natural, luego de lo cual hizo recomendaciones al virrey para mejorar las fortificaciones del litoral peruano y se formó opiniones sobre los problemas que afligían el deseado buen gobierno del virreinato. Con Jorge Juan

1. El rey aprobó el nombramiento de Ulloa el día 11 de agosto y se despachó el decreto el día 14. Real despacho al virrey del Perú, 14 de agosto de 1757, AGI, Lima 1393. Estudios de la vida de Ulloa pueden verse en Arthur P. Whitaker: "Antonio de Ulloa" (1935), *The Huancavelica Mercury Mine: A Contribution to the History of the Bourbon Renaissance in the Spanish Empire* (1941); Francisco de Solano Pérez-Lila: *La pasión de reformar: Antonio de Ulloa, marino y científico, 1716-1795* (1999: 184-203); y especialmente Miguel Molina Martínez: *Antonio de Ulloa en Huancavelica* (1995).

y Santacilia, Ulloa escribió la *Relación histórica del viaje a la América Meridional* (1746) y también un análisis confidencial, editado en 1826 en Inglaterra, con el título *Noticias secretas de América*, en el cual se registraron los abusos y la corrupción en las colonias.

En 1745 intentó regresar a España, pero el navío en que viajaba fue capturado por ingleses y llevado a Londres, donde sus logros científicos impresionaron a los británicos que lo hicieron miembro de la Real Sociedad. Finalmente, consiguió volver a Madrid en 1746, en donde ya era considerado una figura importante de la Ilustración española. La Corona, decidida por sus talentos, lo envió a otros países europeos para estudiar las nuevas tecnologías que se pudieran importar para reformar la economía española. Así, visitó minas alemanas e intentó reclutar a peritos extranjeros a fin de mejorar la industria minera, tanto en España como en las colonias. Los ministros reformistas quedaron impresionados por la rectitud de Ulloa y su determinación de acabar con la corrupción que caracterizaba a muchos de los gobernadores y burócratas coloniales, por lo que fue escogido para continuar las reformas en el campo de la minería peruana de azogue.

Desde 1758 hasta 1764 luchó por solucionar los problemas de Huancavelica, como describe en la *Relación* que ahora presentamos. Después de años tempestuosos en Perú, fue nombrado para gobernar la provincia de Luisiana, recientemente adquirida a Francia, pero aquí también su extremado celo en el buen gobierno lo hizo un funcionario impopular; los desacuerdos y resistencia, especialmente por parte de los habitantes franceses, hicieron que Ulloa abandonara Luisiana el 1 de noviembre de 1768. Pasó las últimas décadas de su vida ocupado en investigaciones científicas, dedicado a la escritura de estudios sobre la historia natural y sobre la Marina, en la cual también sirvió como comandante. Murió en 1795.

Ulloa en Huancavelica

Ulloa partió de Cádiz en el navío San Rafael el 12 de febrero de 1758,[2] pero no llegó a Huancavelica hasta el 2 de noviembre, pasado más de un

2. Ulloa a Arriaga, Santa Cruz de Tenerife, 16 de febrero de 1758, Archivo General de Indias [en adelante AGI], Lima 775.

año desde su nombramiento y casi cuatro después de la muerte de Gaspar de la Cerda y Leyba, el anterior gobernador de esa ciudad minera. Entretanto, Pablo de la Vega, oidor de la Audiencia de Charcas, había servido como gobernador interino.[3] Según Ulloa, de la Vega ansiaba recibir su nombramiento como gobernador titular y quedó desilusionado al ser destituido del cargo. Ulloa acusó a de la Vega de corrupción y fraudes; en la *Relación* condenó su comportamiento.

Antonio de Ulloa parecía poseer las cualidades deseadas por la Corona para imponer disciplina en Huancavelica y aumentar la producción de mercurio. El ministro de Indias Julián de Arriaga, en su recomendación al rey, escribió que durante todo el tiempo que procuró un nuevo gobernador no había encontrado a nadie con las cualidades y experiencia de Ulloa. Era inteligente, honesto, leal a la monarquía y conocedor de la minería y la metalurgia: "Me aseguran que en metales, minas y en obras ha hecho su estudio y su desinterés es el mayor".[4] Ulloa había participado en la expedición de La Condamine a Quito y Perú, por lo que también conocía los Andes de primera mano. Para proteger la independencia de acción de Ulloa y liberarlo de interferencias por parte de los oficiales en Lima, la Corona le concedió una jurisdicción privativa con respecto a la superintendencia de azogue.[5]

La *Relación* que escribió Ulloa es un testamento que correspondía realmente a las características procuradas por Arriaga.[6] En ella se revela su fascinación sobre los aspectos tecnológicos de la producción de mercurio, su obsesión por la protección de los intereses fiscales y económicos de la Corona y su determinación en proveer un buen gobierno para Huancavelica. Al escribir la memoria detallada de su administración,

---

3. Conde de Superunda al marqués de Ensenada, 28 de febrero de 1755, AGI, Lima 775.

4. Decreto concediendo el Gobierno de Huancavelica a don Antonio de Ulloa, 1757, AGI, Lima 775.

5. Real Provisión de Fernando VI nombrando a Antonio de Ulloa gobernador de Huancavelica y superintendente de su mina de azogue, 14 de agosto de 1757, AGI, Lima 393.

6. Existen tres copias de la *Relación*, y hemos usado la del AGI para hacer esta transcripción: Lima 777. Las otras están en la Colección Ayala de la Biblioteca de Palacio de Madrid y en la Biblioteca Nacional de Lima. En el AGI hay además una copia manuscrita: Libro Manuscrito MM-6.

dividida en cinco puntos o secciones, Ulloa siguió el ejemplo de gobernadores antecesores como José de Santiago Concha, el marqués de Casa Concha, y Jerónimo de Sola y Fuente, quienes dejaron extensas memorias de sus años en Huancavelica.[7] En este marco, Ulloa representó uno de los numerosos oficiales ilustrados enviados a las Américas para reformar la administración y la economía coloniales.

Estas cualidades parecían importantes para Arriaga y el rey, porque en Huancavelica se confrontaba no solo el interés por producir mercurio suficiente para satisfacer la demanda de los refinadores andinos de plata, sino también los desafíos políticos y administrativos que mostraban una evidente corrupción que incluía al gremio de mineros, a oficiales locales y a miembros de la burocracia virreinal.

Tan difícil era la administración de las minas de mercurio que, en palabras de uno de los biógrafos de Ulloa, "los lazos de amistad, familia e interés unieron los mineros, el clero y los mismos oficiales subalternos de Ulloa con los oficiales más altos en Lima en un brazo sólido dedicado a la defensa de un sistema completamente corrupto" (Whitaker 1941: 43-44). Tres años de lucha llevaron a Ulloa a pedir traslado a otro puesto y licencia real para dejar Huancavelica. En suma, la historia del periodo que Ulloa sirvió en esta provincia minera muestra las dificultades encontradas en las reformas "ilustradas", impuestas "desde arriba" por ministros metropolitanos.

La *Relación* de Ulloa

La responsabilidad final de Ulloa fue la producción de azogue, pues sin el mercurio de Huancavelica los azogueros no podían amalgamar

7. Ulloa escribió: "Habiendo sido práctica en este Gobierno desde que lo ocupó el Marquéz de Casa Concha, por relación de lo acaecido en el tiempo de cada uno, la qual entregándose al succesor, le sirve de norma para imponerse en el estado de los negocios que dependen del, y ver el mejor modo de desempeñarlo". AGI, Lima 777. Ulloa a Arriaga, Huancavelica, 20 de abril de 1763. Para Casa Concha véase "Relación del Estado que ha tenido, y tiene la Real Mina de Guancavelica. Y los intereses de la Real Hacienda, en las dependencias del Azogue, que haze el Marques de Casaconcha al Señor Doctor Don Álvaro Cabero su succesor en los cargos de Governador de Guancavelica, y Superintendente de la Rl. Mina y Caja. Año de 1726", AGI, Lima 469. Se publicó la memoria de Sola: Gerónimo de Sola y Fuente: *Relación e informe, que haze el Doc. D. Gerónymo de Sola y Fuente, del C. de S. M. en el Real, y Supremo de las Indias, Governador, que acabé de ser de la Villa, y Mina de Huancavelica*, Lima, 1748.

ni beneficiar sus minerales de plata. La primera sección de la *Relación* describe sus actividades como superintendente de la mina real de Santa Bárbara, la explotación minera del cinabrio, la organización de la mano de obra y la tecnología utilizada por el gremio andino para extraer el cinabrio, del que se destilaba el mercurio. Ulloa comprendió que su propio éxito dependía de la cooperación de este gremio de mineros. Algunos relativamente prósperos, y otros con pocos recursos, se comprometieron con la Corona a proveer el azogue suficiente para satisfacer la demanda peruana; no obstante, cada minero tuvo su cuadrilla de obreros, trabajó sus propias excavaciones (llamadas "labores") de Santa Bárbara y tuvo sus hornos particulares para destilar el mercurio. Como consecuencia, los mineros de excavaciones ricas, señalados por los veedores (que representaron al gobernador dentro de la mina), podían lucrar mucho, mientras aquellos que trabajaban labores pobres se hallaban en dificultades económicas. Antonio de Ulloa intentó reorganizar el trabajo en algunas de las partes más ricas de la mina para que el gremio entero tuviera ganancias (una disposición que él llamó "la minería del rey") en vez de aprovechar tan solo a algunos pocos mineros. Cuando los mineros se quejaron de que la ley de los minerales era tan pobre y sus gastos de producción tan altos que no costeaban el pago del quinto real, Ulloa hizo su propia indagación y descubrió que, en realidad, las operaciones de muchos agremiados no tendrían ganancias si ellos pagaban el quinto; así, suspendió temporalmente el cobro del impuesto y solicitó su abolición por el Superior Gobierno en Lima, quien eventualmente lo anuló.[8]

El segundo punto de la *Relación* habla de la supervisión por Ulloa del gremio que explotaba la mina real por vía de un asiento con la Corona. Ulloa describe cómo estaba organizado el gremio y cómo funcionaba con sus representantes, los procuradores. Esta sección también analiza el proceso por el que el gremio vendía su mercurio a la Corona y cómo la real hacienda lo almacenaba y empaquetaba antes de enviarlo a las minas de plata.

---

8. Representación de Ulloa a Carlos III, núm. 20, 10 de diciembre de 1760, AGI, Lima 1326; "Expediente sobre la libertad del derecho del quinto del azogue, concedida a los mineros de Huancavelica por el Conde de Superunda, virrey del Perú, 1759-1763", AGI, Lima 818.

El tercer punto se dirige a la supervisión, por Ulloa, de la caja de la real hacienda. El asiento exigió que el gremio vendiera toda su producción de azogue a la Corona, la cual entonces lo revendió a los refinadores de plata. Los fondos así producidos por la venta del mercurio pagaron por las operaciones en Huancavelica, y la real hacienda tuvo que remitir barras de plata y monedas desde las reales cajas mineras hasta Huancavelica para que el gremio pudiera continuar su extracción de cinabrio, pagar a los obreros y destilar mercurio. Muchas veces, sin embargo, el gobierno virreinal desvió la plata remitida para pagar por el mercurio con el fin de cubrir gastos en otros lugares, dejando a Ulloa sin fondos operativos suficientes. Él luchó por evitar que los oficiales reales en Potosí, Oruro y otros distritos mineros dieran mercurio a los refinadores sin que ellos tuvieran fianzas para garantizar que pagaran por los azogues. La *Relación* está llena de lamentaciones de Ulloa sobre el desorden de la real caja de Huancavelica, los problemas de su sistema de contabilidad y la desidia por burócratas limeños de regular la hacienda real de tal manera que se pagasen las deudas de mercurio.

El cuarto punto de la *Relación* contiene los comentarios de Ulloa sobre sus acciones como gobernador de la villa de Huancavelica y la administración de justicia. Se queja continuamente de que su gobierno está "lleno de angustias y pesares" que "han recaído sobre mí". La villa no tenía cabildo, con sus regidores y alcaldes, para asumir responsabilidades municipales. Al contrario, el gobernador monopolizó la autoridad política y por tanto también las responsabilidades, aunque el gremio ejercía bastante influencia política extraoficial. Además de sus pesados deberes relacionados con la producción de mercurio, Ulloa también tenía que tratar los robos de ganado y la embriaguez causada por la adicción popular al aguardiente. Luchó para resolver los problemas causados por una carestía de pan que fue exacerbada por el clero, que compró grandes cantidades de trigo y las retuvo para hacer subir el precio en el mercado. Cuando una inundación destruyó el puente municipal sobre el río, tuvo que diseñar y construir uno nuevo. Mandó empedrar las calles y organizó la atención médica cuando una seria epidemia afligió la ciudad. Ulloa despreció el concubinato, la lascivia y el juego, elementos tan generalizados en los centros mineros, e intentó frenarlos.

En el quinto punto, el autor escribe acerca de los modos de gobernar la provincia de Angaraes y su corregimiento, así como sobre las dificultades en ello inherentes. En otras partes de la *Relación* casi no menciona la cultura y las prácticas de la población indígena, pero sin embargo ofrece algunas referencias. Le preocupó sobremanera el carácter colonial e imperial de la provincia de Angaraes que se reflejaba en la etnicidad de sus habitantes, sus obligaciones financieras para con la Corona y los problemas relacionados con el cobro de deudas del reparto de comercio por el corregidor.

Además de sus agudas y minuciosas observaciones con respecto a la producción de mercurio y el gobierno civil, la *Relación* contiene otro tema importante vinculado a las controversias que envolvieron su administración. Ulloa quiere explicar sus acciones sin parecer defenderse de las acusaciones hechas contra él por sus enemigos. Su probidad inflexible no pudo adaptarse a lo que fue poco más que un asentamiento minero, donde la vida fue dura y los placeres escasos. Escribe Francisco de Solano Pérez-Lila, uno de sus biógrafos, que "Ulloa tuvo un exagerado sentido del mando, pero careció de flexibilidad y no supo convencer a los críticos sobre sus reformas. En el fondo, pretendió que en Huancavelica y en Luisiana los mineros y los franceses fueran tan dóciles y sumisos a sus directrices como obedientes resultaban los marineros en los navíos" (Solano Pérez-Lila 1999: 183). Ulloa atacó el juego, la prostitución y la embriaguez e intentó obligar a los indios a trabajar más en la mina. Más seria fue su disputa con Francisco Ocharán, un comerciante de la villa. Ocharán y un socio habían comprado al antecesor de Ulloa el derecho de vender mercancías (el odioso reparto de comercio) entre los indios de Angaraes e intentaron seguir con esta prerrogativa. Cuando Ulloa llegó, Ocharán pretendió cobrar 48.000 pesos de los indios por las mercancías ya distribuidas. Además, trató de convencer a Ulloa, antes de que este llegase a Huancavelica, de que le vendiera el derecho de continuar los repartos. Ulloa no solamente se negó sino que intentó impedir que cobrara el dinero que se le debía del último reparto, entonces Ocharán presentó apelación a Lima y el virrey Manuel de Amat le autorizó que continuara.[9] Él mismo también fue el asentista del trajín del mercurio a las minas de plata y pretendió de la real hacienda un débito de 29.000 pesos. Ulloa investigó y concluyó que fue Ocharán el que debía a la caja

9. Ulloa a Arriaga, 18 de diciembre de 1762, AGI, Lima 842.

real más de 10.000 pesos (Molina Martínez 1995: 108). Con todo esto, Ocharán se convirtió en enemigo implacable de Ulloa.

De vez en cuando, Ulloa intentó demostrar una autoridad y un poder que en la sierra andina era un tanto ficticio. Por ejemplo, no obstante haber sido advertido de la corrupción que encontraría, emprendió poco después de llegado a Huancavelica un proyecto polémico e incauto para intimidar al gremio y obtener su obediencia. Ulloa informó a los mineros que la Corona había autorizado disolver el gremio y poner la explotación de la mina bajo administración real, si lo consideraba oportuno. Entonces, para protegerse de si alguien pidiera ver la orden, escribió a Arriaga solicitando que le enviara tal despacho. Arriaga cumplió con la petición, pero le informó que el rey no pretendía, y nunca pretendió, ponerlo en práctica, y que la orden servía solamente para el propósito que Ulloa había descrito.[10] El único resultado definitivo fue la enconada enemistad que se ganó con algunos elementos importantes del gremio.

La falta de formación legal de Ulloa fue una seria desventaja para su función en Huancavelica. Él mismo lo reconoció. Así, escribió en la *Relación*: "El gobierno de Guancavelica, por muchas razones, convendría que recayese en Juez letrado". La necesidad de pericia en cuanto al derecho y los procesos legales le molestaban desde octubre de 1760, cuando despidió y posteriormente detuvo a los veedores de la mina José Campuzano y Juan de Afino, y al sobrestante de materiales José Gordillo. Los acusó de fraudes: para mantener la mina cargaron al gremio precios sobrevalorados por la piedra, cal, madera y otros materiales que realmente se expendieron, y se embolsaron ilícitamente la diferencia. Según el historiador Miguel Molina Martínez, "la causa seguida contra estos fue el origen de todo cuanto aconteció después y, en gran medida, explica su fracaso [refiriéndose al gobierno de Ulloa]" (Molina Martínez 1995: 67). Pablo de la Vega, el antecesor de Ulloa, había tolerado tal comportamiento y probablemente se había aprovechado personalmente de la corrupción. Convencido de la culpabilidad de los veedores, Antonio de Ulloa inició precipitadamente el proceso legal. Los partidarios de los

10. Ulloa a Arriaga, 15 de noviembre de 1758, AGI, Lima 775; y Arriaga a Ulloa, 4 de agosto de 1760, AGI, Lima 1326.

acusados alegaron que, contrario al procedimiento legal correcto, Ulloa amenazó a Gordillo con tortura a menos que confesara y diera testimonio contra los dos veedores.[11] Los acusados y sus representantes también se quejaron de otros aspectos del proceder de Ulloa. Realmente, no existía mucha duda en cuanto a la culpabilidad de los veedores, pero las incorrecciones y precipitaciones les proveyeron de argumentos suficientes para elevar apelaciones al Superior Gobierno en Lima. Esto añadió demora y controversia al proceso y permitió que otros se mezclaran en lo que Ulloa consideraba su jurisdicción privativa. La animosidad llegó a tal nivel que había rumores de que los partidarios de los veedores maquinaron una conspiración para asesinar a Ulloa, obligando al gobernador a tomar precauciones contra dicho complot.[12]

Además de su informe sobre la controversia con los veedores, otro tema que impregna la *Relación* es la crítica a los oficiales eclesiásticos y políticos. Ulloa peleó con Manuel José Villalta, cura de San Antonio, que compró una cantidad grande de trigo durante un período de escasez e intentó venderlo luego por un precio exorbitante. Villalta amenazó a Ulloa con la excomunión y dio su apoyo a la facción de los veedores.[13] Un irritante eclesiástico aún peor fue Juan José de Aguirre, cura de San Sebastián, que siempre estuvo dispuesto, e incluso él mismo preparó disputas y controversias. Dada la falta de abogados cualificados en Huancavelica, Aguirre emprendió autos legales representando a los veedores. Escribió diatribas contra Ulloa y persuadió a sus colegas eclesiásticos para que las proclamasen desde el púlpito.[14] Respondiendo a las quejas de Ulloa, el obispo de Huamanga mandó que Aguirre saliera de Huancavelica y fuera a Lima,[15] pero ello no fue una solución. Se alegaba que

11. Copia compulsada de la causa criminal formada por Antonio de Ulloa, gobernador de Huancavelica, contra los veedores de la Real mina por la malversación de sus oficios, 1760-1761, AGI, Lima 845; e Informe que contiene las declaraciones de peritos mandadas recibir por Antonio de Ulloa, acerca del estado y situación de las minas de azogue de Huancavelica, 1761, segunda parte, AGI, Lima 846 A.

12. Ulloa a Amat, 8 de octubre de 1761, AGI, Lima 842.

13. Ulloa a Arriaga, núm. 10, 14 de mayo de 1762, AGI, Lima 842.

14. Ulloa a Arriaga, núm. 5, 2 de febrero de 1762, AGI, Lima 842.

15. Autos seguidos contra el doctor Juan José de Aguirre, cura de la villa de Huancavelica, 1761-1764, AGI, Lima 846 B.

Aguirre había sido el mentor de José Perfecto de Salas, el asesor del virrey Amat, cuando los dos estaban en Chile. Ulloa tenía miedo de que Aguirre pudiera usar esa relación para influir sobre el virrey y pervertir la justicia.[16] También fue molesto el contador de la caja real, Juan de Sierra, antiguo minero que esperaba enriquecerse con los fraudes que tradicionalmente caracterizaban la compra de mercurio del gremio y el desembolso de fondos a los mineros. Ulloa, en este caso, consiguió, finalmente, el traslado de Sierra a la caja real de Chucuito.[17]

Al parecer, Ulloa terminó su *Relación* en mayo de 1763,[18] algo más de un año antes de que recibiese permiso del rey y de Arriaga para partir de Huancavelica. Su memoria ofrece algunos pormenores de las controversias que embrollaron su administración y la tensión que experimentó, las que empeoraron durante el último año de su estadía. Cuando a mediados de julio de 1764 recibió la orden para partir inmediatamente a La Habana, donde una nueva misión le esperaba —había sido nombrado gobernador de Luisiana—, su gratitud lindó casi con lo patético.[19] Arriaga hizo que Ulloa pudiera salir del Perú sin primero someterse a la investigación judicial de su administración[20] y, de hecho, al final nunca se realizó el famoso "juicio de residencia" acostumbrado.[21] La "presa" se

---

16. Ulloa describió Salas como el "discípulo" de Aguirre, cuando los dos vivían en Chile. Ulloa a Arriaga, 15 de marzo de 1762, AGI, Lima 842.

17. Ulloa a Arriaga, núm. 12, 24 de junio de 1762, AGI, Lima 842. A pesar de las críticas duras hechas por Ulloa, Sierra fue promovido y se jubiló en 1785 como contador mayor del Tribunal de Cuentas en Lima. Escobedo a Gálvez, núm. 396, 20 de enero de 1785, AGI, Lima 1103.

18. Aunque el título de la "Relación" lleva la fecha de 10 de febrero de 1763, el Quinto Punto termina con la de 15 de mayo del mismo año.

19. Ulloa a Arriaga, núm. 126, 13 de julio de 1764, AGI, Lima 775.

20. El virrey Manuel de Amat y el fiscal Diego de Holgado querían tomar la residencia a Ulloa, pero esto fue depuesto de la fiscalía en 1768. La Corona designó a Antonio de Porlier para proceder con la residencia, pero él pidió que se le relevase de la responsabilidad. ("Expediente relativo a la solicitud de Antonio Porlier de que se le releve de la commissión por la que debe tomar la residencia a Antonio de Ulloa, gobernador de Huancavelica," 1769-1770, AGI, Lima 851; Molina Martínez (1995: 199-242) ha publicado un índice de los documentos que tenía Porlier relativos a la residencia de Ulloa.)

21. Ulloa a Gálvez, 28 de noviembre de 1786, AGI, Lima 1330.

había escapado, por lo que los enemigos de Ulloa volvieron su ira contra algunos amigos y aliados del gobernador, como el procurador del gremio Juan de Alasta (Brown 2004).

La *Relación* de Ulloa es un testimonio elocuente de la amplitud de sus conocimientos, su energía y afán por reformas de todo orden, así como de su firme y fiel dedicación a los intereses de la Corona. Sin embargo, también testifica las dificultades que enfrentaron las reformas emanadas "desde arriba" para ultramar, especialmente por oficiales que poseían integridad y pericia tecnológica pero que carecían de la experiencia política y legal para triunfar en circunstancias extremadamente difíciles.

Referencias bibliográficas

Brown, Kendall W.

2004 "The Curious Insanity of Juan de Alasta and Antonio de Ulloa's Governorship of Huancavelica". En *Colonial Latin American Review,* vol. 13, n.° 2, diciembre, pp. 199-211.

Molina Martínez, Miguel

1995 *Antonio de Ulloa en Huancavelica*. Granada: Universidad de Granada.

Solano Pérez-Lila, Francisco de

1999 *La pasión de reformar: Antonio de Ulloa, marino y científico, 1716-1795*, edición de Salvador Bernabéu A. y José J. Hernández Palomo. Cádiz: Universidad Servicio de Publicaciones, pp. 184-203.

Whitaker, Arthur P.

1935 "Antonio de Ulloa". En *Hispanic American Historical Review,* vol. 15, n.° 2, mayo, pp. 155-194.

1941 *The Huancavelica Mercury Mine: A Contribution to the History of the Bourbon Renaissance in the Spanish Empire*. Cambridge: Harvard University Press.

Relacion de Govierno del Capitan de Navio de la Real Armada D.n Antonio de Ulloa; en la Villa de Guancavelica su Real Mina, Gremio de Mineros, Casas Reales de Guancavelica y demas del Reyno, donde se hace Expendio de Azogues: Govierno civil y Politico, de la Villa, y de la Provincia de los Angaraes desde el dia 4. de noviembre de 1758. que tomó el mando asta el 10 de febrero de 1763.

Quando tome el mando de Guancavelica en 4 de Nov.re de 1758. se hallaban todos los asumptos de este Govierno en el mas horrible desorden que se puede imaginar; porque haviendo Governado interinamente, el S.or D.n Pablo de la Vega y Barcena, Oydor que era de la Audiencia de Chuquisaca el tiempo de quatro años, y seis meses se havia interrumpido en este tiempo, todo el buen orden que establecio, D.n Geronimo de Sola, y continuo D.n Gaspar de la Cerda Leyba, a quien vino a succeder por nombramiento que hizo en el, el Virrey D.n Joseph de Manso Conde de Superunda, haviendolo practicado por Renuncia que hizo D.n Gaspar de la Cerda, en fuerza de su abanzada Edad, y graves enfermedades que padecia, porque bastante tiempo antes, de hacer la Renuncia le sobrevino Paralisis, del qual no sanó perfectamente y murio a los nueve meses despues.

El nombramiento hecho en D.n Pablo de la Vega por la renuncia del anterior fue violento, y assi decayó tambien en su Govierno, porque siendo practica mas antiguada que quando S.M. no embiaba de España a los que havian

Facsímil del primer folio de la *Relación* de Antonio de Ulloa en el Archivo de Sevilla.

RELACIÓN DE GOVIERNO DEL CAPITÁN DE NAVÍO DE LA REAL ARMADA DON ANTONIO DE ULLOA EN LA VILLA DE GUANCAVELICA, SU REAL MINA, GREMIO DE MINEROS, CAXAS REALES DE GUANCAVELICA Y DEMÁS DEL REYNO DONDE SE HACE EXPENDIO DE AZOGUES, GOVIERNO CIVIL Y POLÍTICO DE LA VILLA Y DE LA PROVINCIA DE LOS ANGARAEZ DESDE EL DÍA 4 DE NOVIEMBRE DE 1758, QUE TOMÓ EL MANDO, ASTA EL 10 DE FEBRERO DE 1763[1]

Quando tomé el mando de Guancavelica, en 4 de noviembre de 1758, se hallaban todos los asumptos de este govierno en el más horrible desorden que se puede imaginar, porque, haviendo governado interinamente el Doctor D. Pablo de la Vega y Bárcena, oydor que era de la Audiencia de Chuquizaca, el tiempo de quatro años y seis messes, se havía interrumpido en este tiempo todo el buen orden que estableció D. Gerónimo de Sola y continuó D. Gaspar de la Cerda y Leyba, a quien vino a succeder por nombramiento que hizo en él el virrey D. Joseph de Manso, Conde de Superunda; haviéndolo practicado, por renuncia que hizo D. Gaspar de la Cerda en fuerza de su abansada edad y graves enfermedades que padecía, porque bastante tiempo antes de hacer la renuncia le sobrevino parálisiz, del qual no sanó perfectamente y murió a los nueve messes después.

---

1. La transcripción del documento es del AGI, Lima 777 y es literal, corrigiéndose tan solo las mayúsculas y minúsculas, y la "u" cuando es "v", que son pocos casos. Asimismo, hemos acentuado las palabras y puntuado las frases para hacer más fácil su lectura.
En el AGI hay una copia manuscrita con la signatura AGI, MP-Manuscritos, 67. Hemos revisado este documento y presenta cambios muy notables en la ortografía, cambios de tiempos verbales, de expresiones, etc.; en algunos casos hay varias líneas que se añaden o suprimen, como en la parte I los puntos 54, 60 o 93, incluso el punto 130 es en el transcrito 131, y viceversa. El caso más significativo nos lo ofrece la parte II punto 5 en el que las cifras de cantidades son diferentes.

El nombramiento hecho en D. Pedro de la Vega, por la renuncia del antesesor, fue violento, y assí succedió también en su govierno, porque siendo práctica mui antiquada que quando Su Majestad no embiaba de España a los que havían de governar, tenía resuelto por sus Reales Cédulas que viniesen los oydores de Lima, y que lo hiciesen por turno de antigüedad, el qual havía de ser de tres años; y en esta supocición debió observarse lo mismo en el caso de la vacante; pero no se executó assí, y hallándose en Lima D. Pablo de la Vega, a donde havía pasado con licencia de la Audiencia de Chuquisaca, hizo el virrey elección de él, excluyendo de esta ocupación a los de aquella ciudad, cuya innobación fue tenida a desaire por los que se contemplaban con derecho más entablado, y los displicentó mucho conciderando que se hacía poco aprecio de sus personas quando se prefería un estraño a los del Tribunal, que de largo tiempo havía dado suxetos para ocupar este empleo; pero esta innovación se disculpó con decir que el nombrado no tenía tiempo determinado, porque luego que Su Majestad eligiese suxeto, havía de cesar; en cuyos términos no podía ser de provecho el empleo para los oydores de Lima; y siendo este fin el principal a que se attiende por estas partes, sirvió de competente disculpa, bien que nunca dexaron los oydores de recentir su desaire, contemplando que aunque fuese por poco tiempo, podrían conseguir algunos adelantamientos, como sucedía en los goviernos antiguos.

Desde el instante que entró a governar D. Pablo de la Vega, empesaron a experimentarse los mayores desórdenes a que le induxo su conducta, porque poseído de una codisia insaciable y de un desseo de athesorar riquesas sin límites, quantas líneas se tiraban hiban dictadas por la tiranía y se dirixían a que cuantos asumptos penden de este manexo, que es bien basto, le huviese de contribuir. La mina, cuya concervación es el principal objeto, se tiró a disfructar, sin reparar en que se arruinaba; el Gremio se puzo con artificio en las más odiosas contribuciones, y se governaba con violencia; las Caxas Reales se abandonaron a los fraudes y maldades que querían cometer los que las manejan; la Hacienda Real estaba reducida a intelixencias particulares, cuyo desorden empesaba por la de esta villa. La administración de azoguez se havía constituido comercio de utilidades entre los particulares; la distribución de justicia se hacía a contemplación de los cohechos, y el que no contribuía no hallava puerta por donde entrar a solicitarla. La provincia de los Angaraez no experimentava mexor suerte que los otros ramos del govierno, y todos quantos concurrían a estos exorbitantes desórdenes, dando arbitrio para adelantarlos, governavan y estavan en la primera aseptación: assí confesado por el mismo governador durante su tiempo, y después que acabó; en el primer año pasaron de treinta mill pesos los que recibió, siendo así que manexado con regularidad no hay más utilidades que el sueldo que da Su Majestad y a lo sumo dos o tres mill pesos que pueden importar cada año los vales que los mineros dan al governador el día de su santo, por modo de obsequio; porque, aunque estos puedan servir en los tiempos presentes hasta cinco mill pesos, la mayor parte de ellos no tienen efecto, o por pertenecer a mineros pobres que no tienen forma de cumplirlos, o porque aunque la tengan no lo quieren hacer; en los siguientes años aún fue mayor lo que recoxió que en el primero, pues decía que después del virreinato no havía empleo tan lucrativo como el govierno de Guancavelica, pero estas utilidades se conceguían por unos medios tan ilícitos y desproporcionados como quedan mencionados, y explicaré más adelante, no para que se imiten, sino para que se huiga de ellos.

En Lima no se ignoravan los desordenes y las tiranías que se estavan practicando en Guancavelica, y lo mal que se servía al rey, pero se disimulava sirviendo para ello la distribución que se hacía de una parte de estas riquesas mal adquiridas en obsequios, para cuyo fin se embiavan varras de plata de regalo en los días de santo, y se repetían quando havía algún aprieto; este camino, aunque tan contrario a la justicia y tan prohibido a la razón, se halla tan trillado, que por no haverme suxetado a él, dexando un exemplar tan pernicioso a los succesores, y en el que no creo que incurrieron los governadores Sola y Leyba, ni tuvieron por qué, ha sido causa de los graves sinsabores que se me han ocacionado, y de haver triumphado contra mí los émulos mal intencionados; pero no me arrepiento de lo que he padecido por no haverme constituido contribuyente, ni haver seguido la cenda que pudiera haverme obligado a ello, y si mi reputación a experimentado por esta razón los más horribles contrastes y tropelías, me recompensa en ellos la serenidad y sociego de la conciencia, en donde no hay ningún remordimiento de haver faltado a la justicia y al cumplimiento de las cosas que son de mi obligación en servicio del rey y del público, ni de averme entregado a la codicia, o a admitir cohechos y sobornos con título de obsequios, pues los cortos que se me han ofrecido han sido por personas totalmente independientes, que no han tenido relación alguna ni con las cosas de govierno ni con las de superintendencia, de particular a particular.

Hallándose en tanto desorden todos los assumptos del govierno, no combenía hacérseme entrega de él, y hera manifiesto que se huvieran puesto patentes con más brevedad los excesos si de cada uno se huviese dado razón del estado que tenía. Solamente se me entregó la mina y la cárcel en la forma que diré, pero no se trató de hacerlo con la Caxa Real de esta villa, con el Gremio de Mineros, con el Ramo de Azoguez, en las otras caxas, con las dependencias de él, y con las cédulas y ordenes de Su Majestad sobre este basto manexo; todas cosas esencialícimas para entrar en conocimiento del estado que tenían y poder continuar baxo de este principio, dando las órdenes que fuesen combenientes para seguir con acierto; pero de haverse hecho, era preciso descubrir el inexplicable desorden en que estava todo: los atrasos que padecían los intereses reales, los fraudes exorbitantes que se cometían, y la livertad que havía para hacerlos sin que huviese escrúpulo que sirviese de freno.

Antes de empesar a explicar las cosas de la mina, que serán las primeras de que trataré, me es preciso decir que este govierno es la ocupación más laboriosa que el rey tiene en todos sus dominios, porque el governador tiene sobre sí el govierno y mecanismo de la mina, el del Gremio de Mineros, el de la Caxa Real de esta villa, el de otras nueve caxas en donde se manexan azoguez, y el govierno civil y político de esta villa y de la provincia de los Angaraez, que cada uno de ellos pedía un hombre hávil y de mucha aplicación, pero todo recae sobre el governador, sin tener oficina ni persona alguna que le ayude a sobrellevar el pezo de estos cuidados; assí no me ha sobrado tiempo a mí para evaquarlos, empesando diariamente la tarea a las seis de la mañana, y muchas vezes me ha succedido no poderlas tener evacuadas a las dies de la noche. D. Pablo de la Vega se manexaba tan al contrario que dexaba la cama a las onse del día y lo más de él lo pasaba en ocupaciones que miraban a su provecho y al fin de adelantar sus utilidades, en cuya forma no es de admirar que los negosios importantes del empleo y del servicio del rey, estuviesen en un total descuido, entregado a la voluntad de las mismas personas a quienes combenía viciarlos; pero si se ha de desempeñar en ellos la real confiansa, procurando que no se cometan maldades, es preciso emplear bien las horas del día y se hallará al fin que no sobra tiempo.

N.º 1
Entrega de mina

Es de establecimiento antiguo hacerse entrega de la mina de unos governadores a otros, y no hai diligencia más superflua quando durante el tiempo del govierno no se ha de vicitar con frequencia, celando por todos modos su concerbación, porque de qué sirve que un governador la entregue al succesor en buen estado si el peligro, la incomodidad y la fatiga que ocaciona el andar por dentro de ella para vicitarla, ha de ser causa de que los mineros bayan destruyéndola por aprovecharse de los metales sobresalientes que ay en los estrivos, en los murallones y en otras partes esenciales que la sostienen. El recivo que hise de ella empezó en 8 de noviembre del mismo año de 758, y concluyó en 2 de diciembre, haviendo sido preciso dexar de ir algunos días por haverse ofresido otras diligencias que lo estorvaron. Para este acto se nombran prácticos por el governador que hace la entrega y por el que recibe, que son mineros de los que se reconocen con más intelixencia, y concurren assimismo los dos veedores y los sobrestantes de ella, pero hasta mi tiempo no havía sido esta diligencia otra cosa más que una mera ceremonia, porque los governadores y los mineros nombrados no entraban sino en muy pocos paraxes, dejando al adbitrio de veedores y sobrestantes que fuesen haciendo relación de las calles, plasas, labores, estribos, arquillos y murallones a su adbitrio, que lo más se hacía de memoria y copiando las entregas anteriores a las quales se añadía o se suprimía lo que parecía combeniente, y se firmaba como si en la realidad todo se huviera reconocido. De aquí ha nacido que en las entregas modernas se dan por recevidos muchos parajes y labores antiguos, que desde largo tiempo se hallan ciegos, y son aora tan desconocidos que no hai quien pueda decir con fixesa acia qué parte corresponden, como se verifica quando a pedimento de los mismos mineros se intenta abrirlos, porque después de haverlos trabaxado muchos meses en esta diligencia, impendiendo en ella crecidos gastos, no se logra el fin de encontrarlos. Yo no quise hacerme cargo de la mina en la forma que lo havían hecho mis antesesores, porque aviendo dispuesto el ánimo quando me resigné a venir a servir a Su Magestad en este empleo, a cuidar de su concerbación y a mantenerla en el mexor estado de firmesa que fuese posible, hice la determinación de vicitarla por mí propio, de reconocer las obras que necesitase y de mandarlas hacer con todas las formalidades que se requieren. En esta determinación propuse a D. Pablo de la Vega que la havía de medir toda, y de rumbearla, reconociendo quanto contiene, y assí se hizo, bien que el antecesor, los prácticos que se nombraron y aún el escrivano, no hacían otro oficio que el entrar y sentarse en un paraje cómodo en algunas de las plasas o en la calle Real, donde se mantenían, ínterin que yo con las mayores penalidades y fatigas entraba con los veedores y sobrestantes midiendo sus ruinosas calles, sus monstruosas oquedades, sus mal formadas labores y sus estrivos, que sólo eran una apariencia, y al tiempo de concluir esta molesta ocupación bolvían a salir conmigo, sin ser capás de dar más rasón de lo que se extendía por diligencia de entrega en aquel día que lo que me oían decir, y relacionaban los veedores y sobrestantes con su rusticidad y ygnorancia.

N.º 2

Por quiénes se rumbeó y midió la mina

De este modo se hizo la entrega y recibo de mina, midiendo y rumbeando calles y plasas por mí, desde el brocal hasta el suelo o nivel del Socabón Real, y desde éste hasta las partes baxas, como son Cochapata, Loreto, Santo Thomás, Jesús María y otros lugares, que son inferiores al socabón, por D. Miguel de Sierralta, minero de este Gremio, haviendo sido la razón que huvo para ello estar las calles tan estrechas, ruinosas y difíciles, que no era posible trancitar por ellas, pues aún estando habituado a traficar por la mina Sierralta le costó mucho triumpho e imponderable trabajo el entrar, de suerte que havía más de un año que yo governaba, y con toda mi actividad no havía sido posible entrar a reconocer la mayor parte de los parajes que se hallan inferiores al plan del Socabón Real, ni havía sido suficiente este tiempo para poner corrientes las calles que conducían a ellos.

N.º 3

Estado que tenía la calle Real y las demás desde el brocal al socabón y desde éste hasta lo inferior de la mina

Ay una calle que llaman Real, no porque su desaogo sea mayor que el de las otras, que nombran calles de atreviesa sino es porque ésta sigue desde el brocal, que es lo más alto de la mina, hasta el Socabón Real, siendo de ella de donde parten las de atraviesa que conducen a los varios parajes que tiene la mina, en donde está la piedra mineral que da el azogue, y llaman metales, las plasas con varios nombres de santos y las labores. Esta calle Real no estaba del todo mala, pero en muchos tráncitos se hallaban sus empotrados, que le sirven de paredes, desplomados, queriendo juntarse unos con otros, estrechando el paso y amenasando ruina, de suerte que no sólo havía riesgo al andar sino es bastante dificultad por causa de lo que se estrechaban sus paredes. Las calles de travesía, como menos cuidadas que la Real, estavan mucho más perdidas, siendo preciso ir por ellas arrastrando de barriga contra el suelo y llenándose del mucho lodo que havía en sus suelos, de modo que parecía imposible el que los acarreadores que llaman carguiches, pudiesen sacarlos por parajes tan difíciles; déxase entender la penalidad con que esta diligencia arían hasta llegar con ellos a la Calle Real.

N.º 4

Reparos y empotrados

Si las calles se hallavan en el mal estado que queda dicho, procedido de la ruina y deterioriación en que estavan los empotrados que las formaban, no era menos lo que succedía con los reparos; éstas son unas de piedra y mescla que se hacen para sobstener los cielos de las plasas o concavidades, quando ay algún peligro de que se arruinen, y lo mismo en los demás parajes que se quartean abriendo grietas, procediendo de que el governador no vicitaba por sí la mina: estava entregada a los veedores y sobreestantes, que ocupados en sus intereses no miraban con aplicación sino eran aquellas cosas que podían contribuir a ellos, y todo lo que correspondia a la subsistencia de la mina y a su mexor estado se tenía en total abandono.

N.º 5

Providencias para reparar las calles y los reparos

Entre mis primeras providencias sobre el govierno de la mina, lo fué el que se reparasen las calles, abriéndolas de competente alto y ancho, según lo que permite el largo de la madera de casiz, que es la que sirve para este asumpto: ordenando que a cada empotrado que se hacía con dos pies derechos, y el palo que los atraviesa por arriba, se le pusieron tres, añadiendo un pie derecho en el medio del palo de atraviesa para mayor fortalesa; que los reparos que estavan en ruina se demoliesen del todo y se redificasen de nuevo con buena mescla de dos de cal y tres de arena, porque la constumbre era fabricarlos en lo interior con barro y piedra y sólo en revocado se hacía con mescla regular, lo qual procedía de que el principal veedor, nombrado Campuzano, era interessado en el aciento de la cal, y aunque para los gastos del Gremio se le cargaba la cal como si todas las obras se hiciesen con mescla de ella, no era en la realidad una tercera parte de la que se ponía en las listas de gastos la que en la realidad se conzumía, cuyo fraude, con otros muy perniciosos, me han costado imponderables pesares y desasones el corregirlos; y después de comprovados por quantos medios han sido imaginables, no se han castigado los delinquentes, cosa mui regular en estas partes.

Dispuse assimismo que estos reparos, propiamente pilarones de mampostería, se ligasen con madera en su interior, ordené que en algunas de las plasas, cuyos ámbitos eran disformes, la altura de ella exhorbitante, y sus cielos débiles estavan al aire amenasando ruina, se fabricasen pilarones que los recibiesen para asegurarlos, pero ninguna de estas obras pude conceguir que tuviesen efecto hasta que depuse, puse en la cárcel y hise causa al veedor Campusano, y al que entonses era su compañero Afino, con el sobrestante de materiales, porque embelesados y con particularidad el primero, en los hurtos a que estaban acostumbrados; yo me mataba en las vicitas de todos los lunes sobre que se hiciese lo que tantas vezes tenía mandado, y nunca hallava mexoría, siendo esta ynnobediencia y falta de exactitud en obserbar lo que el superior manda en todas materias, el mayor travaxo y desabrimiento de este govierno, porque en él no hay a quién mandar mediante que no hay quién obedezca; assí quantas obras se veen en la mina de calles abiertas, empotrados, rebestidos, reparos, pilarones o estrivos de manpostería, que son muchos, canales corrientes, y en una palabra quanto hay subsistente en ella, todo es de mi tiempo y fabricado desde el mes de octubre del año de 60 acá, quando depuse y aprisioné a los veedores; de modo que desde 4 de noviembre de 1758 hasta entonces, en que corrieron dos años, no pude conseguir que mexorase nada de quanto necesitaba obra prompta, y esto succedía, no dexando yo de ir todos los lunes a vicitar la mina, de fatigarme mucho en andarla, de reprehender con severidad el descuido y omición y de castigarlo a proporción de las facultades, que son muy cortas, teniendo encima, y en contra, a cada mobimiento al virrey y a la Audiencia, lo que podrá servir de instrucción para en adelante.

N.º 6
Sobre las aguas de la mina y sus canales

La mina no tiene aguas algunas de manantiales en toda su capacidad de alto abaxo, pero le entran bastantes por las goteras que se hacen con la que se filtra desde la superficie de todo el cerro; éstas son de mucho daño para las obras, porque las antiguas las destruyen y las modernas no las deja tiempo de consolidarse y que sequen, además que pasando de unos suelos a otros en todos ellos hacen notable daño. Para estorvarlo ay canales que corren por ciertas calles y las conducen a los socabones por donde salen fuera de la mina; las calles de estos canales estavan tan arruinadas que en muchas no fue posible entrar a costa de ningún travaxo y dilixencia, ni huvo modo de habilitarlas hasta que depuse a los veedores autores de tantos daños. La mina estava como una criba no haviendo parte de ella por donde no hubiese copioso número de goteras: oy está seca enteramente sus canales y calles corrientes, que es uno de los principales cuidados que debe tener el governador.

N.º 7
Socabón de San Xavier y chiflón de San Nicolás

El socabón de San Xavier y el chiflón de San Nicolás, que es otro socabón, y ambos sirven para dar salida a las aguas que se juntan entre los distintos canales que salen a ellos, estavan enteramente ciegos y hacía bastantes años que no se limpiaban desde que governó D. Gerónimo de Sola, que viene a ser desde que Campusano entró de veedor, porque esto fue en el govierno siguiente de D. Gaspar de la Cerda. El primero de estos dos socabones tiene de largo 333 varas y el segundo 140; sus empotrados estavan del todo arruinados, siguiéndose de ello que las aguas quedaban esparramadas por toda la mina, haciendo en ella grandes daños: luego que se havilitaron las calles de canales que están en estos socabones, se emprendió su limpia y havilitación, haciendo de nuevo la mayor parte de sus empotrados, de modo que por mayo de 1762 quedaron corrientes en la forma que al presente están, haviéndose trabaxado en ello más de un año sin cesar para conceguirlo. El de San Xavier se empezó a empedrar por su suelo hacia la parte de la mina, cuya disposición dí, con el fin de que los empotrados tubiesen más permanencia, y hera el ánimo hacer esta obra en todo él, porque derramándose parte del agua que corre por el canal que va por allí quando se le atraviesa alguna tierra u otro impedimento, causa lodos en el suelo, se afloxan los pies derechos de los empotrados y se arruinan. El Gremio de Mineros representó sus atrazos y necesidades, pidiéndome que se excusase este gasto, y fue precizo condecender en ello, no obstante de haverme parecido la obra muy combeniente, porque de no haverlo hecho me hubieran formado capítulo en la recidencia, como explicaré en el punto de ratas y desmontes. Es importante que estos dos socabones se hagan limpiar y reparar con las obras que necesiten todos los años, desde el mes de septiembre hasta noviembre, para que quando entren las aguas, que es desde este último en adelante, tengan libre la salida, y la misma diligencia se debe practicar con las calles de los canales, sin que aiga obmición en ninguna de ellas. Con el canal o sequión Real, que corre fuera de la mina, y con los otros que también ay se ha de tener el mismo cuidado, porque, según queda dicho, una parte de la firmesa de la mina y consistencia de sus obras está en evitar las goteras y que anden las aguas esparcidas por ella.

N.º 8
Sequión o canal Real y el Corazón de Arias

Por la parte del brocal corre un sequión que recoxe todas las aguas de aquellas vertientes y las lleva de bastante distancia donde no perjudican, algo más apartado del brocal que éste, hay otro que tiene el nombre de Corazón de Arias: ambos son de alguna profundidad; también estavan ciegos en la mayor parte. En el año de 1762 se limpiaron enteramente, se rebistieron sus costados de mampostería en los tráncitos que lo nececitaban y se enlosaron sus suelos de principio a fin, porque no lo estavan, cuya diligencia era muy precisa para que las tierras que arrastra el agua no se detengan.

N.° 9
Esplanada sobre la Puerta de los Reyes y el brocal

Detrás de la puerta de los Reyes, y en la espalda del brocal acia el mismo lado, hay dos esplanadas a donde vienen a dar las vertientes de la parte de la montaña, que corresponde por aquel lado, unas de éstas ban al sequión y otras entran por un embudo a los canales que están dentro de la mina, y salen por el socabón de San Xavier. Estas esplanadas estaban con grietas, haciendo oyos en partes, y las aguas se estraviaban. Desde el año de 61 al de 62 se macisaron y se enlosaron enteramente, dexándoles los canales correspondientes como oy se ven, para que por ellos corra el agua a sus respectivos lugares.

N.° 10
Brocal y sus escarpas o graderías

La obra del brocal fue desde su principio mal executada, porque haviéndola dispuesto en forma de gradería para contener los costados de aquella grande oquedad que en los primitibos tiempos se formó la dirigieron sin intelixencia, no dándole el declinio competente para que se sostuviese, y sin más causa que su propio pezo: las aguas y las niebes que recibe y el empujo que hacen las tierras que debe contener, son suficientes causas para que continuamente se quartee y se arruine por partes, siendo de adbertir que estos murallones que están dispuestos en forma de graderías, no se pueden hacer con otra solidez más de la que tienen; siendo la razón el corresponder todas ellas a las oquedades más altas de la mina, las quales se undirían si se les cargase más pezo del que tienen, que aún el que soportan es demaciado; todos los años es precizo hacer obra en esta parte, a medida de la necesidad, siendo esto un senso de alguna concideración para el Gremio, por lo que se les acrecentan los gastos, en el año de 1759, viendo que el pezo que tenía por la parte del sur hera grande, que la montaña por aquel lado estaba muy perpendicular, y que esto contribuya mucho a que la gradería padeciese más que por los otros, mandé desmontar la montaña, dándole todo el declinio que se pudo; pero esta obra no se adelantó más que las otras encargadas a Campusano, hasta que después de su deposición se puso enpeño en seguirla y se concluyó, haciendo también el rebestimeinto del brocal en aquella parte con más declinio que el que tenía antes y de piedra seca; con cuya dispoción se le ha excusado al Gremio un gasto crecido todos los años, porque quando se descompone en la fuersa de las aguas, buelve a hacerse con la misma piedra, a costa de poquísimo tiempo y de jornales, y sin gastar en ello mesclas.

N.° 11
Pretil del brocal

Este brocal tenía una varanda de palos muy mala, que lo rodeaban y succedía bastantes desgracias, aconteciendo que los yndios, unas vezes por descuido y otras con la embriaguez, se despeñaban, y haviendo ocación en mi tiempo en que una mula cargada de metales se despeñase por él, [al margen: Providencia] yo dispuse que se hiciese el pretil de mampostería, que oy tiene, y mandé que se empedrase, como está, para evitar el mucho lodo que se hacía en aquel tráncito, el qual corresponde también sobre las oquedades de la mina.

N.° 12
Puerta de los Reyes

La puerta de los Reyes se hizo en govierno de D. Gaspar de la Cerda, porque antes de este tiempo no havía tal entrada en la mina; pero fabricada por la rusticidad de estas jentes, y sin ninguna intelixencia, cargaron la portada de mucha piedra por obstentación, sin reparar que estava sin cimientos que la sobstubiese, por corresponder immediatamente sobre la oquedad de la mina; y assí succedió abrirse la obra, que estaba en el ayre, y empesar a arruinarse, además el suelo de su entrada lo dexaron terrizo y en dispocición que las aguas de las lluvias entravan por ella hasta el fin de la escalera, corriendo [al margen: Providencia] después a discreción por la mina; yo hize derrivar toda la portada y que se bolviese a levantar quintándole las tres quartas partes de piedra que antes tenía en cartelas, remates y adornos, hice componer su suelo dando declinio para afuera y empedrándolo como oy está, de suerte que aunque entra el agua que el viento embía para ella, quando llueve no corre el arroyo que antes se deslisaba por su suelo.

N.° 13
Almacén de Materialez

Nunca huvo en el brocal almasén de matheriales, y por el recelo de que dejándolos allí el día domingo los hurtasen, se conducían desde los del socabón el día lunes, siguiéndose de esto que en los dos primeros días de la semana escaceaban con perjuicio conocido de las obras que pedían prompto remedio por la parte alta de la mina desde el brocal hasta San Nicacio, por esto mandé hacer el [al margen: Providencia] que aora hay en el brocal, donde se guarda la cal y madera en suficiente repuesto para que nunca falte.

N.° 14
Puerta de San Pablo

La puerta de San Pablo tampoco la havía antes del govierno de D. Pablo de la Vega, en él se hizo un augero de una de las concavidades de la mina a la parte de afuera del cerro, y este accidente fue bastante para disponer que fuese una puerta más, no porque hubiese necesidad de ella, porque está immediata a la de los Reyes, sino es para tener el motibo de fixar el escudo de sus armas, que es la común flaquesa de estos payses; para este fin dispuso una portada de cantería obstentosa, como se ve en ella, más propia para una yglecia que para aquel paraje oculto donde está. El Gremio gastó en ella doce mill pesos, y quando las obras esenciales de la mina se tenían en un total descuido, dexándolas que más después de otras fuesen arruinándose, se ocupaba la aplicación y el dinero en hacer un mauseolo que perpetuase la memoria del governador; que si por algún motivo debe serlo es por los excessivos desórdenes que hubo en su tiempo en toda suerte de manexos.

N.º 15
Socabón de los Reyes

Delante de la puerta de San Pablo forma el terreno una profundidad bien onda y de bastante estención, la qual está por todos lados rodeada de cerros algo altos sin que por ningún lado tengan salida las aguas; debaxo de esta ojada corresponde una parte de la mina, y en el ybierno recojiéndose en ella las vertientes de los cerros que la circundan, se formaba una laguna, que enteramente se consumía entrando en la mina por los intersticios de la tierra, y de aquí venían la mayor parte de las goteras que avía en todos los parajes de ella. Después de la depocición de el veedor Campusano con sus compañeros y descubiertos en él los latrocinios que cometía, combino el Gremio, a persuación mía, en poner un sobrestante mayor de materiales, que corriese con ellos independiente de los veedores, y que fuese de su satisfacción; para esta ocupación nombraron a D. Domingo de León, minero que havía sido de los más antiguos e intendente de la mina por los governadores en [al margen: Providencia] algunos tiempos; a éste, que tenía intelixencia en obras, encargué desde el principio del año de 1761, que se abriese un socabón desde la oyada de San Pablo, que condujese las aguas al sequión Real; las dificultades que se ofrecieron en esta obra fueron grandes, porque el terreno en donde se abría hera en partes de soltería, que causó hundimientos, y en parte de peña biva; pero al fin se logró la obra y en el mes de marzo del año de 1762 estubo concluyda como al presente se ve: desaguándose desde entonces aquella laguna con conocido veneficio de la mina; en el principio de este socabón mandé fabricar un albercón en figura sircular para que el agua, antes de pasar por él, deponga allí los cedimentos que trae; y a este fin tiene una quarta más profundo que el suelo del socabón, hallándose argamasado y enlosado su suelo, con lo qual no ay riesgo de que se filtren las aguas. El sobrestante León, que ha sido de esta obra, no tubo el gusto de verla concluida en el todo, porque siendo de una edad abansada, le sobrebino un parálisis poco tiempo antes de concluirse, del qual murió. Se le puso el nombre de Socabón de los Reyes por tener la salida serca de la puerta de él.

N.º 16
Alberquillas en la mina

Del albercón, que está al principio del socabón de los Reyes, tomaron orijen las alberquillas que al presente se ven en la mina para recoxer las aguas, porque teniendo encargado el cuidado de las obras a D. Fernando de Segura, minero del Gremio, y que todos los días la vicite havisándome de lo que hallare, éste dispuzo formar otros semexantes, pero pequeños, en aquellos parajes donde caen las aguas y empiesan a encanalarse: lo que es muy acertado, porque cayendo antes sobre el suelo, no dexavan de extraviarse algunas y de ocacionar goteras.

N.º 17
Dispocición interior de la mina

La mina consiste en un oquedad que tendrá cosa de sesenta varas de largo o de diámetro por donde más, y de profundo 513 varas, contándose de éstas 414 desde el brocal al suelo del Socabón Real, y las restantes 99 desde el suelo del socabón hasta los parajes más profundos. Esta profundidad y anchura no se percibe a la vista por dissimularla una infinidad de suelos y de calles que suben desde lo más profundo hasta arriva, formados unos con costras de piedra que han ido quedando en unas y otras concavidades, y otros con los pilarones de cantería y empotrados, que succesibamente de abajo para arriva se han hido fabricando: de modo que si se quitasen de una vez el maderaje y materiales, que están empleados en estas obras, se vería un poso de la anchura y profundidad que queda dicho, y dibidido con las costras de piedra que sobresalen entre las oquedades altas y las baxas, y los estrivos de la misma piedra, que aunque en los principios de su descubrimiento fueron fornidos ya en estos tiempos son, por la mayor parte, delgadíssimos y sólo concerban el nombre de tales; assí, después de haver andado largo rato por dentro de la mina con indecible incomodidad, unas veces cuesta arriba y otras cuesta abaxo, quando a uno le parece estar bastante apartado del paraje donde salió, encuentra que lo tiene sobre la cavesa, sin más ceparación que una costra de piedra, tan delgada que rota por algunas partes se ve la luz de una vela, y aún las personas, como por una ventana, de una parte a otra; siendo estos abugeros o roturas a los que llaman bogeos, y assí dicen bogearse una plasa o labor, con otra que en el juicio se concideraba mui distante, quando trabajando en ellas se abre alguna rotura que las comunica.

N.º 18

La mina no tiene extención a lo largo

Consistiendo, pues, en un poso, según queda dicho, no tiene extención a lo largo, y lo confirma bien, además de otras muchas pruebas, que lo tienen conbencido, los tres socabones, Real, de San Xavier y el Chiflón de San Nicolás, porque saliendo de la circunferencia de este poso, en distintas alturas de él, y acia diversos rumbos; la piedra de ellos no es de calidad de contener azogue, en poca ni mucha cantidad, succediendo esto desde el principio de ellos por el lado de la mina hasta fuera, además que la nececidad de los mineros a solicitado a costa de sus caudales, y más en el tiempo presente que en los pasados, ver si por algún lado podía encontrar esta piedra de azogue, que es la que dan el nombre de metales, sin haver logrado ni aún remotas esperansas de ello, porque antes bien, por el contrario, lo que succede es que trabajando en los frontones, a medida que se alexan del centro de este pozo, empeora la piedra y a poca diligencia queda de calidad tan despreciable que no da azogue, y les es presiso abandonar el trabaxo, lo qual explican con decir que la labor a dado en desmonte: nombre que aplican a la piedra que no contiene azogue, a distinción de la otra que lo da en poca o mucha cantidad, que es a la que llaman metal. Por esto la opinión común es que las vetas débiles que corren por estas cerranías, y aún se ven el alguna distancia de ella, se unieron en el paraje de la mina, formando en él un bolsón o nudo, que dispucieron el metal de asogue o cinabrio de que estaba lleno este pozo quando se empezó a trabaxar, y que la circunferencia exterior de él quedó siempre de otra qualidad de piedra ordinaria que no contiene azogue. No tiene duda que la piedra que contenía ésta, que ya es concavidad, hera de cualidad a recebir las particulas sutiles del azufre y del azogue, que se subliman de lo interior de la tierra y se conbertía en cinabrio, imprenándose de ellas las porosidades de la misma piedra, pero no tiene aparencias de regularidad el que se reuniesen muchas vetas delgadas y formasen un nudo de cinabrio, porque la experiencia enseña que abierto de nuebo un paraxe de la mina que ha estado abandonado ochenta o más años, y que naturalmente lo estuvo por la misma razón que se abandonan aora, siéndolo el no dar azogue, la costra primera que se encuentra en sus frontones macizos es de cinabrio, tal vez tan rico como el más superior que ha tenido la mina, hasta llegar a dar una arrova de azogue por caxón de seis arrovas de pezo; pero estas costras son tan delgadas, que unas veces llegan a tener sólo quatro dedos de grossor, otras mucho menos, hasta el de una pulgada, y raras veces más, lo que se debe jusgar que procede del más o menos tiempo que el paraje recién avilitado a estado tapado recibiendo los vapores que vienen de lo interior de la tierra y empapándose de ellos; assí se experimentó en la plasa de San Fernando, en otro paraje nombrado las Cavernas de Plutón, en Chiracalle y en otros varios lugares que he hecho abrir en mi tiempo, succediendo en algunos de ellos que antes del término de una semana se ha sacado la costra de cinabrio que contenían, y an buelto a quedar en piedra despreciable.

N.º 19
Sobre la beta Real

El governador que no vicitare frequentemente la mina, reconociéndola por sí mismo en todas sus partes, está expuesto a padecer muchos engaños, y los más de ellos perniciossíssimos para la subsistencia de ella: en todos los goviernos pasados se creyó que la mina tenía extención a lo largo, que corría en forma de veta, cuya anchura era de 80 varas y que ésta iva por entre dos cajas; y aún entre la jente bulgar que tiene escasas luces de este asumpto oy lo creen; pero el mapa que formé de toda ella hace patente no ser assí y que no ay más veta ni más caxa que el poso que tengo dicho, el qual fue donde se halló el cinabrio o piedra de azogue. D. Gerónimo de Sola se dejó persuadir a que en su tiempo se havía encontrado la veta Real antigua, asentando que havía estado perdida desde muchos años antes y que a exfuerzos de sus diligencias se havía dado con ella; esto le persuadieron y con cencillés lo expuzo en el tratado de aciento con el Gremio, y assí lo que al presente se llama calles de Sola, que es a lo que se le dió el nombre de beta Real, está dentro del ámbito del poso que dexo explicado, sobresaliendo algún tanto por uno o por otro lado; porque no se ha de suponer que el bolsón fuese precisamente en una figura circular tan perfecta como si se hubiese hecho con compáz, sino es que tiene irregularidades por algunas partes, ya sea saliendo del ámbito de las 60 varas alguna cosa, ya sea entrándose acia el scentro; y lo que succedió fué que en la profundidad que hay desde el brocal hasta el socabón, quedó un gran ámbito de piedra de azogue donde no se havía tocado o porque la dureza de ella no lo permitía, o porque la que estaba en la superficie no manifestaba tenerlo en abundancia; o también porque la que havía más arriva y más abajo de él era más apetecible a los mineros; y governando este ministro se empezó a sacar piedra de allí, y se ha seguido después a falta de otros paraxes, pero siempre sin salir de aquel ámbito, porque en apartándose de él no da azogue; y assí hay oquedades disformes con el nombre de calle de Sola que están enteramente abandonadas.

N.º 20
Trabajo de Pico y de Barrenos

El modo de travajar esta mina para sacar la piedra de azogue fué siempre con picos, pero venido D. Gerónimo de Sola y pasados los primeros años de su govierno, se entabló el sacarla con barrenos de pólvora, lo qual facilitó tanto a los mineros el laboreo que los parajes que tenían abandonados por ser la piedra de mucha duresa, o por contener el azogue en tan corta cantidad que no alcansaba el provecho que les daba a cubrir el costo que impendían en sacarlo, empesaron a trabajarse entonces con emulación y codicia, succediendo esto en los nombrados la Lámina: Santa Juana, la Calle de Sola y otros varios en fuersa de haverse facilitado la saca de piedra de azogue con poquíssimo costo, de haberse allanado las difecultades que havía para trabajar en donde la piedra era de mucha duresa, y de haverse hecho útiles aquellos citios donde no contenía el azogue en proporción a los costos del travajo con el pico; abundó este metal en los Almacenes Reales y al abrigo de estas proporciones contribuyó también el haver pegado de algunos estrivos ricos que quedaban de la antigüedad, pero como el governador no entraba en la mina más que una vez en el año, haciéndolo por la calle Real, y aquellas labores contiguas a donde le querían llebar sin que se fatigase mucho, cargado de reliquias, acompañado de los prelados de las religiones, con otros ecleciásticos, y dejando dispuestas plegarias por el buén éxito de la jornada, que el govierno de mina lo hacía desde su casa, como lo han practicado todos los governadores hasta don Gaspar de la Cerda, que entraba con alguna frequencia, aunque sin la mayor intelixencia, fué fácil persuadirle, y persuadirse a sí propio, que se havía encontrado una beta Real, la qual era de mucha riquesa y duración, sin que en esto huviese malicia de su parte, ni haver incurrido en cosa que desdorase su honor en ninguna manera, porque en la realidad la faena de entrar a reconocer la mina frequentemente no es propia para todos, ni aún correspondiente a la decencia del que govierna, y haviéndose de dirigir por los informes de los que están puestos para ello, era preciso dar por cierto lo que le decían; pero muy en brebe se reconoció la incertidumbre de la beta Real, porque haviendo entrado a Governar D. Gaspar de la Cerda quando se iba acabando aquella piedra que por duresa estava dexada de los tiempos antiguos, a los fines de su govierno, que duró poco más de quatro años, empezó a experimentar escacés y clamores del Gremio de Mineros, sobre que aún haciéndose todo el travajo por varrenos y no por picos, no les rendía competentemente para que les quedasen suficientes ganancias, como succedía en el govierno anterior.

N.° 21
Diligencias para buscar la beta Real

Como en el reconocimiento que hice de la mina al tiempo de recebirla no llegué nunca a encontrar la beta Real que D. Gerónimo de Sola dice en su tratado del aciento haverse hallado en su tiempo, fué preciso preguntar por ella a los veedores y sobrestantes, que entonces eran D. Fernando Arana, D. Joseph Campusano, Joseph Chavarría, Domingo Alegría y otro que murió poco después, a los mineros que asistían de prácticos y a otros hombres antiguos, como eran D. Manuel Ramos, D. Miguel de Sierralta, D. Juan de Candiotti, D. Domingo de León, D. Fernando de Segura y otros, todos hombres viexos y mineros antiguos, estos unánimemente me informaron de lo que queda dicho antes y que no havían conocido otra beta Real más que las concavidades que llaman Calle de Sola las quales desde que se empezó a trabaxar en ellas corrieron con la opinión de ser beta Real, y como en éstas se estaba travaxando en la ocación, y son barias, apartadas unas de otras y sin ninguna señal de ser betas, sino es frontones seguidos, como todos los que contiene la mina, no hubo necesidad de hacer más diligencia, porque quedo combencido de no ser beta Real las oquedades de la Calle de Sola y se travaxaba en ellas.

N.º 22

Minería de la mancomunidad con el nombre de Minería del Rey

La ley de la piedra de azogue en los muchos frontones que tiene la mina era baxíssima quando empesé a governar y cada día a ido a menos: para una labor que diese de quatro a cinco libras de azogue por caxón de seis arrovas de piedra, havía 50 labores que apenas daban una libra; y para otra que diese de tres a quatro libras havía por lo menos 30 que diesen media libra; y assí la ley general de todas las labores hera entonces de dos libras y media, a corta diferencia, entendiéndose que para que llegase a este punto se hacía precizo que los mineros se valiesen de la industria de cargar bien sus hornos y de emplear mucho polvillo en las bolas que ponen con el mineral. El Gremio de Mineros estava en la mayor innopia; la miseria les hacía no cesar en sus clamores y por esto no conceguían que mexorase la piedra del azogue, ni havía quien quiciese trabaxar en las labores de baxa ley, que era el mayor número; el azogue que se conceguía era poco respecto del que se necesitaba, y yo no descubría camino para acrecentarlo. Esta dificultad me hizo entablar una minería por quenta de la mancomunidad, a la qual le dí el nombre de Minería de Rey en attención a que todos los gastos que se causaban en ella, se suplían por la Caxa Real en virtud de las relaciones juradas que presentaban los mayordomos de mina y del aciento de hornos, recevidas y examinadas por mí, y el azogue que producía se llevaba a los Almacenes Reales todas las semanas, como se hace con el de los mineros, sirbiendo en pago de las cantidades que se tenían adelantadas, pero las pérdidas y ganancias eran de quenta de la mancomunidad del Gremio. Con este adbitrio tuve facultad para sondear la mina en toda su circunferencia, y en todo lo que profundisa de alto a baxo, desde el brocal asta el suelo más hondo, porque del gran número de labores que estavan y se mantienen despreciadas, mandé que se trabaxasen tres en distinctos paraxes en la parte alta de la mina, otras tres hacia su commedio y otras tres hacia la parte más baja, todas señaladas por mí, y al cabo de seis o de ocho meses quando se veía que no descubrían nada favorable y que, al contrario, iban a menos llegando a quedar en piedra que no contenía azogue, señalaba otras y se abandonaban aquellas; haviendo havido labor, como succedió en Santa Cruz, en Jesús María la Baxa, en que se travajó sin cesar año y medio sin sacar otro fruto más que un desengaño. Esta minería empezó en el mes de enero del año de 1759 y permaneció sin cesar hasta el mes de octubre del año de 62, y hacen tres años y nuebe meses; déxase entender el número de labores que se tantearían y la permanencia con que se hacía en cada una de ellas, pero por ninguna parte se logró encontrar cosa de substancia, al contrario, la que quando se empesaba a travajar daba tres quartos de arrova, hiba en disminución a proporción que se adelantaba el cañón de ella y a los 6 ó 8 meses, quando tenía corridas dies o doce varas, daba un quarto de arrova, y muchas vezes nada; las oquedades de la Calle de Sola fueron tan trabajadas por distintos rumbos de esta mina, como los demás parajes, sin lograrse en ellos ventajas de concideración, y si en una u otra labor se consiguió algún ojo de mejor piedra que el resto fue de corta duración y nunca excedió de 2 a 3 livras, bolviendo a quedar al cabo de quatro o cinco días en la misma calidad despreciable que antes tenía. El Gremio de Mineros me representó por octubre del año de 62 ser grandes sus atrasos y que no podían sobrellevar, sobre los que experimentaban, en particular los que le resultaban de esta minería, y en vista de ello y de que en tanto tiempo no se havía adelantado nada la reformé.

N.º 23
Metales raxados y caídos

El abandono en que se tenía la mina en el gobierno de D. Pablo de la Vega era general, no sólo estava en las obras de cantería, calles, empotrados, canales y socabones, sino es en las plazas y lugares más principales de ella y donde estaban las labores; los mineros travajaban a su adbitrio, destrosando quanto podían, y el veedor Campusano, que por segunda mano era minero, lo hacía más que todos; aquéllos destrosaban en las labores y el veedor en los estrivos; pero entre los mineros los que más se excedían eran tres o quatro familiares de D. Pablo de la Vega: un Gutiérrez, un Machado, un Ramery y un Gordillo, de aquí vino que quando receví la mina havía varios parajes y plasas intratables, como eran la plasa de San Pablo, San Antonio el Pobre, San Jacinto, San Juan el Alto, Santa Cruz y otros, y alguno de ellos se arruinó a muy cortos días después que empesé a governar, como succedió con San Alexo y San Bruno, procediendo de que después que se hacía el estrago, que se quartaban los cielos y estrivos, desquiciándose sus peñascos en términos de amenasar ruina, se abandonaban por el peligro que amenasaba, y no se cuidaba de remediar el daño promptamente, de suerte que en la mayor parte de éstos no pude entrar, porque horrorisaba el ver una ruina de peñasquería que parecía querer caer en cada instante; una de mis primeras providencias fue reabilitar de estos parajes todos aquellos que lo pudiesen ser y asegurar los demás, de modo que quedasen sin riesgo de arruinarse en el todo, porque cayendo ellos, hera presiso que la ruina ocacionase otras en los que correspondían encima, y también en los que estaban abajo de ellos. Los peñascos quarteados y raxados que era presiso sacar de tales sitios; los apliqué a la minería de la mancomunidad, como assimismo todos los demás que hubiese entonces y en lo succesibo en otros parajes de la mina. En esta providencia me llevaron tres fines, el primero, que la minería de la mancomunidad tubiese el alibio del azogue que diese esta peñolería para recompensa de los gastos que se causaban en el sondeo de la mina por las labores de bajíssima ley; el segundo, que haviéndose de asegurar con obras sólidas a costa del Gremio tubiese en equibalente todo el provecho que pudiese rendir la piedra de azogue que se sacase; y el tercero, evitar que dándolos a uno o a otro minero en particular, bien fuesse graciosamente como siempre se ha practicado, o vendido, según se prebiene en el Real Aciento, con el motibo de sacar la peñolería desquiciada se tirase también de la que estava sólida, lo qual ha sido muy común hacerse, y también evitar que aquellos que quedaban sin parte en ella, estubiesen embidiosos de los otros a quienes se le concediese, cuyo vicio es mui común entre los mineros y de las más perniciosas concequencias, pues reyna igualmente respecto de las labores y es el orijen de muchas desasones para el governador.

N.º 24

Pilares de manpostería para fortaleza de la mina

En la plaza de San Fernando, descubierta en el principio de mi govierno, de metales mui ricos pero de poquíssima duración, empesaron repentinamente a crugir los cielos y la jente que trabaxaba salió despavorida temiendo justamente que se arruinase, por ser ésta la señal con que havisa quando quiere derrumbarse algún paraje. Reconocida que fue por mí, dispuse que se hiciesen tres pilarones de manpostería que recibiesen los cielos, y para que éstos tubiesen subsistencia, que fuesen enmaderados por adentro, de modo que toda la obra quedase ligada; esto no hera capaz de executarse por la rusticidad e impericia de los veedores y sobrestantes de mina, que no sabían otra cosa más que poner piedras sobre piedras sin orden ni concierto, y travajarlas con mala mescla, por lo ordinario de barro, porque ni ellos ni los oficiales de albañilería sabían lebantar un murallón a plomo y centar las hiladas a nivel, cuyos instrumentos ni los usaban ni los tenían; en esta atención encargué de su fábrica a D. Miguel de Sierralta, y dándole las medidas y el dibuxo del enmaderado, fabricó los tres pilarones con tanto acierto que quedó el paraje sólido, sin que después de mucho tiempo se reconosiese debilidad en la obra; con este buén éxito encargué al mismo Sierralta el cuidado de los que dispuse que se fabricasen en San Antonio el Pobre, San Jacinto, San Juan el Alto y Santa Cruz, que subsisten oy tan firmes como quando se hicieron, y sirbiendo éstos de norma se han hecho después los que están en San Pablo, en Santa Cruz, en la calle de Sola, en San Nicacio y en otros muchos parajes de la mina.

N.º 25

Motivos que tubo el Gremio para pedir que cessase la minería de la mancomunidad

Quando se acabaron de sacar los peñascos rajados de los parajes que quedan señalados, no por eso dexó de haber rajados en otros lugares y caídos, porque el desorden en el travajo duró tanto quanto Campusano estuvo de veedor, y como estas peñas que cayan en pequeñas y grandes ruinas se aplicaban a la minería de la mancomunidad, no bastaba esta cosa alguna recompensándose con el azogue que daba la escasés de las labores que se travaxaban por la misma minería. Luego que depuse a Campusano se empesaron a travajar con arreglo a las órdenes que di desde el principio: dexó de aver ruinas, raxados y caídos, y faltando este auxilio a la minería, se empezó a sentir la pérdida que le resultaba al Gremio del travaxo de las labores, originándose de ello el presentarse pidiendo que se extinguiese.

N.° 26

Oquedades disformes en la mina y méthodo ordinario de travaxar

La circunstancia de no vicitar los governadores la mina, si no es de muy de tarde en tarde, y esto únicamente por modo de ceremonia, la impericia de aquellas personas a quienes ha estado entregada y su rusticidad, no menos que la codicia que reina en éstos, como succede en veedores y sobrestantes y el deseo en los mineros de sacar piedra que les dé bastante azogue, despreciando la que no es tan buena, ha sido causa de que desde la antigüedad (y sin ninguna vanidad puedo decir) se haya trabaxado con el mayor desorden que es posible, llegando esto a tanto punto que aunque a caso hecho se intentase executar lo peor no se pudiera adelantar nada a lo que se ve practicado. Las oquedades son disformes en todas maneras, algunas tienen más de 20 varas de altura, sus suelos empiesan por un nivel y acaban por un precipicio; los que quieren llamar estribos, por lo regular salen por arriba dos o tres veces el grosor de la bace del plomo, allándose tan inclinados que forman ángulo de 50 ó 60 grados con la perpendicular; en lo largo no siguen dirección ninguna perfecta, porque son concavidades tortuosas, y en lo ancho son tan disformes como en lo alto. Muchas veces se encuentran dos y aún tres de estas oquedades unas dentro de otras, porque rotos los suelos o los costados que las ceparaban, llegan a unirse por aquella parte y entonces la monstruosidad es espantosa; no en pocos parajes se ven éstos que tienen nombre de estribos gravitando sobre una costra de piedra, que por partes no tiene más de quatro dedos de grueso, por partes está rota y la parte de abaxo es otra oquedad aún más desproporcionada que la en donde está el estribo; los empotrados que forman las calles por lo común están sobre güecos; una hilera de palos tendidos hace entre ellos la ceparación, y en fin no hay cosa en que no se aterrorise el ánimo al verla, porque por qualquiera parte que se mire, está amenazada la vida con el peligro de una prompta ruina; todo este desorden, que aún es mayor llegado a ver que ponderado, es efecto, como llevo dicho, de la torpesa de los que han estado encargados de su laboreo y yo no puedo hallar otra razón para que subsista si no es que el mismo desorden con la muchedumbre de palisada y de peñasquería que contienen sus obras, son las que la mantienen, al modo que si en un poso se arrojase de golpe una porción de maderos de varios tamaños, con brosas y piedras que desordenándose al caer, unos se embarasasen con otros y todos ellos con los costados del poso, quedando detenidos en varios tráncitos dél sin llegar del todo abaxo; de este modo contemplo que succede en la mina y assí, quando sobrebiene alguna ruina no para en aquel paraxe donde empezó sino es que trae tras sí otros que están encima, participando de ella igualmente los de los costados y los que están inferiores, pero lo particular y reparable es que en 200 años que ha que se travaxa en ella, y que el rey pone governadores, no se hayan observado reglas ni orden que corrijan tan manifiestas irregularidades; esto no nesesita más explicación que la vista, ni es posible estenderla con la pluma a lo que reconoce la inspección.

N.º 27
Travaxo debaxo de los estrivos

Al estar recibiendo la mina, reconocí que el travajo que en la ocación se hacía en ella iva por el méthodo de este desorden, encontrado que por el pie de los estrivos se seguían lavores; sobre ello me impacienté bastante delante del mismo D. Pablo de la Vega, lo prohibí en todos los parajes que lo encontré, y tengo muy presente que el uno de ellos fue en una de las oquedades de la calle de Sola, donde debajo de uno de los principales estrivos, sacaba piedra el minero D. Joachín Ramery, sirviente como otros del mismo governador, con tanto peligro que en viniéndose abaxo aquel estrivo era precizo que se hundiese todo lo que hay de mina desde allí hasta el brocal; el paraje es bien conosido, porque luego al punto lo hise macisar con mampostería, en cuya forma permanece; para trabaxar con este sumo desorden hay el incentivo de que la piedra de los estrivos es de mexor calidad que la de los frontones, aún estando unos immediatos a otros, porque la cazualidad lo dispone assí, y los mineros que sólo van a su provecho tiran a aprovecharse de lo mejor quando no hay quien los contenga. El que governare deve celar esto con gran aplicación, sin fiarse de informe de veedores ni de otras perzonas, porque de hacerlo experimentará muchos engaños y le sobrevendrán muchíssimos pesares como se lo acreditará el tiempo.

N.º 28

Cañones modernos de las labores y modo de seguirlas

Luego que concluí el recivo de la mina, fue mi primer diligencia mandar por auto de 5 de diciembre del mismo año de 58 el modo en que se havían de llevar las labores, formando cañones o calles derechas, y no tortuosas, orizontales, de un alto y ancho proporcionado, y dexando estrivos de competente grozor en cada lado, para que con la continuación del trabaxo viniesen hacer murallones; estos son los que oy se ven en la mina y no hay cañón alguno que esté con regularidad que no sea a mi govierno, y aún he hecho después que depuse a Campusano, las medidas que determiné fueron de 4 a 5 varas de ancho, de 5 a 6 de alto y que por cada lado quedase un estrivo de 2 y media a 3 varas de frente, proporcionándolo a la capacidad que ofrese el frontón, porque quando ha sido de 7 varas de labor, ha tenido 4 y los estrivos 2 y media de frente, quando ha tenido 8 se le han dado 4 y media a la labor y el resto a los estrivos, y quando no ha tenido más de 5 varas no he permitido que se saque piedra de allí, porque en esta medida es estrivo y no frontón. Desde aquella fecha, todos los lunes he ido a vicitar la mina, repetía el orden, me irritaba sobre la falta de observancia, reprehendía a los veedores y sobrestantes, les amenasaba con el castigo y nunca pude conseguir que se guardase hasta que por octubre del año de 60, como dexo dicho, los puze pressos y processé. De la longitud que tienen estos cañones empesados desde entonces se puede venir en conocimiento de quánto se aumentarían las oquedades irregulares de la mina sólo en los dos primeros años de mi govierno, sin que fuese capaz de contenerlo toda la eficacia y aplicación que ponía en ello.

N.º 29

Dispocición de poner triángulos para señalar las lavores con sus estrivos

En el mismo primer auto sobre las medidas que havían de tener las labores y sus estrivos, ordené que se señalasen estos quatro triángulos que determinasen el ancho y el alto en esta forma * * * * ; tampoco tubo efecto esto durante que Campusano fue veedor, porque a él le combenía que no hubiese réximen en el travaxo como que de ello le resultavan grandes provechos; pero después de su depocición se ha observado, bien que para lograrlo ha sido precizo que en todas las vicitas haga yo mismo reconocimiento de ellos y prive de la labor al minero que dexa de ponerlos, bien sea por descuido o por malicia.

N.º 30

Arcos o puentes

Como para que se aprovechen en quanto sea posible los cinabrios o piedra mineral es presiso que se corran unas labores por debaxo de otras en estas grandes oquedades, dispuze que quando se pidiesen por los mineros, se hubiesen de medir 3 varas de alto a baxo, que sirva de suelo a la de arriva y de cielo a la que está inferior, porque quando la piedra es sólida, aunque basta con dos varas, es necesario hacer quenta que los suelos y cielos no los llevan tan iguales que no tengan algunas irregularidades y para que quede el arco o puente que separa las dos lavores en dos varas de cracicie por lo más delgado, es nesesario señalarlo de tres. El cuidado en este punto para el que govierna consiste en no permitir que el que travaja arriba incline incenciblemente su suelo para abaxo, y el que está inferior no lebante el suelo de la suya acia arriva, porque entonces se llegarán a juntar los dos cañones, siendo de este desorden de donde se an orixinado las grandes oquedades que al presente se veen. Yo no podré explicar las dificultades que se ofrecen para que se guarde en este particular lo que se ordena, sólo diré que en dos meses de tiempo que se dexen de vicitar por el governador las mismas labores que ha hecho señalar en su precencia, al bolverlas a reconocer, todo lo encuentran trastornado, pozos disformes hechos donde debía de hallar suelos regulares, claraboyas que tiran para arriva donde havían de ser arcos y por este thenor lo vee todo desfigurado; ya dexo dicho que sólo aquello que el governador cela por sí mismo es lo que se hace, y esto a costa de bastante dificultad; con que queda explicado y buelvo a repetir que lo que fiare de los veedores y sobrestantes, puede estar sierto que será para que no tenga observancia.

N.º 31
Travecías

Quando los cañones principales llegan a tener de largo de 7 a 8 varas he concedido travecías a los mineros que las piden, para ello se quentan 3 varas de estrivos desde el canto de afuera del murallón para adentro, después se señala la labor de 4 varas y queda acía la parte del frontón interior una vara, que es principio del segundo estrivo, porque continuando siempre su rumbo el que lleba este primer frontón acaba de completarlo, y aunque se adelanta tanto con el que ba dexando competente longitud en los murallones de los costados, para que se señalen por cada costado de su cañón dos travecías con sus correspondientes estrivos, quedando éstos, según lo dicho, con tres varas de frente por cada lado, de modo que aunque imperfectamente hacen un pilarón quadrado, cuyo grossor por abaxo y en toda su altura es de 9 varas quadradas, competente para tener la fuerza que se necessita. Sobre estas travecías e obserbado no concederlas siempre al mismo a quien pertenece la labor del principal frontón, teniendo para ello dos razones, la primera que si la piedra es algo abundante en azogue, para que no disfructe un minero todo lo que la mina tiene de florido y los otros lo despreciable de ella, sino es que se comparta y participen todos de lo bueno como de lo malo; lo segundo, porque quando un solo minero de la labor principal y de las travecías que ay en su cañón, no cuida de concervar los estrivos que se señalan tirando a sacar toda aquella piedra que tiene buena pinta, esté donde estubiere, y ésta es otra razón de los desórdenes que ha havido en el travaxo, pero quando al dueño principal del cañón le malea la labor principal y pide la travecía, entonces se la concedo, y aun le obligo a que travaxe en las dos, para que assí la que descaece, a fuerza de seguirla se vea si en adelante buelve a lo que fue primero; en esto no hay engaño, porque a la vista se conoce la piedra que puede dar azogue, poco o mucho.

N.º 32

Sobre la poceción antigua de los mineros a los cañones y labores

Era costumbre cuando empezé a governar que el minero que había abierto una de estas grandes oquedades fuese dueño de ella y, aunque pudiese haver allí varias labores, no se lo conceden a otros mineros; yo reformé este méthodo por las razones que tengo dichas y aunque me costó gran dificultad el conceguirlo, lo he logrado; assí quando el minero es hombre de caudal y que travaxa con empeño, le concedo dos lavores las que él elige en el cañón que ha habierto, y las demás que tienen cabimiento las he repartido entre los otros mineros, conciguiéndose que participen varios y que unos celen el que travaxen los otros con regularidad, porque por no perder el que no tubo parte en la abertura del cañón la labor que se le ha assignado, lleva la suya con regularidad y procura que el otro no se la exceda.

N.º 33

Sobre el tiempo en que se dan por bacas las lavores

También hera práctica pedir un minero distintas labores, no travaxar más que una o dos de ellas y llamarse a poceción, sin permitir que otros a quienes hacían falta las travaxasen, lo que en los tiempos presentes es muy perjudicial, porque estando apurada la mina por todas partes y siendo las más de las labores despreciables no hay mucho donde escojer. Yo establecí que el minero no tubiese más que tres labores de continuo, baxo del supuesto que los más no travajan de ordinario más que una, y los que lo hacen con mayor empeño dos; pero que en dexando de travaxar en alguna de las tres por tiempo de un mes, se diese por baca y tubiese acción de pedirla el que la apetesiese. Después me fue precizo ceñir el término a una semana, porque travaxaban dos o tres días interrumpidos en el mes y no llegava a verificarse haverla tenido abandonada. Sobre esto el que está governando debe disponer como le paresca más combeniente.

N.º 34

Que aunque no son nuebas las reglas que quedan prevenidas no han tenido observancia

No pretendo en ningún modo que se tengan por nuebas las disposisiones que en mi govierno he dado sobre la formación de cañones, estribos, puentes y ámbito que deben llevar las labores, porque en las Ordenansas de Minas, que son mui antiguas, está todo prebenido, y en las relaciones de govierno de los grandes suxetos que han tenido a su cargo el de esta villa se adbierte con conocido acierto, pero en la práctica no se ha visto observado, como lo acredita el cañón que se nombra de San Joachín, la calle que llaman de Sola y los demás paraxes de la mina, que ni son calles ni cañones sino es cabernas desproporcionadas, que aterrorizan el verlas, como ba dicho, y aunque ay en la mina algunos estribos que guardan más regularidad que los otros, son pocos, distinguiéndose los que se han formado en mi tiempo de los que quedan de los governos anteriores, siendo presizo adbertir en este particular que el intermedio de un govierno desarreglado, como lo fue el de D. Pablo de la Vega y otros en la antigüedad, es suficiente para desfigurar quanto queda con regularidad del anterior, y que se ha conseguido a costa de imponderable travaxo, desvelos y desabrimientos.

N.º 35

Modo de assignar labores a los mineros y fraudes que se cometen en ello

El méthodo que siempre se ha guardado para destinar las labores en que han de travaxar los mineros: es en virtud de pedirlas ellos en aquellos parajes que jusgan combenirles más, y se les da un papel en que se manda al veedor o veedores de la Real Mina que a fulano de tal, se le señale una labor en tal citio, sin perjuicio de mina ni de minero, con estas solas palabras está todo dicho, y sería superfluo añadir ninguna otra circunstancia si los veedores cumpliesen con su obligación celando el cumplimiento de lo que se les manda, pero no aciéndolo assí y cometiéndose mill fraudes y maldades a espaldas de este papel, no hay cosa más osiosa que las condiciones que en él se ponen, y como la mina no habla ni se quexa de los perjuicios que recibe, ínterin que el governador vive con una entera satisfacción de que lo que ha concedido es una labor regular se está dando a toda priesa con uno o varios estrivos destruyendo algún endeble puente, o arruinando los flacos murallones que ayudaban a sostener aquel formidable promontorio; y es el cazo que los mineros, tirando siempre a su provecho, se combienen con los veedores con cuyo beneplácito se pide el papel para un paraje prohibido, suponiendo ser labor corriente, y como suponen que el governador no ha de ir nunca a reconocerlo, y si lo hace será quando sobrevenga alguna ruina, como practicaba D. Gaspar de la Cerda, entonces se lo defiguran con mill mentiras y picardías, de modo que el governador ve el daño sin saver ni poder averiguar de dónde ha procedido; a que se agrega que siendo los autores de él mineros, veedores y sobrestantes, unidos éstos entre sí, tienen atrevimiento y desvergüensa para echárselo al innocente governador por haver sobrevenido en su tiempo, quando ni ha travaxado en la mina para sacar azogues por sí, ni ha dado licencia para que los mineros lo hagan en parajes que no sean regulares. Yo tuve mi noviciado en esta suerte de engaños, con la diferencia a otros mis antecesores, que vicitando todos los lunes las labores, desconocía los parajes y hallaba estarse travaxando en los que tenía prohibidos, por no deberse hacer; sobre lo qual recombenidos los veedores, daban por disculpa el mismo papel de la labor, sin haver modo ni adbitrio de hacerles conocer su delito en permitir que se travaxase en perjuicio de la mina contra lo que se les prevenían en el papel. Este desorden y falta de obediencia en que se conspiran unos y otros para hacer irrición de lo que se manda, me obligó a tomar la resolución de no asignar labor sin reconocerla primero por mí mismo, y que en mi precencia se midiese y quedase señalada con sus estrivos, dándoles el papel después de corrida esta diligencia; y en la semana siguiente he cuidado lo primero de reconoser éstas que quedaban señaladas en la anterior para ver si en ellas havía excezo, resultando de ello que no he sido, a imitación de los antesesores governador de la mina, sino es veedor y sobrestante; ocupaciones que a la realidad no se puede precisar a ningún suxeto decente que las practique, mayormente si no tubiere mucha robustez para recistirlo.

N.º 36

Modo dissimulado de pedir labor en los que son estrivos, y de destruirlos

Quantas precauciones toma el governador para precaver que se travaxe con perjuicio de la mina y en su menoscabo, son otras tantas adbertencias para los mineros, veedores y sobrestantes que les sirven de discurrir los medios de lograr sus intentos, engañando al governador; para ello le hacen ver un pedazo de metal de dos o tres varas, por entre unas ruinas de manpostería, que tal vez fue obra echa en su tiempo, y le persuaden ser descubrimiento nuebo y que debe tener mucha extención; le piden licencia para travaxar, pero si ésta se concede sin otro examen, el metal viene al cabo a resultar ser de un estrivo, que por la cara opuesta a la que se le manifiesta, está de patente, y por lo tal prohibido, y por la espalda acompañado de empotrados y de reparos, las más veses porque en fuersa de haverse empesado a quartear por allí, o de tener alguna otra debilidad, ha sido precizo fortaleserlo con mampostería y no debe causar novedad que para ir de la cara en donde se representa estrivo a la otra donde lo hacen ser como descubrimiento antiguo, sea necesario andar mucho trecho, porque ya dexo assentado que en la mina, quando parece haverse andando medio quarto de legua, se halla que sólo ay la distancia de tres o quatro varas en línea recta del paraje donde salió. Para evitar este engaño ha sido mi providencia, primeramente, no señalar labor ninguna ínterin que no veo los dos estrivos que deben quedar a los lados de ellas y mandar que se siga abriendo lo empesado a descubrir para reconocer todo lo que corre el frontón.

N.º 37

Averturas de calles para descubrir lavores

Ygual engaño al que queda dicho se experimenta en la avertura de nuebas calles que piden los mineros para descubrir labores: nunca señalan para este fin paraxe que esté virgen, ni fuera del gran pozo que queda dicho, reduciéndose la avertura a romper los reparos de mampostería y empotrados que se hicieron algún tiempo antes, y tal vez en el mismo del que govierna para ir a descubrir algún estrivo o puente que está en lo interior y desfigurarlo con el título de ser frontón que se abandonó en la antigüedad. Este engaño que es muy común y de notable perjuicio a la mina, como se dexa entender de la destruición de sus estrivos, lo he evitado con la misma providencia que queda prevenida en el punto antecedente, y sin negar la avertura que el minero pide aún conociendo que no se ha de sacar nada favorable de ella al descubrirse el primer ojo de piedra de azogue, no he permitido que se travaxe en él, sino que enteramente se abra por los dos costados, por el pie y por la parte de arriba para ver de manifiesto lo que es, y hecha esta diligencia se viene en conocimiento de ser estrivo antiguo, puente o murallón, porque en no llegando a tener siette varas de ancho en el frente y que señalada la labor con sus medidas quede por la parte de arriba a lo menos dos varas de arco o puente y la suficiente solidez en el suelo, no he permitido que se travaxe en ellos, disponiendo que se buelvan a cerrar los empotrados y reparos, dexándoles una abertura competente para que siempre se reconosca ser estrivo, y no frontón de labor.

N.º 38

Perjuicios que recive el Gremio de estas averturas para buscar piedras de azogue

Las obras de mampostería, que llaman reparos, y los empotrados revestidos, no se hacen, ni en ningún tiempo se han hecho sin necesidad, como queda explicado, o para contener alguna ruina que empiesa a sobrevenir o para fortaleser algún estrivo o cielo que se halla raxado y endeble: con que es conciguiente que en los parajes donde están ay impedimento para que los mineros entren a travaxar pues en ningún tiempo se condenó el lugar macisándolo, sin el motibo de que no tiene que dar, y que lo que en él ay de provecho se debe concerbar para la subsistencia de la mina. Esto no lo ignoraron los mineros, los veedores y sobrestantes, pero como el fin de todos es aprovecharse sin reparo de quanto puedan, tiran a ver si logran engañar al que govierna, persuadiéndole a que son frontones corrientes, con otras muchas astucias, que se verifican por lo regular luego que el paraje se ha avierto; y assí es continuo el travaxo que hay en romper y demoler oy las obras que se hicieron pocos años antes y bolverlas a redificar, cuyos gastos se les aumentan el Gremio, y aunque este conocimiento no falta, es precizo condescender en que se abran los paraxes que piden, porque de lo contrario levantarían mill quimeras contra el governador, diciendo de él, por lo menos, que les negaba los parajes que les pueden ser favorables con fines particulares que para ello tiene, pero es necesario estar mui a la vista para reconocer lo descubierto y no dexar trabaxar hasta estar bien asegurado.

N.º 39
Que no combiene dar livertad a los Mineros para que travaxen a discreción que llaman ingeniarze

En el tiempo que ha durado mi govierno, ha sido un clamoreo continuo de los Mineros sobre que les dexe travaxar con libertad y abrir calles por entre los reparos a su adbitrio, que es lo que llaman ingeniarse; siempre lo he prohibido, sin admitir en ello parvedad, ni combiene, por ninguna manera, que se les tolere tal cosa; y el hecho mismo lo combence, porque si los parajes donde suponen estar su fortuna, son corrientes no hay incombiente de que el governador lo reconosca, y indica haver fraude en ello, la circunstancia de sacar piedra sobresaliente sin saberse de dónde es. El caso está que con el pretexto de que buscan no queda estrivo ni paraxe prohibido donde no pongan varreno, y ésta es la causa de que se hallen tan delgados y débiles como están; fundado assimismo en esto, ceñí a tres labores que podía tener cada minero y impuse castigo a los mayordomos y demás gente de éstos que se encontrasen en la mina en otros citios distinctos de donde tienen las labores, aunque no se les hallase travaxando en ellos, haviéndose logrado contener el emtablado desorden de encontrarse novedad en estrivos y puentes de una semana a otra.

N.º 40
Dificultad de trancitar por las calles y incomodidades para entrar en las lavores

Quando reciví la mina, queda dicho, que en la mayor parte de las calles de travecía hube de entrar arrastrando con indecible incomodidad, y que esto procedía del abandono y descuido en que todo estaba, muchas veses este descuido es también cuidado, particularmente quando el governador frequenta las vicitas de la mina para que la dificultad de trancitar no le dé lugar a entrar a reconoser lo que ay dentro; y donde sudcede con más frequencia es en las calles recién abiertas a pedimiento de los mineros. La contra que yo he tenido para esto, es prohibir absolutamente que se travaxe, poco ni mucho, en los lugares donde yo no puedo entrar, mandando que se pongan corrientes las calles, y quando lo estén se siga abriendo lo que se supone ser labor; lo mismo sucdedía quando reciví la mina en la entrada de la mayor parte de las lavores, de modo que tenía el travaxo de volver rendido, sin haver podido rexistrarlas, y no huvo medio de que se havilitacen para poderlas vicitar con menos peligro, hasta que prohibí el travaxo de ellas ínterin que los despeñaderos que tenían por entrada no se compusiesen; y assí oy, aunque con alguna dificultad en aquellas oquedades antiguas, se puede ya trancitar por ellas; además de este imcombeniente, avía el de que los acarreadores de mineral estaban en continuo peligro, y huvo caso de despeñarse alguno, y de quedar estropeados otros.

N.° 41

Suele una u otra vez descubrirse frontón regular en las nuebas averturas

Alguna vez, no obstante, acontece que por las nuevas calles se llega a dar con frontón de competente capacidad para que pueda señalarse una o más labores, y esto sucdede quando el estar cerrado es efecto de ruina antigua y que por alguna razón no tubieron por combeniente bolverlo a avilitar entonces, y tal vez porque la piedra de él no hera apetecible a vista de la que havía en otros parajes donde se conceguía sin travaxo. La greda y otras materias que cayeron quando sucedió la mina, con el trancurzo del tiempo se hallan endurecidas y sólidas, se enquentran palisadas desordenadas entre ellas, y ésta es la más combincente prueba de que el abandono procedió de derrumbo. Estos frontones de alguna extención son, quando se encuentran, el fruto de lo que se travaxa abriendo por muchas partes para lograr el intento en pocas.

N.º 42

Los descubrimientos que se hacen son todos de labores antiguas y no se pueden llamar modernos

Los descubrimientos que se hacen en la mina por medio de la abertura de nuebas calles, rompiendo los empotrados y los reparos de mampostería, son todos de labores antiguas que se abandonaron, como ba dicho, o porque la piedra de azogue no hera apreciable, o por haver sobrevenido derrumbo y no haver tenido entonces por combeniente gastar en bolver a poner corriente el paraje, o también por haverse concluido la labor sin haver quedado en ella más que los estrivos y los arcos o puentes que sirven de cielos. En el tiempo de mi govierno se han hecho varios, como son el de San Fernando más adentro de la plaza del Loreto, donde se señalaron quatro labores con sus estrivos, el de San Vicente, Chiricalle, Jesús María la Baxa y otras varias, pero todo fue travaxado en la antigüedad, sin averse encontrado entre más de treinta paraxes uno sólo que sea virgen y no cosa despreciada de los que laborearon la mina aora cien años o más tiempo, porque ni aún noticia al descubrirse de los nombres que hubiesen tenido del tiempo en que se travajaron, ni de que de tales parajes hubiese en la mina, siendo obra de la casualidad más bien que del intento el dar con ellos.

N.º 43

Los paraxes que se descubren capaces de lavor es más regular que sea de socabón para abaxo que para arriba

Lo que se llega a descubrir desde el brocal hasta el plan del socabón por lo regular son como queda dicho estrivos antiguos, arquillos o puentes y otros peñascos en donde no ay proporción de labor pero del socabón para abaxo hasta lo más profundo se suele dar con frontones de bastante capacidad, y donde caben labores: esto no procede de estar menos travaxada la mina por allí que en la parte superior sino es de que esta oquedad en forma de pozo es por arriba más estrecha que en su medianía, y ba ensanchándose por abaxo, pero también en equibalencia de esta menos extención, la piedra de arriba fue más rica de azogue que la de abaxo como lo manifiestan los estrivos de uno y otro paraxe, y aún en la pobresa que oy se experimenta generalmente en todos los frontones hai su cierta diferencia.

N.º 44
Sobre las tierras que se sacan de las nuebas aberturas y de las Labores

La piedra de azogue no está tan pura que en las labores falten bancos de greda, de tierra mesclada con cascaxo y de piedra incervible, que es a lo que llaman desmontes; éstas salen al travaxar con la que da azogue, pero los mineros no cuidan de sacarla, sino es que la dexan allí, y quando más, si les estorba, la hacen conducir a la labor más immediata de las que están abandonadas, segándola ésta y las calles que van a dar a ella; lo mismo succede de las que salen de las calles que se abren de nuevo: resultando el grave perjuicio de innabilitar aquellos paraxes que se hallan corrientes, aunque estén abandonados por no ser apetecibles. Yo he dado repetidas órdenes para que los mineros tengan sus labores limpias, para que las tierras no se depociten dentro de la mina y para que los polvillos que salen con los peñascos de azogue no se dexen allí, pero no he conceguido a exfuerzos de la mayor vigilancia sino es contener el desorden, pero no extinguirlo del todo; los medios de que me he valido para ello son, primeramente, dar licencia franca para que en el día lunes todos los mineros saquen polvillos de piedra de azogue de las labores donde los hallaren, sin que el dueño de ellas pueda formar quexa; ordenar que los yndios que llaman rosas, no se ocupen en otros travaxos que es en los de meter matheriales a la mina y sacar tierras, celando que no se empleen en sacar por quenta de los mineros piedra de azogue, y que todos los días se me forme lista de su distribución; y vicitando yo mismo todos los lunes las labores que puedo para que con mi vista reconoscan que no han de descuidar este asumto; y buelvo a repetir que estas providencias aún no son suficientes para que la mina esté corriente y limpia en todas sus partes, porque se lidia con unas jentes que no observan nada de lo que se les manda, ni attienden mas que al provecho que pueden sacar en el día.

N.º 45

Usos perniciosos que hacen de las tierras que quedan en la mina

El governador ha de estar en la adbertencia de que no ay ocupación tan dificultosa para desempeñarse con regularidad como la de que se travaxe sin desorden en la mina, manteniéndose con firmesa baxo de aquellas reglas que son adequadas para ello, y que si procuran engañarle desfigurandole los estrivos y otros paraxes prohibidos para que concienta que se travaxe en ellos: succede lo mismo con las labores para llevarlas con irregularidad, no haviendo asumpto de mina en que el engaño no baya encubierto con el pedimento, después que el minero ha travaxado algún tiempo el frontón que se le señaló y que le ha descaecido en azogue, si encuentra que por el suelo pinta mexor, tira contra él, y lo que primero fue cañón que constaba de medidas regulares se transforma en un pozo de más o menos hondura, según el tiempo que se ha tardado en entrarlo a veer y lo que ha durado la piedra sobresaliente, pero quando en este intermedio no se ha reconocido, procura llenarlo de brosas y tierras, quedando de este modo dicimulado el daño; y no ha faltado picardía para socabar los estribos, haciendo debaxo de ellos grandes oquedades, rellenarlas de tierra y a poco tiempo de esto sobrevenir ruina, conociéndose el daño quando no tiene remedio; del mismo modo quando les pinta mexor la piedra por los cielos de la labor que por el frontón, levantan el suelo hechando mucha tierra y dicimulando lo que ay de oquedad por abaxo, empiesan a sacar piedra de los cielos hasta dexarlos sin grosor: ninguno de estos desordenes se cometieran si los veedores y sobrestantes fuesen hombres de vergüensa que cumpliesen con su obligación, pero estos son los que por el interés de lo que el minero les contribuye se hacen encubridores, y sólo examinando el governador las cosas de la mina por sí, sin hacer confiansa de ninguno, podrá conceguir que los desórdenes no se multipliquen.

N.º 46

Ruinas experimentadas en el tiempo de mi govierno

Desde que empesé a governar, y a poco tiempo de ello, empesaron a experimentarse ruinas y no cesaron hasta que ceparé [al margen: En San

Alexo] de la mina al veedor Campusano, que hera el mayor enemigo que pudiera haver contra ella. La primera fue en San Alexo, cuyo paraje, después de haverlo destrosado con el mayor desorden y que a fuersa de haver en él una monstruosa oquedad quedó débil por todas partes, quarteado y desgaxándose sus cielos en peñascos disformes, desunidos entre sí, lo abandonaron por el peligro que amenasaba, y en vez de haverlo asegurado con obras competentes, lo dexaron a la casualidad para que él por sí se hundiese como succedió el 18 de enero de 1759, a los dos meses, con corta diferencia, de estar governando. Ymmediato a este [al margen: En San Bruno] paraje y quasi en el mismo tiempo, sobrevino otra en San Bruno, que ambas fueron efecto del desorden con que se travajó en el govierno antecedente, pues aunque por muchos meses se hizo diligencia de bolverlos a abrir para havilitarlos, nunca se ha podido conceguir.

En el mismo año de 1759, por el mes de mayo, huvo otra ruina en el paraxe nombrado las [al margen: En las Ánimas, de que participaron el Sacramento, Santa Juana, la Soledad y San Joseph] Ánimas, de la qual participaron el Sacramento, Santa Juana, la Soledad y San Joseph, que están immediatos, ésta procedió de que en el govierno anterior travaxó con desorden un yerno del veedor Campusano, D. Francisco Gómez, y lo continuó en el principio del mío, destruyendo los estrivos y con la seguridad de tener la protección del veedor, su suegro, destrosaba quanto quería a su livertad, hasta que haviendo quedado aquel paraje sin los estrivos que lo mantenían se vinieron abaxo sus cielos, causando ruina en los otros que estavan contiguos, pero se logró bolverlos a havilitar en el año de 61, lo que no se havía practicado ínterin que Campusano fue veedor, porque haviendo sido autor del estrago procuró ocultarlo, sin dar havizo mas que de lo que succedió en el Sacramento y Santa Juana, lo que se remedió de prompto en el mismo año de 1759. En el año de 60 hubo otra ruina en el paraje nombrado la [al margen: En la Yerbabuena] Yerbabuena, cerca de San Antonio el Pobre, procedida de que el mismo veedor Campusano, viéndose amenasado por el minero D. Juan de Sierra sobre el destroso que estaba causando su yerno en las Ánimas entraron en combenio y le permitió hacer otro igual en la Yerbabuena; pero como Sierra no tenía labor en este paraje y el dueño de la que allí avía hera D. Juan de Candioti y D. Francisco Bergara, fue presiso que todos participasen y aplicados unos a los estrivos y otros a los arcos, no abandonaron la empresa, hasta que repentinamente en un día se hundieron los cielos de aquel paraje y quedaron ciegas varias calles, con particularidad la que va de San Antonio el Pobre a San Pablo; tampoco se me dio havizo de este acaecimiento hasta principios del año de 761, después de la depocición de Campusano, pero haviendo tenido el havizo hize que se abriesen de nuebo todas las calles y que se habilitase la Yerbabuena, como aora está. En [al margen: En San Antonio el Baxo cerca de Jesús María] el año de 61 huvo otra ruina en San Antonio el Baxo, cerca de Jesús María la Alta, procedida por el mismo desorden que las de las Ánimas y causada por el propio minero yerno de Campusano D. Francisco Gómez, y aunque ésta no se experimentó hasta el año de 61, el daño quedó hecho desde el año de 60. El minero Gómez travaxaba en una labor en aquel lugar, y dexando el frontón que le estaba señalado, se aplicó a socabar los estrivos, cuya piedra era de mexor qualidad que la restante; quando tubo hecho este daño y aprovechádose de quanto pudo, hizo llenar de tierra las oquedades que avía formado y abandonó la labor: los estrivos se empesaron a sentar sobre la oquedad, trayéndose tras sí los cielos: immediatamente se procuró asegurar este lugar y ponerlo corriente como lo está, bien que en él no se puede permitir travaxo alguno por no haver quedado otra cosa que los estrivos que Gómes no destruyó, y las peñasquerías de los que se arruinaron, la qual está sirviendo aora de fundamento a los pilarones y reparos que se fabricaron para contenerle.

N.º 47
De otros varios derrumbes o ruinas menores

Desde que empezé a governar hasta después de la depocición de Campusano, no avía semana que, en poca o en mucha cantidad, no cayesen peñascos en dos o tres lugares de la mina, unas veces de los cielos otras de los arcos o puentes, y algunas también de los estrivos, y aunque me apuraba en dar repetidas providencias para que no hubiese estos repetidos derrumbos nunca lo podía conceguir, llegando a persuadirme ser daño innebitable porque me decían que era regular y que en la misma forma se havía experimentado desde que la mina se havía empesado a travaxar; pero esta opinión tan assentada se falsificó muy en brebe con la depocición de Campusano porque desde principios del año de 61 se pasan dos y tres meses sin que acontesca caer piedra alguna; y quando esto succede aun en tan largos intervalos, son pequeñas, que apenas pueden tener de seis a ocho caxones por lo regular, quando en el tiempo anterior las havía tan disformes que llegaban a ser de 150 y de 200 caxones; y es el cazo que aquel hombre malbado no les embarasaba a los mineros que travaxasen a su adbitrio en el discurso de la semana, con tal de que éstos le contribuyesen, y permitía que su yerno y otro pariente minero que tenía lo hiciesen a su livertad; assí la vicita que yo hacía el día lunes, no serbía más que de fatigarme mucho en ella, y de ver los destrosos que se havían cometido en la semana anterior, sin haver adbitrio para conceguir que se travaxase con regularidad y que se observasen las órdenes que daba.

N.º 48

Que los veedores y sobreestantes deben dar quenta antes de las 24 horas de quantas novedades sobrevienen en la mina

Pareciéndome que trataba con jentes obedientes y regulares, ordené entre las demás dispociciones que di luego que reciví la mina, que antes de las 24 horas de succedido qualquier derrumbo, grande o pequeño, se me hubiese de dar quenta de ello, pareciéndome que con esta providencia contendría todos los daños, pero no succedió assí. Es cierto que se cumplía el órden havisándome de aquellos peñascos que caían y suponían haver sido por casualidad, pero no lo hacían con las ruinas de concideración de que era autor el mismo veedor y los mineros; todo el mundo lo sabía en el lugar, hasta aquellas personas que nunca han ido a la mina, pero yendo yo a ella, y trancitando unas veces por encima del paraje donde havía succedido la ruina y otros contiguo a ella, por los costados, se pasaban muchos meses sin saverlo, porque el mal se dicimulaba para conmigo diciendo que los empotrados de tal o qual calle se havían vencido, que se estaban componiendo; esto era todas las semanas y la tardansa que havía de muchas semanas en ver concluida la obra se atribuía a haver sido precizo emplear los albañiles y jente trabajadora en otros lugares más urjentes, y de este modo, engaño sobre engaño: unidos veedores, sobrestantes y quantos trabajan dentro de la mina en ocultarme la verdad. Corría la maldad, y siendo yo el primero que la debía saver para remediarla era el que la ignoraba por largo tiempo. Si esto me succedía vicitando por adentro la mina todos los lunes, dexa entenderse con quánta más facilidad lo conceguirían con quien no lo practique assí.

N.º 49

La confución de calles y de paraxes no da lugar a que se viciten los parajes que se pretenden

La mina es un laberinto de calles, de obras y de oquedades que causan la mayor confución, y aunque los nombres se mantengan en la memoria, no es fácil en los principios del govierno mantener con perfección la idea local de cada paraje: de aquí viene ser fácil que la malicia de aquellos ministros propensos al fraude y al interés, sin reparar en nada, quando el governador entra a vicitar le llevan por donde les combiene, y no por donde debieran hacerlo: logrando de este modo que no reconosca aquellos citios en donde su desorden ha ocacionado algún daño, que intentan mantener oculto; y assí, en el primer año de govierno se aprovechan todos de las coyunturas y es quando se cometen los mayores desórdenes, por esto es necesario, para ebitarlos en alguna parte, ya que no sea posible en el todo, aplicar en él el mayor cuidado y no fiarse de los informes que dan, porque éstos son enteramente viciados, llenos de engaño para conceguir sus fines cada uno: el minero en sacar piedra que dé bastante azogue, los veedores y sobrestantes en que les balgan los empleos con las facultades que le amplifican a aquel de travaxar en lo prohibido, y los mayordomos de que sus amos les gratifiquen por la bondad de la piedra que sacan de su quenta; en esta supocición, es precizo suponer ser sólo el governador quien ha de celar la subsistencia de la mina, y estar rodeado de enemigos que tiran a su destruición con quienes ha de combatir desde el día que toma el mando hasta el día en que lo dexa.

N.º 50

No es pocible andar mucho por la mina en las vicitas

Es tan penoso el trancitar por dentro de la mina, que poco camino que se haga por ella basta para rendir al hombre más robusto y fuerte, y quanto fuere más corpulento contribuirá a fatigarlo más presto: mi regla ha sido salir de la villa a las 6 ¼ de la mañana, a las 7 ¼ estando en el brocal, entrar, y a las 9 ¼ ó a las 10 bolver a salir, en cuya forma he podido estar en mi casa a las 10 ½ u 11, donde el descanso es empesar a oír las partes y despachar los perteneciente al govierno de la villa. En estas dos horas lo más que se puede reconocer son tres o quatro parajes de aquellos que se hallan estraviados y los que están al paso de camino que se lleva, con que para vicitarla enteramente, yendo un día en cada semana son nesesarios tres o quatro meses, y aún en esta forma es trabaxo que no lo pueden resistir todos, porque a la mayor parte de los mineros se les pasan años sin entrar a ella y los veedores suelen no hacer más vicita que quando acompañan al governador, haviéndolo experimentado assí en mi tiempo: de aquí nace que nunca dexa de haver algunos excesos pero son menos quando saben que el governador ha de entrar regularmente, ignorando los parajes a donde querrá dirijir el reconocimiento en cada día de vicita.

N.º 51
De los veedores

Es de constitución que aiga dos veedores, cuyo cargo es celar que se trabaje por los mineros arreglados a ordenanzas, embarazar que se cometan excesos, dirixir las obras que se deben fabricar para seguridad y fortalesa de la mina, distribuir la jente que está destinada en introducir los materiales y sacar las tierras que ciegan las calles o rellenar los parajes en donde están las labores; estos y los demás empleados allí se pagan por el Gremio de Mineros, pero el gobernador es quien los nombra porque son los que responden de la mina, y por las obligaciones del empleo deberían ser los sugetos de confiansa del que govierna; cada uno tiene treinta pesos de salario en la semana, que son al año 1.560 pesos, cosa mui competente si ellos supieran contentarse con lo lícito y no aspirasen a tener mayores ingressos con las picardías que cometen. Los mayores enemigos que tiene la mina son éstos, y assimismo los que interrumpen la observancia de quanto se manda por el governador: tratar de sus maldades, de la ninguna fee con que proceden y de los fraudes que cometen necesitaba de una obra particular, sólo diré que en todas las cosas de su cargo es raro que den cumplimiento a lo que se les ordena, porque viciados en el interés permiten que el minero trabaxe en lo que está prohibido y peligroso, por la contribución de alguna cantidad de dinero; la jente que debía emplearse en las obras que se disponen, se vende a los mineros para que les saquen la piedra azogue y ahorrar la mitad de lo que havían de pagar a los cargadores regulares, que llaman carguiches; la limpia de las calles y labores para beneficio común de los mineros no lo hacen sino quando éstos les contribuyen, y aun aquellas obras más precisas que se les ordenan, las postergan porque no sacan provecho de ellas: en fin, más cuidado se necesita con estos dos hombres que con todo el Gremio de Mineros, por ser ellos los autores de quanto se hace de malo en la mina y la causa de quanto dexa de hacerse de bueno; además, éstos son hombres que no entienden de obra de albañilería en ningún modo, déxase entender qué acierto pueden tener las que se hacen por su dirección, ni conocen los peligros hasta que ven en el suelo lo que se empiesa a desplomar. Quando empezé a governar, allé en esta ocupación a D. Fernando Anthesana y a D. Joseph Campusano; no tube por combeniente mudarlos, porque no conosía otros de quien echar mano y quando se hace novedad en tales ocupaciones ha de ser para mejorarlas, no para ponerlas de peor condición; a pocos tiempos fue precizo ceparar a Anthesana por haverlo encontrado en algunos fraudes; quedó Campusano solo por no saver a quién elegir para ocupar la otra plasa, al fin fue forzozo proveerla en D. Juan de Afino, que se hallaba de sobrestante de matheriales y havía sido escriviente de D. Pablo de la Vega; con esta providencia nada mejoró la mina, ni las demás cosas que estaban a su cargo hasta que fue precizo ceprararlos después de conbencidos los fraudes que hacían en los matheriales, y el mal estado en que su descuido la havía puesto; nombré entonces a D. Francisco de San Martín y bolví a habilitar a Anthesana; a este último fue necesario ceprararlo segunda vez, y lo mismo succedió con San Martín, que también estuvo por dos veces; últimamente nombré a D. Manuel de Figueroa y encargué al minero D. Fernando de Segura que fuese todos los días a vicitar la mina para reconoser si se trabaxava en las obras que yo dejaba dispuestas en el día lunes, y si en las labores se hacía con regularidad, dándome quenta de lo que encontrase en la mina, pero sin empleo, titulo, ni mando alguno: éste tiene conocimiento de la mina, es submiso y obediente, y con la circunstancia de no tener cargo determinado, ni poder disponer por sí en nada, se ha conseguido ir reparándola en canales, calles, obras, labores sin el imcobeniente de que se corrumpa, como hubiera succedido a haverle dado las facultades de veedor, y he observado para ello no dar labor a ningún minero por influxo suyo, ni hacer confiansa de sus informes para concederles que trabaxen donde intentan, porque a no haberlo observado assí, hubiera incurrido en los mismos delitos que los demás.

N.º 52
Que no hai de quien hechar mano para veedores

El mayor trabaxo que se padece en punto de veedores es no haver persona de quién hechar mano para ocupar estas plasas quando se deponen a quien las sirven. Sobre la ninguna inteligencia que concurre en los que trabajan en la mina con título de sobrestantes, mayordomos y ayudantes, se junta la circunstancia de ser jente mui ordinaria, viciada en los desórdenes de mina y incapaces de tener vergüenza, y assí no hay otro adbitrio que el de tomarse en sí el governador el trabaxo y las penciones que havían de ser del cuidado de aquellos, concerbando a los que se enquentran, por no caer en el peligro de poner a otros peores, cuyo vicio viene muy de atrás, como el de que los mineros para travaxar en lo que no es lícito, les captan la voluntad con sus bolcillos. D. Gerónimo de Sola colocó en estos empleos dos hombres no menos rústicos que los de Guancavelica, aunque venidos del Almadén; los sobornos que los mineros les hacían les dieron más de quarenta mill pessos a cada uno: de tan exhorbitantes sumas se dexa comprehender quánto lo serían los desórdenes que eran motibo de estas contribuciones.

N.º 53
Yrregularidades en que incurre el gobernador si se suxeta al dictamen de los veedores

Desde el día en que el governador nombra veedores adquieren en la mina más authoridad y mando que el mismo governador, y le tienen debaxo. Si las labores se reparten o se asignan con dictamen de ellos no son más que absurdos los que se cometen, y las ruinas o derrumbos que sobrevienen se atribuyen a mala conducta del governador, porque los mineros que las ocacionan, y quazi todo el Gremio, los sobrestantes, veedores y mayordomos, todos se conspiran contra él, si no las destina con parecer de estos hombres malignos. Ellos se valen del adbitrio del engaño para pedir papel de un paraje siendo otro mui distinto en donde intenta trabajar, y entonces con mayores fundamentos lebantan infinidad de chismes y enrredos contra él si la labor se le da al que tiene mexor derecho, que es el primero que la pide, no haviéndoles primero éste contribuido para tenerlos favorables; dicen que no se puede conceder por ser perjudicial a la mina, y dexando pasar algunos días, la hacen pedir por aquél que los tiene gratos, en cuya ocación no hay embarazo para que se trabaxe, succediendo no pocas veces, hacer que se le quite a uno con el fingido [repetido: con el fingido] pretexto de ser perjudicial, para que después de tiempo se le dé a otro, de esto resulta una continua guerra de displicensias y de enrredos entre el que govierna y el Gremio, que hace intolerable la ocupación, y no ay más adbitrio que rebestirse de paciencia y tirar a salir del cargo quanto antes, porque nunca acaba hasta que concluye con el govierno. Mi réximen ha sido señalar las labores en mi precencia y aquellas en donde me han dicho los veedores que no se pueden conceder, mandarlas blanquear con cal, cuya señal es la de estar prohibido, sin concederlas después a ninguno otro. Con este escarmiento se ha podido extinguir en parte el vicio. Del mismo modo el minero que se ha excedido en el trabajo de la labor, le he prohibido de ella y se la he destinado a otro, y el mayordomo que cometió el exceso lo he desterrado de la mina, que es toda la pena que se les puede imponer.

N.º 54

Sobre cerrarse la mina y días de fiesta

Los veedores son los que reciven las llaves de la mina del governador, los domingos en la noche para que se abra el lunes mui de mañana, y buelven a entregarlas el sábado en la noche quando se cierra, pero antes de esto la vicitan con los sobrestantes para que no quede dentro ninguna jente, porque en los tiempos pasados quedaban escondidos en los parajes retirados y otros lugares prohibidos, haciendo grandes destrosos, y para dicimular el desorden cuidaban de mudar la piedra que sacaban a otras labores corrientes, como que fuesen restos del trabajo del día sábado. Era constumbre cerrarla igualmente las vísperas de los días de fiestas con precepto de guarda, y en los que se cerraba y abría no se acía trabajo alguno, porque se executaba el sábado, o la víspera de la fiesta de mañana, y el siguiente a ella se abría tarde, y los mayordomos de los mineros no entraban hasta el anochecer: esto era de notable perjuicio para Su Magestad, porque siendo corto el travaxo de la semana, lo hera igualmente el azogue que se conceguía, y para el minero porque pagándoles el salario por entero a los mayordomos, no correspondía la piedra que les sacaban en la semana. En fuersa de esto dispuse que los sábados no se cierre hasta las tres de la tarde; que los lunes esté abierta a las seis de la mañana; que en los otros días de fiesta no se cierre la víspera sino es el mismo día a las siete de la mañana y a la oración se buelva a abrir, sin permitírsele a ningún mayordomo, ni ayudante, ausentarse, con pena de ocho días de cárcel al que se supiere haverla hecho, y que se diga una miza en la yglecia de aquel pueblo para que la oigan todos; con este adbitrio, la bacación, que era de tres días y dos noches, se ha reducido a sólo un día y no se falta al precepto de la fiesta.

N.º 55
Vicita de la mina en los días de fiesta

Quando hay dos días de fiesta seguidos, como sucede en las Pascuas, se vicita la mina en el segundo por los veedores y sobrestantes para reconocer si ha sobrebenido alguna novedad, y buelve a quedar cerrada; esta diligencia es de establecimiento antiguo y en ella no se ha hecho novedad en mi tiempo.

N.º 56
Sobrestantes de mina

Ay otros tres ministros de mina inferiores a los veedores, que nombran sobrestantes de mina; éstos se eligen igualmente por los governadores, y sus salario se paga por el Gremio de Mineros, teniendo cada uno de ellos onse pesos, y uno más que se les da en velas de cebo para que las consuman dentro de la mina. Ésta se alla dividida en tres tramos de alto a baxo, y cada sobrestante cuida de uno de ellos; el primero es desde el brocal hasta San Nicacio, el segundo desde San Nicacio hasta Jesús Nasareno que es la medianía de la mina, y el tercero de Jezús Nasareno hasta Cochapata, lo más hondo de ella. Su obligación es cuidar de que los mineros no trabaxen en otros parajes que en los que se les tienen señalados, y que lo hagan con buen horden, según las órdenes dadas: colocar los oficiales de albañilería en las obras que están ordenadas, y que debenguen lo que se les paga de jornal, reconocer diariamente toda su pertenensia y havisar de qualquier novedad que encuentren para poner promptamente el reparo que sea combeniente. Los desórdenes de éstos son de la misma especie que los que quedan dichos de los veedores, porque todos van a la parte, y se puede inferir que teniendo de salario un mayordomo 16, 18 y aún 20 pesos por semana, las gratificaciones que su amo le hace para tenerlo contento, y lo que él hurta, que no es poco, en pólvora y en varrenos supuestos, aprecian más ser sobrestantes con 11 pesos que mayordomos con estas mayores utilidades; y es el caso que los mineros les contribuyen como a los veedores, para que les dexen travaxar desordenadamente.

N.º 57

Otros desórdenes en que incurren los sobrestantes

Aunque les está prohibido a los sobrestantes de mina ser al mismo tiempo mayordomos de los mineros, cuya concequencia se dexa percebir de sí propia, sin más explicación, estaba esto tan corrompido quando entré en el govierno que cada uno de los tres cuidaba de tres o quatro minerías, y esto se dicimulaba suponiendo que los ayudantes eran los mayordomos pero era público el fraude, manifestándolo el desorden con que se travaxaba. Yo empezé a celar este punto y a castigarlo, deponiendo a unos de la sobrestantía y mortificando a otros con prición, y aunque fue dificultoso el corregirlo se logró en parte, pero no fue en fuersa de los exemplares que hice, sino en la del travajo que me he sobrecargado vicitando yo mismo las labores, y de no assignarlas sin reconocerlas primero, con todo, no aseguraré que no subsista en alguna parte este desorden, porque es innaberiguable, y en siendo asumpto fuera de lo lícito, no hai quien dé havizo al governador. Estaba también en práctica venirse de la mina a la villa sobrestantes, mayordomos y veedores siempre que querían, y los más de ellos se bajaban a dormir en las noches; la assistencia que los más de ellos hacían en las cosas de su obligación era muy corta, porque lo más del día lo gastaban fuera de la mina: para corregir esta falta de que ninguno, sobrestante, mayordomo ni ayudante, y mucho menos los veedores, pudiesen ausentarse de la mina sin licencia mía por escrito, y que para pedirla han de tener justo motibo, impuse la pena de ocho días de cárcel a los que contrabiniesen, y que los sobrestantes se mantengan dentro de la mina día y noche sin salir de ella mas que a las horas precisas de comer y dormir; no me persuado tampoco a que se observe esto último con todo rigor, pero asisten más de lo que hacían y lo acredita el adelantarse las obras, que no succedía en lo pasado.

N.º 58
Alcaldes de mina

Después de los sobrestantes hay los alcaldes de mina, que son indios, y éstos se nombran de los que vienen a mitar de las provincias de Cotabambas y Oropesas; su número es de 18, el salario que gosan es el jornal regular de 4 reales cada día; éstos están repartidos en los mismos tres tramos que los sobrestantes, siendo 6 los que hay en cada uno, la mitad sirven de día y la otra mitad de noche; su obligación es celar que ningún minero travaje fuera de su labor, ni que en ésta lo haga en lo que está blanqueado con cal; que se desagüen los parajes en donde el agua no tiene salida por las canales; avisar al sobrestante y a los veedores de qualquier novedad que noten en su pertenencia, y cuidar de que la jente que trabaja en las obras de la mina no perecée y se esconda en las varias concavidades que ay en ella. Éstos cumplen con lo que se les manda, siendo raro que tengan parte en los desórdenes que se cometen.

N.º 59
Oficiales de albañilería

Los oficiales de albañilería son yndios torpes y rústicos que no tienen más principio de este ejercicio que los que les dio la naturalesa y a fuersa de ver formar los empotrados, que son tres palos en forma de horca, lo hacen ellos; llaman pilcar el formar una pared, poniendo piedra tosca una sobre otra; no conocen el nivel, ni la regla, ni el aplomo, siendo assí que se lebantan obras que tienen de 18 a 20 varas de alto y en el grozor son corpulentas, por este rústico modo de fabricarlas, y por las malas mesclas que emplean en ellas se experimenta ser de poca duración. Yo he hecho quanto exfuerzo me ha sido posible por que usen de aquellos instrumentos precizos para que levanten los reparos a plomo y que lleven las iladas regulares en igualdad de nibel, como también sobre que las mesclas tengan a lo menos dos días de hechas para emplearlas, siendo muy poco lo que he podido conseguir, pero aún el méthodo que havía, antes era mucho peor porque al tiempo de estar obrando se estaba haciendo la mescla al pie de la obra, que consistía en echarle un poco de agua y mal rebuelta la cal con la arena se empleaba, aora a lo menos la baten para que se mescle, y tal qual suelen hacerla de un día para otro; cada uno de éstos gana 10 reales al día, y quando hay algún derrumbo, son éstos los que entran a travaxarlo, formando empotrados, unos sobre otros. El número de estos albañiles no es fixo, pero con 12 ó 14 de continuo son suficientes quando ay cuidado en los sobrestantes de que trabaxen, la mitad de ellos se emplea el día y la otra mitad de noche.

N.° 60

Se trabaxa en la mina día y noche, lo que llaman doblar

El trabajo en la mina es igual en la noche como en el día, y esto es para sacar la piedra mineral de azogue, como para las obras que continuamente se están fabricando; para ello se dibide la jente en dos partes, la una opera en el día y la otra en la noche, y quando sobreviene alguna ruina, o que hay indicios de ella, toda la jente travaxa día y noche asta que se logra asegurar el paraje, a esto llaman doblar. Estaba en práctica que los albañiles doblasen a lo menos algunos de ellos, sin haver nesesidad mayor, o porque el número de los que se ponían diariamente no eran suficientes o por otros fines que los veedores llevavan en ello: y assí estos que doblaban ni de día ni de noche trabajaban lo que correspondía y ganaban doble jornal.

N.º 61

Yndios Mitayos, Rosas y Parrochias para las obras de la mina

Trabajan dos especies de jentes en la mina, una por quenta de los mineros en particular para sacarles el mineral, y otra, aunque pagada por todo el Gremio de Mineros, se ocupa sólo en sacar las tierras y otros descombros, que, como se ha dicho, llaman desmontes y en introducir los matheriales de cal, piedra y madera; éstos, que son todos yndios, son de tres clases: la primera son mitayos, los quales vienen para este fin de dos provincias que llaman Cotabambas y Oropesas, su número es fijo, y entrambas componen 64; sirven 6 meses y al cabo de ellos vienen nuebas quadrillas a remudarlos: de esta jente es de donde se eligen los alcaldes de mina. La segunda clase que llaman rosas, son de la provincia de Angaraez, dependiente de este govierno; el número precizo son 84 y deben aumentarse todo lo que es nesesario según las obras que hay que hacer. En el govierno anterior al mío nunca se completaban y lo más que llegava a haver eran 46, succediendo rara vez haver 50, en el mío an sido 100 y muchas veces 120; éstos sirven un mes y concluido vienen otros a remudarlos, siendo cuidado del theniente de la provincia de los Angaraez obligar a los pueblos a que embíen los que les están assignados con regularidad. La tercera clase son los que se llaman parrochias de Guancavelica y los anexos de éstas, que son otras seis, los que contribuyen, siendo en todo 32 yndios. Estos se remudan cada semana; con que en todo componen de pie fixo para el travaxo de las obras 196 yndios. El jornal de cada uno de éstos son quatro reales, que se les pagan por los procuradores del Gremio los días domingos en presencia del governador, como se practica también con los oficiales de la mina, y los matheriales.

N.º 62

Sobrestantes de matheriales

Además de los sobrestantes de la mina, debe haver por establecimiento dos sobrestantes, que comúnmente se llaman de velas por ser su obligación cuidar de los matheriales que se reciben, entre los quales entran las velas que se gastan por los travajadores de obras y forman diariamente las listas de las jentes que entran a travaxar de día y de noche. Estos deben elegirse por los procuradores del Gremio y dar el beneplácito el governador, porque mediante que su cuidado es llevar razón de lo que se gasta, y el Gremio quien lo ha de desembolsar, es precizo que sean sujetos de su satisfacción. D. Pablo de la Vega imbirtió este réximen poniendo a dos dependientes suyos y de aquí provino el desorden de robos que se experimentaron, que fueron de notable perjuicio para el Gremio; el salario de cada uno de estos era 12 pesos, y pareciéndome que dos hacían tanto como uno y que doblándole el salario se le ponía en mexor proporción para proceder con legalidad, se lo propuse a los procuradores, que les pareció muy bien, y haviendo elegido éstos a uno de los mineros pobres, hombre de su confiansa, quedó establecido con el salario de 24 pesos por semana, y sin compañero.

N.º 63
Sobre listas, de varrenos, de baxa de metal y de gastos en cada semana

Antes de mi tiempo se le presentaban al governador dos listas en el día sábado; la una contenía los gastos que se havían causado en la semana en materiales, travajadores y salarios de ministros empleados; la otra era una rasón del número de caxones de mineral que se havían conducido de la mina a los acientos donde se extrae el azogue. Yo establecí que los sobrestantes de mina formen cada uno la correspondiente a su pertenencia y dispuesta en forma de mapa, den rasón por días de los varrenos que dispara cada minero en el día y en la noche, con expresiones de las lavores en qué varrenos se han dado; assimismo que el sobrestante de matheriales forme otro mapa igualmente por los días de la semana y en él haga expreción de los caxones de mineral, que cada minero hace conducir a su asiento en cada día; los usos de estas dos relaciones son primeramente para ver quáles travajan y quáles dexan de hacerlo; o quáles lo executan con empeño y quáles no; si los caxones de mineral corresponden a los varrenos, sobre el supuesto que cada uno de éstos da tres caxones; si el azogue que debe rendirle el mineral lo conduce todo a la caxa o lo estravía, y también para saber a corta diferencia el estado del mineral en quanto a estar pobre o rico de azogue.

N.º 64

Alcalde mayor de Villa, y faenas

Tratando de los ministros y otros empleados de la mina, es nesesario incluir aquí al alcalde mayor de la villa: éste es como un ayudante, que igualmente paga el Gremio de Mineros, y asiste de continuo en casa del governador, y aunque se ocupa en toda suerte de diligencias de justicia, por no aver en la villa otro de quién hechar mano; su obligación es acompañarle quando ba a la mina, cuidar de que los alcaldes de las parrochias bayan con la jente que deben dar el lunes de mañana a entregarla a los veedores en la mina, y practicar otras diligencias concernientes a ella; el salario que gosa son onze pesos por semana.

N.º 65

Faena de la provincia de los Angaraez y de la villa de Guancavelica

Quando succede que las calles y las labores de la mina se rellenan de tierra y deescombros y que la jente de hordinario travajo no basta para limpiarlas, se pide de la provincia de Angaraez, con el nombre de faenas, 20 ó 30 yndios más de los regulares, y se les da este nombre a distinción de los otros, que llaman rosas, porque se remudan todas la semanas; la práctica era darles 2 reales de jornal al día, que es lo que gana qualquier peón o gañán en toda suertes de travaxos, que no sean de mina, pero haciéndome cargo que estos yndios, el que hacen en tales ocaciones, no es diferente de el de los yndios rosas y que corren el mismo peligro, les he mandado dar el mismo jornal de 4 reales que a los otros. Quando las tierras que hay que sacar están en el Socabón Real, que es donde se van depositando las que salen de adentro, entonces es la villa de Guancavelica y sus parrochias las que dan la jente de faena, remudándose diariamente una parrochia en cada día; a éstos no les he hecho pagar más que a 2 reales, porque en el trabajo no tienen la fatiga de los que entran adentro, de andar por estrechuras y por lugares incómodos, siendo llano y espacioso todo lo que trancitan desde el Socabón hasta el lugar donde las arrojan. Es necesario tener cuidado de que en este Socabón Real no se acumulen muchas tierras, limpiándolo de tiempo en tiempo, porque además de embarasar el tráncito impide la entrada del ayre, y sin él se ponen intratables las labores que están del Socabón para abajo.

N.º 66
Matheriales para las obras de la mina

El Gremio de Mineros, siendo el que está obligado a mantener corriente y en buen estado la mina, es assimismo quien costea los materiales que se consumen en sus obras y las velas que se gastan en los travajadores: en esto no tiene el governador qué disponer, a exepción de madera, que se abastece por el theniente de la provincia de los Angaraes.

N.º 67
Sobre el abasto de Madera

La madera que se emplea en los empotrados y empalisadas de la mina es sólo de una espesie, que llaman cazís; ésta se cría silvestre en las quebradas y parajes escarpados y peligrosos de la provincia de los Angaraez, ysla de Tallacaxa y provincia de Guanta; es fuerte y no se pudre fácilmente con la humedad; los yndios y mestizos la van a cortar donde se encuentra, o la compran a otros que la cortan, y la conducen a la mina trayéndola de 20, 30 y más leguas de distancia, por caminos fragosos y de mucha penalidad, siendo del cargo y obligación del theniente de la provincia de los Angaraez obligarlos a estar en continuo exercicio de este tráfico y andar a la vista de ellos para que no llegue a faltar. A este fin, desde tiempo immemorial, ai un trato o combenio tácito entre los procuradores del Gremio y el theniente, para que éste cuide de abasteser y pagarla los otros, según la tasación que se hace de cada palo al tiempo de descargarla, lo que deben executar en buena conciencia los veedores de la mina, con atrención al gruesso y a la mayor distancia de donde la conducen. El theniente, por su parte, avilita, a estos madereros dándoles mulas, ropa para vestirse ellos y sus familias, hierro, azero y lo demás que necesitan, llevando una quenta con cada uno, y se va haciendo pago de esto y del dinero que les da en cada viaxe por vía de socorro de lo que importan las maderas que conducen en el discurso de dos o tres años, para lo qual, por medio del apoderado que tiene en Guancavelica, percibe el ymporte de las maderas de cada semana; y cada conductor lleva uno o varios vales del sobrestante de materiales en que se expresa el número de palos que ha conducido, la tasasión que se ha hecho de ellos y el importe total, con lo qual el theniente le abona a cada uno en su quenta lo que consta por estos vales, pero siempre que necesitan mulas es precizo que el theniente se las procure, aunque no aygan acabado de pagar las que recibieron primero. Los pueblos de Lircay, Guanca [repetido: Guanca], Uchugaillay, Andabamba, Julcamarca, y generalmente de las quatro doctrinas de Acobamba, Julcamarca, Lircay Julcamarca y Aconia son los que mantienen este traxín, por ser por aquellas partes donde se cría la madera del cazí. La doctrina de Conayca, que es la quinta de la provincia, no se ocupa en ello por no haver tal madera en sus immediaciones.

N.° 68

Escasés de la madera de casis y su poco largo y providencias para su abasto

Esta madera es muy tardía en crecer, por cuya rasón el gran conzumo que se ha hecho de ella desde que la mina se empezó a travajar, y ser silvestre, que no se planta ni cultiva, escacea en los tiempos presentes tanto que se hace precizo traerla de 30 leguas y más de distancia, lo qual dificulta su abasto cada día más y se hace más costosa; los árboles son naturalmente pequeños, pero la dificultad de conducirla por caminos fragosos y quebradas no permite que se traiga de más largor que el de dos varas, y la mayor porción de la que viene, es assimismo delgada, siendo dificultoso conceguir palos de algún grosor competente para pies derechos y canales, porque éstas se hacen con los mismos casis. En el principio de mi govierno pretendieron los dueños de las tierras en donde se cría que se le hubiesen de comprar, y el correxidor de Guanta, a quien pertenese la ysla de Tallacaxa, que se condujese de su quenta. Uno y otro sería de notable perjuicio para la mina, porque si al abalúo presente en que no se concidera más que el costo de cortarla y de conducirla, se agregase el valor que el dueño de la tierra quiciese ponerle al palo, cresería más de otro tanto el renglón de la madera, y el Gremio de Mineros no lo podría soportar, mediante que este solo renglón importa cada año sobre 15.000 pesos; lo segundo, el governador de Guancavelica, no teniendo jurisdición fuera de la provincia de los Angaraez, no tendría facultades para hacer venir las maderas con la abundancia y promptitud que es nesesario, y quando hubiese más urjencia de ella, suspenderían su condución para conceguir que se aumentase el precio a contemplación de los que la hubiesen de conducir, para el abasto de la mina. Lo tercero, que assí como los vecinos de Angaraez son los que están pencionados al mayor trabaxo y servicio de la mina, acudiendo sin limitación a mantenerla en buen estado, son acreedores a disfructar el beneficio, poco o mucho, que resulta de estas maderas, con lo qual se visten y se mantienen, y no sería justo aplicarlo a aquellos que están libres de estas penciones, pribando a los que las sobrellevan y que de tiempo immemorial han estado ocupados en este tragín, el qual, si ay tiempos en que lo hacen por combeniencia propia, hay en el año otros en que se les preciza a abandonar el cultibo de sus sembrados, por pedirlo assí la necesidad; con estos fundamentos expedí un auto, en 28 de marzo de 1759, declarando que la madera de casíz, en qualquiera paraje que la naturalesa la produxese, pertenesía a Su Magestad y a su Real Mina, sin que los dueños de las tierras pudiesen alegar derecho a ella; que los vecinos de la provincia de los Angaraez pudiesen ir a cortarla a donde la hallasen sin que nadie se lo impidiese; y que en la Real Mina no se recibiesen de otras personas más de los que siempre la han conducido que son los vecinos de los pueblos de la provincia de los Angaraez. Este auto lo embié en testimonio a los corregidores circumbecinos, con orden de que lo fixasen en sus jurisdiciones, pero no se practicó ni dieron havizo de haverlo recevido; también remití testimonio dél al virrey, quien no providenció cosa alguna en un asumpto de tanta ymportancia, siendo la madera la que mantiene la mina, y muchos dueños de tierras han resistido el que se entre en ellas a cortar los cazis, quando ni esto les es de perjuicio ni la tal madera sirve para otros uzos más que para la mina; en esta attención sería muy combeniente que Su Magestad se dignase expedir los más extrechos órdenes, y que comprehendiese a los eclesiásticos que poceen tierras donde se crían, porque éstos hacen gremio aparte en todo lo que es servicio suyo y bien público. El testimonio de este auto, como de todos los demás, lo pasé por tres vías a Su Magestad.

N.º 69

Sobre la cal y modo de abastecerla

La cal se abastece por un proveedor, que tiene hecha obligación al Gremio de dar toda la que fuese necesaria a un precio determinado, que es el de 10 reales por fanega; éste es excesibo, como se tiene verificado, porque puesta en la mina no sube su costo de 5 reales, o a lo sumo 5 ½, pero los desórdenes que cometió D. Pablo de la Vega no podían dexar de extenderse a este ramo. Quando supo que yo estaba para llegar, llamó a los procuradores del Gremio y les mandó que otorgasen la escritura del aciento de la cal con D. Francisco Ledesma, suegro de Campusano, como principal hombre que entonces pasaba de 90 años, veedor de la mina, como fiador de mancomún y insolidum determinando el precio de los 10 reales por fanega, y que el trato corriese por quatro años precizos y cinco voluntarios de parte de los acentistas, pero precisos como los primeros por la del Gremio, con que vino a establecer una obligación en que quedaba éste gravado para no poder admitir ninguna mejora a su fabor. No fue esto lo más perjudicial, sino es que siendo Campusano el verdadero acentista y el que formaba las relaciones de gastos, porque se hallaba bien abenido con los sobrestantes, también dos dependientes de D. Pablo de la Vega, se le cargaban al Gremio porciones de cal que no se havían recevido y las obras se hacían con barro, según queda dicho; de tal modo, que en el año de 1758 se le pagaron a este acentista 7.423 fanegas abiendo travajado 793 albañiles; y en el año de 61, después de la depoción, haviendo havido 796 albañiles, sólo se gastaron 3.546 fanegas, que es menos de la mitad; adbirtiéndose que en este último año se hizieron más obras en la mina tres veces que en el año de 58, siendo todas de buena mescla, quando las otras no se fabricaban (como queda dicho) sino es con barro; y assí lo manifiestan las posas que quedan de aquel tiempo. Déxase entender que estos fraudes no se cometían sin que les valiese a quien los protegía, y aunque el perjuicio para el Gremio era grande excedía el que resultaba contra la mina, de modo que el costal de tres arrobas de pezo se pasaba por de 6 y 6 libras, y 40 costales se contaban por 80, con que havía de fraude las tres quartas partes de lo que se ponía en las relaciones. En fuersa de las quexas que tuve del Gremio quando empesé a governar, mandé que el acentista por su parte me precentase relación jurada de la cal que en la semana havía conducido a la mina, y que las relaciones de gastos viniesen juradas por los veedores y sobrestantes de velas, pero a hombres que se abandonan al robo, como éstos, nada los contiene y el fraude siguió hasta la depoción de Campusano.

N.º 70

Yndios caleros del pueblo de Palca

Para la fábrica de la cal que se consume en la mina, hay un pueblo a quatro leguas de Guancavelica nombrado Palca: estos son yanaconas, que es lo mismo que decir yndios sueltos, de varias provincias que se han juntado y formado pueblo en tierras ajenas, y assí, aunque oy tiene crecido número de familias, no tienen territorio propio. Estos yndios se ocupan en fabricar la cal y conducirla, y por esto están exemptos a concurrir a los trabajos de la mina; en el exercicio de caleros ganan quatro reales de jornal, como en travajo de mina, pero mal pagados, porque lo más se lo dan en ropa, a doblado precio de lo que vale, sobre lo qual he expedido varios autos hasta declarar que los yndios no deben concurrir a fabricar la cal, y conducirla, sino es pagándosele en dinero de contado, como debe ser.

N.º 71

Del abasto de la piedra

Para abasteser de piedra hay otro acentista obligado; ésta se le paga por cargas y cada una se compone de quatro piedras: igual fraude al de la cal se cometía en este renglón, haviendo sido por él por donde se vino en conocimiento de los que se hacían, porque el acentista, con motibo de unas misiones, y no teniendo el interés en lo que se aumentaba, que sólo resultaba en beneficio del veedor Campusano y de sus compañeros, vino a denunciar el robo de que él era encubridor, porque recebía de la mesa del pagamento la cantidad en total que venía puesta en la relación, y después embiaba Campusano a percebir lo que havía de exceso; el pretender contener unos fraudes tan perniciosos y a lo menos evitar que se continuase en ellos, ha sido causa de la conspiración que se lebantó contra mí, la qual fue tan general que desde la primer cabesa en el reyno hasta los más inferiores, no quedó quien no me perseguiese, tirando a manchar mi honor por los medios más irregulares que pueden haverse oído, y los delinquentes no menos que de sus delitos ha sido de lo que se ha hecho caso, siendo esto el méthodo corriente de este payz, porque en el servicio del rey, la justicia y el bien público no se atienden sino es en el ínfimo lugar.

N.º 72
Provisión de arena

Para la arena que se emplea en las mesclas no hay acentista particular, ni obligados a ello; en esto se ocupan voluntariamente varios que tienen este trato y se les paga a un tanto por cada caxón, que es una medida como de una fanega. Quando los obligados de cal y de piedra no dan todo el abasto de la que se necesita, entonces se recibe uno y otro de qualquiera que se ofrece a completarlo, y se la paga al mismo precio que a los obligados. Sobre la piedra es necesario no permitir que se les reciba la que sacan de los cercos, porque de esto resultan después varias quejas de los dueños, que aún haciéndoseles satisfacer los daños, nunca quedan contentos.

N.º 73
Belas para los travaxadores

La belas con que se alumbran los trabajadores entran en el número de los matheriales, que costea el Gremio de Mineros: el número regular que se consume cada semana son de 90 a 100 massos, y cada uno tiene 16 de ellas; los obligados a este abasto son dos alcaldes yndios que se eligen todos los años y se nombran alcaldes de belas; el uno es de la parrochia de Santa Ana y el otro de la de San Christobal; cada uno de éstos da una semana, alternándose entre los dos, y se les paga cada maso a 6 reales y medio, pero quando faltan (lo que succede muy comúnmente) se compran las necesarias para completar el consumo de las tiendas o pulperías, y éstas se pagan a 8 reales cada masso, cuya diferencia viene de que los pabilos de las primeras son más gruesos y entra menos cebo en ellas: éstas se reparten entre los albañiles, alcaldes de mina y travajadores.

Nº 74
Desorden con el motibo de la provición de belas en los ganados

El méthodo de probeerce la mina de belas por medio de los alcaldes, trae un desorden mui pernicioso contra los dueños de ganados, porque ban a los campos y de poder absoluto, o más propiamente hurtando, se traen las bacas, bueyes y toros a su adbitrio, y al tiempo de la paga se ofrecen muchas dificultades, de que resultan bastantes pleytos para el governador, porque el dueño acrecenta el número de las que en realidad le han substraído, o el alcalde lo disminuye, o lo niega en el todo y queda innaberiguable el hecho. Este modo de hacer la probición del cebo es antiquícimo y ni los dueños de los ganados se avienen a venderlos voluntariamente, ni los yndios propensos con extremo al hurto, se acomodan a comprarlas adquiriendo el dominio por este medio lícito. Yo pretendí reformar esta viciosa constumbre estableciendo en su lugar que hubiese acentista, como en los otros matheriales, y aun ofrexí que el que fuesse obligado a las belas de la mina, sería abastesedor de carnes en la villa, porque quanta se consume en ella es igualmente de reces hurtadas, pero no hubo quien quisiese hacerse cargo y fue precizo que quedase el desorden en su punto.

N.º 75

Presos en el travajo de la mina

En el govierno del marqués de Casa Concha se quizo establecer que el trabajo de las obras de la mina se hiciese con gente forsada que viniese de las provincias del reyno, al modo que se practica en el Almadén, y para este fin se fabricó entonces una cárcel con su capilla, que es la que subsiste, y le tubo de costo al Gremio de Mineros 14.000 pesos, pero no tubo éxito este proyecto, ni nunca será practicable en otros payces donde nada se observa como se manda, ni la dispocición de la mina tiene proporción para ello, porque ésta se halla en un cerro con varias puertas, unas de tráfico y otras de los socabones, resultando de ello que seria impocible ebitar que el que entraba por la una de forsado saliese por la otra de libre, y esto aunque fuesen acompañados por tropas de alcaldes que lo custodiasen, lo qual no es posible en la estrechura y confución de sus calles. Lo que yo he hecho, más por compación que por castigo, es desterrar a que trabajen de forsados los ladrones y otros malébolos, que abundan bastantemente en la villa; a éstos se les dan dos reales cada día y no hacen otro ejercicio que sacar las tierras del socabón, en la misma forma que queda dicho de los yndios faenas, sin otra distinción que ponérseles grillete; para esto es necesario que anden custodiados de un alcalde, y aun no basta este cuidado, succediendo que se huyen, y muchas veses llebándose el grillete, de suerte que no ha havido ninguno que haiga llegado a permaneser dos meses. Digo que el desterrarlos allí ha sido más por compación que por castigo, porque lo regular es destinarlos a los obrages y en ellos perecen de miseria y al rigor del castigo con que se les trata.

N.º 76

El travajo de la mina por los mineros para sacar el mineral

Hasta aquí he dicho lo perteneciente a trabajo de mina, para obrar en ella, como corresponde a mantenerla fortalesida y corriente, aora resta que explicar lo tocante al travajo de los mineros para extraer la piedra mineral de azogue, y queda ya prebenido, lo conducente al modo de señalar las labores, de trabajar en ellas para que bayan con regularidad y que los mineros son raros los que entran en la mina, y los que lo hacen, es mui pocas veces en el año, manexándose esto por los mayordomos y ayudantes que tienen.

N.º 77

De las clases de jentes que travaja en sacar el mineral

Las clases de jente que se ocupan en extraer el mineral por quenta de los mineros son: mayordomos, ayudantes, piqueros y carguiches. Los mayordomos hacen personería por el minero para buscar parajes a donde sacar el mineral que sea más rasonable; disponer el modo de abrir los varrenos, que llaman acomodar; solicitar jente para este travajo y para sacar el mineral afuera; y corren con los gastos que se causan en todo este travajo: los amos les pagan no sólo por el travajo que tienen en la ocupación sino es porque el mineral sea sobresaliente, y assí quando encuentran coyuntura, no reparan en que sea estrivo o puente, bien que el paraje esté arriesgado, aunque viciblemente conoscan que se ha de seguir ruina, como ha succedido varias veces, y queda explicado de la Yerbabuena, las Ánimas y otros lugares. Havía quando entré a governar bastante desorden en los salarios de éstos, porque con la codicia de animarlos a que cometiesen destrosos, heran los salarios exhorbitantes, no faltando minero que no le diese al suyo hasta 30 pesos, de cuyo exceso resultaban no poco perjuicios contra la mina. Yo establecí por auto que probeí en 18 de enero de 1759, que no se les pudiese dar más que desde 8 pesos hasta 12, y que el mayordomo pudiese cuidar de dos minerías, quando combiniesen los amos, y no más, pero como es interés de todos el dicimular los excesos que se cometen en este punto, me persuado a que no se ha observado tan exactamente que no aiga havido parte de abuzo, bien que no ha sido con las malas concequencias que tenía antes.

N.° 78
De los ayudantes

Los ayudantes son lo que dice el nombre: sirviendo para ayudar a los mayordomos; esto succede quando el minero es acomodado, y que hace travajar con vigor, por no ser suficiente entonces uno solo para cuidar de todo. Por el mismo auto arreglé los salarios de éstos.

N.° 79
De los piqueros

Los piqueros tienen este nombre de que en lo antiguo se sacaba la piedra mineral con pico, cuya herramienta ni se conoce ya ni saben usar de ella. Entre dos personas abren el varreno, que por regla debe tener 22 dedos de hondo; y entre día y noche abren 6 entre las mismas dos personas. A ésta llaman una punta; cada varreno se paga por 6 reales y con una libra de pólvora se cargan 2 ½; no hay regla fixa del mineral que despide el varreno por ser esto según el paraje y la calidad de ella; pero en frontones regulares, son 3 caxones, con corta diferencia, assí lo regular es disparar en la semana 1.300 barrenos y sacar 4.400 caxones de metal, cuya noticia es suficiente para comprehender el destroso que hará en el discurzo de 5 años que dura un govierno, pues en él por la parte más corta se deben disparar 338.000 barrenos y extraerse 1.018.000 caxones de mineral, siendo de suponer que para cada uno de éstos salen, a lo menos, dos de greda, piedra ynútil y tierras. Estos piqueros se me presentaron quando entré a governar tumultuosamente, pretendiendo que se les adelantase el precio de los varrenos, pero no se lo consetí, ni hay rasón para hacerlo en ningún tiempo, porque ni es más dura que antes la piedra, ni tienen aora el peligro de azogarse, como succedía quando era abundante el azogue.

N.° 80
De los carguiches

Llaman carguiches a los que sacan el mineral desde las labores hasta fuera de la mina: este exercicio lo hacen muchachones, y aunque es rudo y penoso resisten a él, y por parajes donde qualquiera otro tiene dificultad en trancitar, y aún para tenerse en pie, ellos trafican cargando en las espaldas desde medio caxón hasta uno, que por la parte más corta pesa de 3 hasta 6 arrobas. De todas las labores de la mina, a exclución de las que están del Socabón Real para abajo, se les paga un real por cada caxón; y establecí, en fuersa del mayor travajo que les cuesta el sacar el de las labores inferiores al socabón, que se les pagase 1 ¼ reales, lo que es ya entable, también en aquellas que se hallan immediatas al brocal sacan por menos de real el caxón.

N.° 81
De la medida del caxón

Llaman caxón a una medida de madera que sirve para el réximen de los mineros y cargadores o acarreadores de mineral, como también para cargar los hornos en que se extrae el azogue; en esto havía mucho desorden porque cada minero tenía el cajón de diferente tamaño, y todos eran mayores de lo que correspondía, esto con el fin de que los carguiches les sacasen más mineral de el que debían por la paga de un real y que los acarreadores que lo conducen después a los hornos, llebasen más de lo que les correspondía, que, en propios términos era engañar a unos y a otros, de que resultaban continuas quejas, y vista la sinrasón con que se procedía, hice solicitar un cajón de los antiguos, que costó bastante dificultad encontrarlo, porque viciados todos en adulterar la verdadera medida no se hallaba noticia del tamaño que debía tener; al fin se halló uno en la veeduría, uno muy embejecido, y parte por éste, parte por congectura se hizo otro que sirviese de modelo para todos los demás, y di orden a los veedores que recorriesen de tiempo en tiempo los que usan los mineros, y hiciesen pedasos los que encontrasen más grandes, no siendo de poca dificultad conceguir que renunciasen al vicio que tenían por constumbre. Aunque se regula el mineral que entra en un caxón por 6 arrobas, excede de este pezo según el más azogue que contiene, y assí, el que rinde una arrova por cajón (de lo qual ya no hay) pesa 7 arrobas. En lo antiguo se gobernaban por redecillas, que eran unas redes hechas de pellejo de buey, pero en esto havía mucho engaño y ya no sirven más que para acarrear el mineral a los hornos.

N.° 82

Los que travaxan en la extracción del mineral son voluntarios

Toda esta jente que se ocupa en la extracción del mineral, piqueros, carguiches y acarreadores, son voluntarios, que sin que nadie se lo mande ban por el incentibo del jornal que pueden sacar, siendo en algunos bastante crecidos, porque los carguiches salen al día por 6 reales y travajan día y noche a las horas que quieren.

N.° 83

No hai azogados en la mina

En lo antiguo se experimentaba azogarse muchos de los que trabajaban en la mina, y con particularidad los piqueros; esto se atribuya a dos causas: la primera y principal, a contener el mineral mucho azogue; la segunda, a que el laboreo con el pico despedía mucho polbo, y respirándolo los que estaban allí les resultaba esta enfermedad; aora no subsiste ninguna de las dos causas, porque es tan poco el azogue que encierra que apenas se reconose, y todo el travajo se hace con varrenos; si algo se padece de este mal es en los hornos de extraerlo, y aun en ellos es tan raro, que por cosa particular se ve en uno u en otro, y esto acontese a los que cargan en el horno con el mineral y no a los demás que hacen otras funciones.

N.º 84

Remedio en los yndios para desasogarse

Los azogados, quando los havía, eran de dos especies: unos los de la mina, que contraían el mal por el polvo que respiraban; otros los de los hornos, que lo adquirían por los bapores y humos; la enfermedad en los primeros fue siempre más perniciosa que en los segundos, porque se introducía en partes sólidas, como lo hera el mismo Mineral, y assí estos núnca sanaban perfectamente; el modo de curarse ha sido, y es, en los pocos que se ven, irse a algún paraje donde el temperamento sea caliente y usar de la chicha y otras bebidas que acostumbran los yndios; lo qual les muebe a sudar y con esta diligencia quedan sanos al cabo de dos o tres meses; pero luego que se reponen buelven al exercicio, sin que nadie les precise.

N.º 85

De la sangre por la boca

Otro accidente se contrae, tan pernicioso como el de azogarse, que es el de arrojar sangre por la boca; de esto padecen algunos de los que están empleados en la mina y de los que frequentan los hornos; pero no es tan pernicioso como en otros payces, porque después de arrojarla en abundancia, y con repetición, viben largo tiempo.

N.º 86

De la cantidad de azogue que contiene el mineral

Llaman los mineros ley a la cantidad de azogue que contiene el mineral, y es de establecimiento antiguo determinar la que tiene quando se entriega la mina, siendo ésta una de las partes principales de la diligencia, y se hace punto de honor el no entregarla con menos ley de la que se recibió; esta sola circunstancia bastaría para reconocer la irregularidad con que se han manejado las cosas de la mina en todos tiempos, porque el governador no tiene poder para aumentar ni para disminuir la ley, prerrogatiba que está fuera de lo humano, y que sólo recide en el Hacedor de todas las cosas; porque aunque se quiciera decir que las diligencias de buscar frontones sobresalientes lo facilitaría, fuera de que el hallarlos es efecto de la casualidad y no del acierto, los mineros, como que en ello tienen su utilidad, no omiten diligencia en quanto les alcanzan las fuersas. Yo, conosiendo el fraude que havía en esto, porque en desdoro del que entra pretende el que acaba lebantarla al punto que ella no llega, me remití a que se hiciesen ensayos y se estableciese por lo que resultase. El Gremio de Mineros, desde bastante tiempo antes de tomar yo el govierno, clamaba judicialmente sobre que se hiciese esta diligencia, pero el governador interino que había informado al virrey no deber hacer caso de los recursos de los mineros en este particular, porque eran siniestros, nunca quizo combenir en ello: y practicados los ensayos en el año de 1759 se halló que el caxón rendía dos libras 11 onzas, haviéndose hecho por varios modos. El año de 1760 estaba por 2 libras 7 onzas, y el año de 1762 en 1 libra 5 ¾ onzas, siendo de adbertir que para hacer estas determinaciones se ensayaron quantas especies de mineral tiene la mina: sobresalientes, medianos y ínfimos; de los primeros sólo hubo en el año de 1762 una labor que dio 5 libras, pocas que dieron de 2 ½ libras, y todo el resto de 2 libras para abajo hasta menos de media libra, y la de 5 libras descaeció tanto que antes de quatro meses quedó en nada.

N.º 87
Que siempre se reconoce disminución en la lei del mineral

En los quatro años y pocos meses que llebo de govierno, he reconocido descaecimiento subsesibamente en el mineral sin necesitar de repetir los ensayos por conocerlo; el número de varrenos que se disparan en la semana, el de caxones de piedra que se conduce a los hornos y el de quintales de azogue que se recibe en los almacenes, son suficientes para averiguarlo, y assí es constante lo que dejo asentado que a medida que se alejan las labores de la medianía o centro de este poso contiene menos azogue la piedra que se saca de ellas.

N.º 88
Ley antigua del mineral

En lo antiguo hubo riquesa en esta mina, y D. Gerónimo de Sola alcansó bastante de ella, como queda dicho; entonces havía mineral que se podía llamar cinabrio, porque daba hasta 30 libras por caxón, y de 8 a 9 havía bastantes labores; en mi tiempo llegó a dar 22 libras el que se sacó de la plasa de San Fernando, pero fue una costra tan superficial que duró pocas semanas y en brebe quedó totalmente abandonada, porque se puso en el estado de no dar azogue alguno; así no se ha de creer en ningún descubrimiento semejante a éste y otros que ha havido en mi tiempo hasta ver la permanencia por algunos meses; y esto a de ser sin que descaesca, porque acontece que los deseos de que sea bueno, la nececidad que ay de azogue y los primeros indicios que se manifestaron favorables, persuaden que a fuersa de travajo bolverá la labor a la primer riquesa que se vio, y por lo regular se experimenta todo al contrario, que va de malo en peor. Al precente ay todavía algún mineral bueno, pero éste es el que está en los estribos, cielos, puentes y murallones, que es la causa de inclinarse los mineros a tales parajes, pero aunque esta piedra contiene más azogue que la de los frontones regulares, no llega, con mucha distancia, a ser de la riquesa que en los tiempos pasados; porque quanta hubo de esta sobresaliente calidad, procuraron sacarla entonces, sin recerba de paraje, durando esto hasta el tiempo de D. Gerónimo de Sola; assí en el lugar que llaman la Lámina y Jesús Nasareno no se concerva ningún estrivo antiguo y están sobstenidos con reparos de manpostería, que forman un laberinto de calles entre sí.

N.º 89

Vicitas que se han hecho de la mina en el tiempo de mi govierno

En ningún tiempo se a travajado la mina con la regularidad que en mi govierno, como lo manifiesta ella misma, tanto en la proporción que llevan los cañones de las labores como en la concerbación de sus estrivos y en las obras artificiales que se han construido para su firmesa; en ninguno ha sido tan cuidada, porque no ha havido governador que la vicite de continuo y que cele personalmente lo perteneciente a su concervación, y en ninguno se ha desconfiado tanto en Lima del estado que tiene en quanto a seguridad como en éste en que no ha estado abandonada a la codicia de los veedores y a la natural propención de los mineros en tirar contra la piedra mineral sobresaliente, dejando en las labores la menos buena; ningún sirviente ni dependiente mío ha sido minero ni ha sacado pocas ni muchas utilidades de los minerales que contiene la mina, como ha sucedido en otros goviernos; y aquellos mineros que me han sido más allegados son los que están más destituidos de combeniencias, siendo ésta la mexor prueba de haber sido los que menos han disfructado la mina; y que la he governado con quanta regularidad es pocible; pero estas circunstancias no han sido de concideración en Lima para que no se persuadiesen allí que yo tiraba a su total ruina, procedido de que el mérito de las personas por estas partes, y el buen o mal concepto que se forma de su conducta, depende de las riquesas que reparten; siendo éstas las que le dan estimación, y quando faltan no hay acierto en nada. En aquella ciudad se govierna entre personas que aún los nombres particulares de la mina son totalmente desconocidos, lo que hay en ella, y como para la ignorancia todo es igual, porque no hay dicernimiento para comprehender lo que ba bien fundado de lo que la misma ignorancia produce: una noticia volandera es de mucho mayor pezo que quantas pueda comunicar el hombre de mayores aciertos; y assí el más ínfimo de Guancavelica, un clérigo, un delinquente, un reo que está en la cárcel, con una simple carta muebe todo el concepto de los tribunales, empezando por el virrey, acia el lado que le inclina su malicia; y quando esto es en perjuicio del honor del que govierna no se admite duda en las mayores atrocidades, sin reparo a que repugna a toda razón, siendo el único camino por donde ponerse a salvo de estas concequencias captar el ánimo de aquellas personas con las contribuciones, assí lo practicó D. Pablo de la Vega; y los verdaderos desórdenes en que incurrió se graduaban de aciertos, siendo en mí en quien, por haverlos corregido en la parte que me ha sido posible, han recaído las desasones que le correspondían a aquél, y ha sido porque al paso que en este tiempo no me he amoldado al vicio común del pays en quanto al interés, tampoco me he suxetado a el de hacer buenas mis operaciones comprando con el interés el concepto que se debe formar de ellas. No hay quaci memoria de que en el intermedio del govierno se haya hecho vicita jurídica de la mina por orden de los virreyes y del acuerdo, y la hay de unos derrumbos monstruosíssimos experimentados quazi en todos los goviernos, sin exceptuarse el de D. Gerónimo de Sola; los acontecidos en el mío, que parte de ellos pertenecen al de D. Pablo de la Vega, como queda explicado en su lugar, todos juntos no son comparables con uno de aquéllos: entonces no se hiso demostración ni diligencia alguna para averiguar su orijen, aora persuadidos en Lima a que por esta parte se podía manchar mi honor, se han causado los mayores ruidos, llegando hacer escándalo de todo el reyno con providencias jamás puestas en práctica ni entendidas hasta aora, de las quales, lo que ha resultado es el abatimiento de este empleo, conciguiendo en ello todo el fin que se llevaba.

N.° 90

Primera vicita de la mina hecha por mi orden para dar quenta de su estado a Su Magestad

La ley o calidad del mineral se hallaba, quando entré a governar, en el ínfimo estado que queda dicho en su lugar; la mina en una constitución ruinosa y los ministros de ella, enteramente viciados; al recivirla, fui formando el mapa, y haviendo sobrevenido el descubrirse las maldades del veedor Campusano en fraudes de interés y en abandono del cuidado que debía aplicar a mantenerla en buen estado, puse todo empeño, desde octubre de 1760, en que lo depuse, sobre que se habilitasen las calles ciegas y arruinadas que havía dejado en este estado, y que se siguiesen las obras que tenía yo dispuestas, hasta su conclución desde que me reciví de ella; porque de éstas, según queda dicho, unas apenas estaban empesadas y otras no se les havía puesto mano, como la ley del mineral hiba siempre a menos sin que bastase ninguna diligencia para conseguir mejoría, y que en concequensia de las instancias que el Gremio havía hecho en Lima, se le havía concedido por el virrey en Junta General de Tribunales el derecho del quinto del azogue que pagaba a Su Magestad, me pareció combeniente pasar a la real noticia, rasón del estado en que se hallaba la mina; porque mobidos entonces con falacias los enrredos que Campusano fomentó después que le puse preso con sus compañeros Afino y Gordillo, fomentados del cura de San Sebastián D. Juan Joseph de Aguirre, del contador interino D. Juan de Sierra y de otros pocos reboltosos, a quien por sus intereses o por vengarse de las penas que les havía impuesto, les benía bien que hubiese revoluciones, podía en unos parajes tan distantes como España atribuirse la decadencia de la ley al mal estado en que se hallaban las calles de la mina, y ésto a descuido o mala conducta mía y no a la verdadera causa, determiné poner en limpio el mapa de ella, que asta entonces no lo estaba, y que se hiciese una vicita prolixa de toda ella para remitirla a Su Magestad; practicóse ésta desde el día 10 hasta el 21 de agosto, resultando que en 63 plasas que se reconocieron se hallaron 69 labores en donde travaxaba el Gremio, y eran en esta forma: 3 de a 2 ½ libras de azogue por caxón, 3 de a 2 libras, 25 de 1 ½ libra, 3 de a 1 ¼, 28 de a 1 libra y 7 de a 1 libra; 51 labores prohibidas, 107 despreciadas por innútiles, que en todas hacían 218, además, 355 estrivos de mineral y 16 pilarones de mampostería entretegidos de madera, con otras muchas obras de reparos que se havían hecho desde el mes de noviembre del año antecedente. Después de haberse habilitado en los 9 meses que mediaron desde la prición muchas calles, plasas y labores, quedaba que hacer esta diligencia en 23 calles que se mantenían ciegas, las quales daban entrada a 36 plasas, y en ellas se numeraban 91 labores de poquícima ley y 148 estribos de mineral; éstas estubieron corrientes para el mes de abril del año de 1762, a excepción de San Alexo, San Bruno y las que están contiguas a la plasa del señor D. Fernando el 6º, embarasando la entrada en estas últimas el vapor mortífero que llaman umpe.

N.º 91
Remisción a España de esta vicita

En el mes de nobiembre del mismo año de 61 despaché a la Corte el primer mapa de la mina con testimonio de esta vicita, y informe que hice sobre el estado en que se hallaba; y estando próximo a restituirse a aquellos reynos el virrey conde de Superunda, se encargó éste Excelentísimo de llevarlo, pero haviendo sobrevenido la guerra con Ynglaterra quando se hallaba en La Havana, quedó detenido allí, y assimismo los pliegos que iban en la ocación; un duplicado del mapa y demás documentos y thestimonio de la 2ª vicita dirijí igualmente por la fragata de guerra La Hermiona, salida del Callao en 15 de enero de 1762, y dos caxones que contenían los minerales de las labores de la mina, pero haviendo sido apresada por los yngleses cerca de Cádiz se perdieron estos documentos. Últimamente, el triplicado de esta vicita sin el mapa, triplicado de la 2ª, y duplicados del inbentario general de la mina y de la quarta vicita, remití en diciembre de 1762 a Lima para que se encaminasen por vía de Buenos Ayres.

N.º 92

Nulidades mal fundadas que se le pusieron en Lima a la primer vicita

Como el tiempo en que mandé practicar la vicita antecedente era en el que la malignidad de los veedores reos y de otros malcontentos fomentaban en Lima al abrigo de la protección de aquellos oydores y de los dependientes del Palacio del virrey sus malignas calumnias, y que éstas empesaron por atribuirme a mí los delitos sobre que yo les seguía causa y por los quales los tenía en prición, me pareció combeniente pasar un resumen de esta vicita al virrey conde de Superunda para que se impusiese en el estado que tenia la mina y en la justificación con que prosedía contra los reos; pero como antes no avía sanjeado el camino por donde esta diligencia pudiese merecer aceptación, se le dio vista al fiscal de lo Criminal, D. Diego de Holgado, y se llebó al Acuerdo. Allí, siguiendo en todo el dictamen de aquel ministro, y arbitrando como se acostumbra quando claudica la justicia y falta conocimiento en la matheria, parecieron de más pezo las malignas rasones de una carta dictada por el cura Aguirre y firmada desde la cárcel por los tres reos, que lo que contenía el extracto de esta diligencia jurídica y de otras dos vicitas particulares que havía mandado a hacer para combencimiento de los reos, cuyos instrumentos se hallaban insertos en los autos seguidos contra ellos, y se le puzo el óbice de que no haviéndola precenciado yo no se hallaba suficientemente autorisada la diligencia; brebe se hará mención de otra, que por haverla precenciado yo, quedó igualmente sin crédito. Hacer relación de los embrollos que en Lima y en Guancavelica se fraguaron para negar la credulidad a todo lo que se iba justificando, y poner en el más alto aprecio quanto los reos deponían desde su prición, nesecitaba una obra ceparada y no es de este lugar, pero diré, no obstante, para que sirva de luz al succesor y vea el tiempo con que se debe manejar, que la causa nunca se siguió en Lima contra los reos, siendo el fiscal, los oydores y los dependientes del Palacio los protectores de ellos, y para apartarla enteramente del juicio, se fomentaron calumnias atrosez contra mí tan desmedidas que no hubo parte por donde no se tirase a lastimar mi honor, porque indignado el odio de no hallar resquicio sobre los asumptos de mina y demás del govierno por donde desaogar su venganza, se valía de aquellos medios [tachado: libres] viles que desairan las personas por la corrupción de constumbres, atribuyéndome las que entre las jentes más despreciable y abandonada no se puede oyr sin escandecerse; en fin, las ruinas de la mina de que queda hecha mención, ocacionadas por el minero Gómez, por Cañas y por Campusano se me atribuyan a mí; los estrivos del mineral destruidos por éstos, del mismo modo; las calles ciegas y arruinadas, las plasas y labores intratables, igualmente; y a los reos se les miraba con compación, diciéndose en las vistas fiscales y en los autos de Acuerdo que los hacía padecer inocentemente porque los mantenía en prición, de suerte que en todo el curzo de la causa, ni el fiscal, ni el Acuerdo, ni el virrey trataron de los reos más que para disculparlos y sacarlos salvos del delito, para cepararlo de los que lo havían cometido y atribuírmelo a mí porque lo corregí y intenté que se castigase, ni de la causa si no fue para llenarla de confución y de quantas libertades se les antojaban a aquéllos proferir contra mí sin ninguna limitación; porque aquí es práctica corriente no guardarse decoro ni respecto en los escritos que se presentan contra aquellos que goviernan, ni hay pena o concequencia alguna contra los que los producen. Éste es el efecto del interés que abre campo para todo a la más desemfrenada libertad, y assí se veía con escándalo que en aquel tiempo llegaron a travajar de continuo sinco o seis plateros por quenta del cura Aguirre, defensor de los reos, cuyos martillos hacían más ruido en Lima que los instrumentos más auténticos, como la misma experiencia lo acreditó.

N.º 93
Segunda vicita de la mina

Dado por de ningún valor lo que resultaba de la vicita hecha en la mina, se mandó practicar otra con varias circunstancias que venían prevenidas, y entre ellas que la precenciase yo y que asistiese en qualidad de testigo imparcial el correxidor de Guamanga D. Carlos Platsaert y Battemburg: executóse todo al pie de la letra desde el día 16 hasta el 22 de octubre del mismo año de 61, los parajes que este suxeto no reconoció por sí fue porque no hubo persuaciones que lo reduxesen a ello; pero vicitó muchos más de los que venían prevenidos en el auto del Real Acuerdo, y por los restantes se cerró en decir que havía concluido su comición con examinar los que por el auto estaban prevenidos y que los prácticos podían ir a veer los demás en donde él no tenía qué hacer. Esta providencia fue para levantar nuebos disturbios en Guancavelica y dar mayor fomento a las conspiraciones, porque concebidas grandes ideas por Platsaert al fomento del cura Aguirre y de más reboltosos, sus parciales, le pareció serle fásil que en el país donde valen tanto las falacias y los enrredos se podía colocar (a fuersa de llevarlos adelante) en el govierno de Guancavelica. Para ello, después de firmados los autos de vicita, día por día, sin haver encontrado óbice ni adición que poner en el informe pribado que hizo, uzó de la baxeza de decir que havía firmado por no displicentarme, que no se le havía dexado facultad para reconocer a su satisfación la mina, con otras falcedades por este thenor. Lo más particular en el asumpto es que el fiscal, a quien pasaron los autos y los informes particulares de quantos asistieron, dixo que no havía nada bueno en la diligencia sino el informe de Platsaert, y que en la realidad la circunstancia de haverla yo precenciado, avía embarasado que los prácticos y ministros que asistieron dixesen con livertad su centir porque assí lo exponía Platsaert en su parecer, aunque ésto no sé si lo expuso assí en su vista, lo dixo con tanta publicidad que fue notorio; y era el caso que coligado Platsaert con la familia de Campusano y con todos aquellos a quienes mis providencias no hacían buen semblante y asegurados de que en Lima havían de sostener sus falacias los que protexían a reos y discontentos, no dificultaba en que la confiansa del rey que se havía depocitado en mí se transferiría a él. En esta supocición llegó a tanto su presumpción que admitía el tratamiento de governador, distribuya empleos para quando llegasen los despachos del virrey, que los esperaba de un correo a otro, y practicaba otros actos en público de esta naturalesa. Estos excesos, el informar al virrey sobre el estado decadente del mineral de la mina y sobre el curzo de la causa contra los veedores causados por estar recién entrado en el mando, me obligaron a baxar a Lima en el mes febrero del año de 1762, y de ello resultó la tercera y quarta vicita, una practicada de orden mía en forma de ynventario y otra por D. Christóbal Mecía y Munibe, oydor de aquella Audiencia, a las quales no concurrí yo.

N.º 94

Baxada a Lima y contradiciones que tubo esta determinación

En vez de cerenarse las inquietudes de Guancavelica y de restablecerse la subordinación, crecían cada día más con el fomento que les daba el correxidor Platsaert; su casa estaba hecha el theatro de las insolencias, donde, desde la mañana a la noche, concurrían el cura vicario de la parrochia de San Antonio, D. Manuel Joseph de Villalta, el de Santa Bárbara de la Real Mina, D. Antonio Segura, el rector de la Compañía el padre Joseph Oronos, el contador interino de la Real Caxa D. Juan de Sierra, D. Francisco de Ocharán, D. Miguel de Guisaburuaga, que todos tenían bastantes motibos para no estar muy avenidos con las providencias de mi govierno. Éstos arrastraban a otros que con poca advertencia se figuraban haver de disfructar las mayores combeniencias luego que lograsen colocar a Platsaert en el govierno, porque suponían averse de abrir las Caxas Reales a discreción, como lo habían estado antes; que los estrivos de la mina y demás parajes en donde ay piedra de mineral sobresaliente se disfructarían sin limitación; que los azoguez volverían al comercio libre, como succedió en el anterior govierno, y que todos quedarían lucrados, clérigos, mineros y los demás vecinos. Éstos eran los proyectos fantásticos y malignos que hacían y los que de día en día iban alimentando el alboroto del vecindario: el cura Aguirre los sostenía desde Lima, a donde antes de la llegada de Platsaert a Guancavelica havía ido de huída, porque sabiendo con anticipación haverse exortado por el virrey conde Superunda al obispo de Guamanga para que lo retirase de esta villa en fuersa de los disturbios que promobía, eligió el irse a Lima antes de verse precisado a comparecer ante su prelado; los tres reos, Campusano, Afino y Gordillo, se hallaban assimismo en aquella ciudad en livertad, por havérseles dado ésta desde que llegó el corregidor Platsaert, baxo de fiansa, por venido assí en el auto de Acuerdo; y la causa con los autos y ynformes de la segunda vicita se havían pasado allá igualmente; el virrey D. Manuel de Amat, que siendo en la ocación presidente de Chile havía sido promovido a este otro empleo, acababa de tomar el mando de él y no se hallaba impuesto en el estado de la mina, de la escacés de azoguez y de los quentos que se fomentaban en Guancavelica. Este conjunto de circunstancias, y con particularidad el ver el modo de cerenar los disturbios, que ya eran conspiración declarada contra mis providencias más bien que contra mí, me obligaron a proponer al virrey, en carta de 7 de diciembre de 1761, que me permitiese baxar a aquella ciudad para imponerle en todos los asumptos a voz viva, dexando dispuesto aquí el modo de que se governase la mina sin que se cometiesen desórdenes, la villa y provincia de los Angaraez sin que se hechase menos mi precencia, y la Caxa Real con la regularidad que tenía establecida. En carta de 24 del mismo mez me respondió diciendo que dexando las cosas en buen estado, y no haciendo falta mi presencia por 3 meses, que havía de ser el tiempo de mi ausencia, podía pasar a aquella ciudad a los fines que le proponía; los quales, como queda visto, todos ellos eran pertenecientes al servicio del rey, y en ningún modo de provecho y utilidad particular mía. El gusto con que este virrey me esperaba y el deseo que tenía de mi llegada lo manifestó a un dependiente mío D. Manuel Phelix Riesch, que con motibo de haver pasado a felicitarle los días en mi nombre, el primero del año, le recibió mui placentero, diciéndole que muy en breve esperaba tenerme allí porque me havía escrito que podía pasar a aquella ciudad; antes de mucho se verá mudado este semblante de complacencia en desabrimiento, y retractada la licencia con pretextos mui fríbolos, que, aunque sugeridos por el cura Aguirre al accesor y de éste al virrey, no debieran haver hecho tanta impreción en sujeto en quien recae el mando principal de todo el reyno.

N.º 95

Casualidad sobrevenida por la qual tuvo efecto mi baxada a Lima

Conociendo el peligro de que se dibulgase con anticipación mi baxada a Lima, la tube recerbada todo el mes de henero hasta que el tiempo me obligó a publicarla, con motivo de las dispociciones que era presiso dexar para el govierno: esto fue el día 10 de febrero de 1762, pero desde aquel mismo día se despacharon propios a Lima con toda aceleración para estorvarla, conociendo los mal contentos que si tenía efecto mi viaxe, quedaban troncadas sus medidas y desbanecidos los proyectos que se havían formado; desde que lo hize público avía determinado la salida para el día 15 de febrero y el correo hordinario de Lima debía llegar el 9 ó 10 a lo más largo del mismo mez, pero se retardó tanto, por motibos que ocurrirían, que no haviendo llegado el día 13, emprendí mi viaxe, como lo havía resuelto el día 15, y quando yo caminaba para aquella ciudad, venía para Guancavelica contraorden de que no saliese, fundándose en que las caxas del reyno no estaban proveídas de azogue, que en las de Guancavelica havía muy corta cantidad dél, y que una avenida de las que ya se havían experimentado en el río havía arruinado en parte los dos estrivos que se acavaban de hacer para un nuebo puente: siendo estos los asumptos de que se valieron el cura Aguirre con el acesor D. Joseph Perfecto de Salas para estorvar que pasase a aquella ciudad, donde era precizo que se rompiese el velo al conjunto de maldades que se tenían maquinadas. Las caxas del reyno no solamente estavan proveídas para el año que havía de empesar a correr desde primero de mayo hasta fin de abril de 1763, sino es que a algunas, como succedía con la de Oruro, le sobraba; en los almacenes de Guancavelica havía poquíssimo número de quintales, porque desde que empezé a governar, a medida que se han juntado 400 ó 600, se han ido despachando, y en esta falta de repuesto es en lo que conciste el descaecimiento de la mina en quanto a la baxa ley; los estrivos recién hechos del puente se havían empezado a arruinar con las avenidas del mes de diciembre, aun antes de haverse concluido, y en las de enero havían continuado, sin poderse dar providencia en este particular hasta pasado junio, que es quando, haviendo cesado el ynvierno, baxa el río y proporciona que se obre en su cause con que todos tres motibos para la contraorden fueron de artificio que no llevaban substancia. El 26 de febrero llegué a Mala con bastante incomodidad, porque desde el 16, al tercer día de viaxe, me cayó flucción a un pie, la qual me mortificó mucho, no haviendo cedido hasta algunos días después de haver llegado a Lima, donde fue precizo sangrarme. En aquella misma noche del 26 receví carta de D. Manuel Phélix Riesch en que me havisaba que haviendo pasado dos días antes a tomar órdenes del virrey, en mi nombre, para venir a encontrarme en el camino, le havía recevido con notable asperesa y cemblante ceñudo, sin decirle otra cosa sino es que no podía ser que yo estubiese para llegar a aquella ciudad, quando por el chasqui me havía embiado orden de no executar el viaxe, por estar las caxas desproveídas de azogue, los almasenes de Guancavelica sin ellos y el puente de la villa muy arruinado; sin hacerse cargo lo primero que quando fuese sierto el estar desproveídas de azogue las caxas del reyno, dependiendo la saca de este metal del Gremio de Mineros, si estos no lo facilitan por sí, nada más podría yo adelantar para conceguirlo estando en Guancavelica que dentro de la misma mina o en Lima; lo segundo, que quando le consulté sobre la ida a aquella ciudad, fue acentándole que todo quedaría ordenado y dispuesto de modo que mi presencia no hiciese falta para que cada cosa siguiese su curso con regularidad, y lo tercero que haviendo mantenido el reyno de azogues por espacio de 3 años, estando la mina en su mayor descaecimiento, no era regular que faltasen providencias para hacerlo en el tiempo precizo que entraba a governar el reyno; pero entonces no se hacían éstas, ni otras reflexciones y se daba acenzo a quanto se le influya en todas matherias. Esta carta me sorprehendió mucho porque hasta entonces no havía recivido las del correo, ni me llegaron hasta después de algunos días de estar en Lima; de aquel paraje, que dista dos jornadas de Lima, respondí a mi familiar Riesch incluyéndole carta para el virrey, en que le satisfacía sobre los puntos que estaba mal impuesto, y pasé a Lurín, donde estube detenido todo el día 28 experando respuesta para ver si debía de entrar en Lima o de retroceder para Guancavelica; en la noche la recibí, no por el término que la havía de esperar, sino es manifestando no haver quedado muy satisfecho de lo que le havía expuesto en punto de azogues, siendo grandícimo travaxo por estas partes que el informe de un particular reboltoso haya de prevalecer al de las personas condecoradas, a cuyo cargo están puestos los asumptos para que los dirixa. El día primero de marzo entré en Lima con la displicencia que se puede comprehender, y no con aquellas satisfaciones que me parecía ser correspondientes al ymponderable travaxo que havía tenido en tres años y medio de govierno.

N.° 96

Providencias que di en Guancavelica para ir a Lima

Para dexar las cosas de mina, de Superintendencia y de govierno en buen réximen, hize elección de cinco suxetos con el título de yntendentes, que vicitasen la mina todas las semanas, y fueron el theniente general de esta villa D. Miguel de Sierralta, D. Gaspar de Mendiolasa, a quien también nombré de justicia mayor para la administración de Justicia, los dos procuradores del Gremio de Mineros D. Ygnacio de la Barreda, D. Ygnacio de Elisalde y D. Fernando de Segura; desde el día primero de febrero hasta el 12 hice con ellos quatro vicitas, y destiné las labores que pidieron los indibiduos del Gremio, quedando prevenido que estos yntendentes no pudiesen señalar labor, ni consentir novedad en ellas, siendo su yntendencia vicitar la mina para que se adelantasen sus obras y que las labores se travaxasen con regularidad, y dar providencia en caso de sobrevenir alguna novedad. En la Caxa Real dejé firmados libramientos de azogue para que a proporción del que se fuese recibiendo se despachase a las caxas que determinaba, pues aunque todas se hallavan proveídas, es precaución muy combeniente adelantarles algunas porciones de unos años para otros por las contingencias que pueden sobrevenir en el camino, o por el mayor conzumo que pueden tener fuera de lo regular. Estos libramientos no se cumplieron en el todo hasta mucho tiempo después de mi buelta de Lima, y lo más de ellos sirvieron para la carta quenta del año de 64. El govierno de la villa quedó en el theniente general, y para que las partes tubiesen en sus recursos más livertad, nombré por justicia mayor a D. Gaspar de Mendiolasa: estas providencias no las ignoraba el virrey, porque iban prevenidas en mi consulta primera sobre baxar a aquella ciudad, pero todo se olvidó quando fue negosio de dar crédito al influxo de su acesor y a lo que le informaba a éste el cura Aguirre, que por la circunstancia de ser su discípulo tenía con él gran valimiento.

N.º 97

Sobre el recivimiento que tube del virrey y lo que pazó en la primera vicita

La tarde del mismo día primero de marzo en que llegué a Lima, pasé a hacer mi vicita al virrey, y después de hora y media de antesala, cuyo tiempo se mantubo en conversación con un padre de la Compañía, Jayme Pérez, me dio entrada, manifestando sumo desabrimiento en el semblante y asperesa en las palabras; allí no hubo aquellos regulares cumplidos que aún la magestad de los soberanos no desdeña de practicar con los vasallos más humildes. La primer palabra fue decir que tenía el reyno sin azoguez que en los almasenes de Guancavelica no había más que tantos quintales y otras razones sueltas pronunciadas con asperesa y sin relación entre sí. Después que hubo concluido tomé la palabra y empesé a satisfacerle, pero o no le quedó suficientemente o por llevar adelante el concepto que havía formado manifestó no estarlo. Con el mismo desabrimiento que empesó la vicita se finalizó, y en las demás que repetí hasta que salí de aquella ciudad, que fueron las más de las tardes, no hubo diferiencia a la primera; este modo de trato tan imperado no pudo dexar de hacérseme estraño, tanto más que a mi tráncito por Valparaízo, quando vine de España, a la carta que le escriví dándole quenta de mi llegada, me respondió con las mayores attenciones, combidándome que pasase a Santiago y ofreciéndome quanto se practica en la mayor corthesanía; y en otras dos ocaciones que se ofreció escrivirme, después de estar en Guancavelica, lo practicó en los mismos términos de urbanidad que en la primera, juntándose a esto la circunstancia de haverme conocido en la Corte y no ignorar la distinción con que siempre desempeñé los encargos que tube de la real confiansa. Nada de quanto queda dicho hubiera traído a concideración si no fuese precizo hacerlo por la relación que guarda con la quarta vicita de la mina, y aunque esta repentina novedad experimentada en el virrey pedía que diese luz de la causa que la ocasionaba, me dispensaré de hacerlo bastando para el asumpto referir los hechos.

N.º 98

Determinaciones aceleradas que se tomaban en Lima de que se supo hallarme en aquella immediación

Luego que se tubo en Lima la noticia de que me hallaba en Mala, que es a dos jornadas de aquella ciudad, se tiró a concluir con aceleración lo perteneciente a Guancavelica para no dar tiempo a que yo pudiese explicar los enrredos que se habían formado para confundir los principales asumptos. Diariamente se formaban acuerdos y en ellos se trataba de que la mina estava enteramente arruinada, que no havía azogue, que todo estaba en el mayor desorden, atribuyéndome la culpa; se hablaba mucho, se resolvía poco; no se me consultaba nada, ni se me daba noticia de lo que se trataba; no se quería dar acerso a lo poco que yo podía explicar, sin tener noticia de las dificultades, los oydores hacían empeño cada uno por su parte para venir a ocupar el empleo, el cura Aguirre con el fiscal Holgado metían fuego, y en la causa de los veedores, no menos que sobre los desórdenes de Campusano y los suyos havían cometido no se trataba en ningún modo. Yo havía llevado un mapa de la mina igual a los que havía remitido a Su Majestad y todos los documentos necesarios para hacer constar el descaecimiento de ley del mineral, las remiciones de azogue hechas a las caxas del reyno desde que empesé a governar, y las porciones de este metal que el Gremio de Mineros abastecía cada semana, los socorros de dinero que les havía subministrado por vía de auxilios para sobstenerlos, y las rasones de mis providencias dadas para ver si por alguna parte de la mina, o en sus contornos se podía descubrir mineral de mexor ley; por las tarde pasaba al Palacio a explicar al virrey lo perteneciente a estos asumptos, llevándole extractos hechos de cada cosa, pero no adelantaba cosa de substancia, y los extractos iban quedando allí.

Estando en estas ocupaciones llegó de Guancavelica el Minero D. Balthasar de Cañas, concuñado de Campusano, llevando nuebos enrredos, que dieron motivo a otra causa y a que tomasen por el Acuerdo nuevas providencias.

N.° 99
Viaxe del Minero Cañaz a Lima. Nuevos enrredos tramados por el correxidor Platsaert

El día 3 de marzo, es costumbre hacerse Junta General del Gremio de Mineros para la elección de procuradores, y que lean las quentas de los que acaban; mirando yo a que no hubiese ruidos en la elección, adelanté la Junta y quedaron electos los mismos que lo havían sido en el año antecedente. En el día señalado de 3 de marzo se hizo la Junta Regular para ver las quentas del año, y en ella precidió por mí el theniente general de la villa, D. Miguel Sierralta. Los procuradores presentaron entre otras, una partida de 500 pesos que adelantaban al salario del médico que pagan; todo el Gremio combino en ella a excepción del minero D. Balthasar de Cañas, que la repugnó; los restantes tiraron a persuadirle; él, que es suxeto de baxas obligaciones y osado, quizo a fuersa de voces que prevalesiese su dictamen contra todo el Gremio, que eran más de 30 suxetos. El theniente general, viéndolo insolentado, tiró a apaciguarlo y a contenerlo, pero la resulta fue usar de las mismas insolencias contra el theniente, faltarle al respecto debido, y negarle la obediencia. Con este alboroto se finalizó la Junta. Temeroso Cañas que tubiese resultas su osadía contra el juez, urdió una acusación contra él, presentándose ante el correxidor de Guamanga, que en Guancavelica no usaba jurisdicción, ni podía tenerla, haciendo denuncia de que en la plasa de Cochapata travaxaba en uno de los estrivos y que tenía piedras manchadas de cal, de las que se sacaban de aquel paraje, de modo que estando precentes el justicia mayor de Guancavelica D. Gaspar de Mendiolasa, y otros cinco yntendentes de la mina, no hizo la denuncia ante ninguno de ellos, sino es ante el estraño, con quien era la coligación. Éste propasándose en facultades, la admitió, proveyó auto, sacó testimonio y con este documento salió Cañas repentinamente para Lima, despachándose con astucia al mismo tiempo un propio al virrey por el correxidor Platsaert, exponiéndole que la mina se tiraba a arruynar por los mismos yntendentes que yo havía dexado, como lo acreditaba el thestimonio de la denuncia hecha por Cañas, que la villa estaba llena de alborotos, sin subordinación ni govierno, y que se nesesitaba de un suxeto de respecto que supiese haserse obedecer. Esto miraba a dar el primer paso de colocarse en el govierno, pareciéndole proporcionada coyuntura para que el virrey le eligiese a vista del celo que manifestava. Todo este enrredo lo ignoraba yo y aunque el virrey me havía dicho, la tarde del día que recibió el propio, que la mina se estava destruyendo a toda prisa, de lo qual tenía havizo cierto, como esto fue una palabra suelta, sin antecedente ni otra noticia, tiré a desbanecerle el concepto, pero sin poderle aclarar el alma que llevava la denuncia. Quede por aora hecho punto aquí para seguir el asumpto a su tiempo.

N.° 100

Representación hecha al virrey sobre la demora de Platsaert en Guacavelica, y haverse acaudillado con los ynnobedientes

Desde los primeros días de mi llegada a Lima havía hecho presente al virrey las desproporcionadas ideas de Platsaert, la extraviada conducta que guardaba, haverse constituido caudillo y cabesa de motín de los innobedientes, estar fomentando disturbios en la república y dando alas al atrevimiento para que se ynsolentase contra los juezes; que su comición, haviendo sido para asistir como testigo imparcial a una vicita de la mina, estaba concluida desde el 22 de cctubre y él permanecía en la villa, sin otra ocupación mas que la de fomentar enrredos y quentos, el atrevimiento de suponerse governador a mis barbas con el mayor descaro; la facilidad de informar siniestramente contra lo mismo que él havía actuado en la vicita de la mina, y otras maldades hixas de su baxo proceder, en fuersa de las quales combenía que se le mandase retirar de Guancavelica. La respuesta fue decirme que no havía sido nombrado por Su Excelencia y que al entrar en el virreynato le havía escrito una carta dando quenta de estar entendiendo en comición de la mina, sin explicar si la tenía concluida o no, pero que con motibo de haver tenido noticia de que los yndios bárbaros de aquella parte de Guamanga hacían algunas correrías, le havía mandado hir allá. Con esto comprehendí que pudiese haverse retirado, y muy por el contrario, su ocupación hera ir adelantando las diligencias para lograr el intento de ser governador.

N.° 101
Llegada de Cañas a Lima

Al siguiente día de haver recevido el virrey el propio de Platsaert y de haverme dicho que se estava destruyendo la mina por los mismos yntendentes que yo havía dexado, me dio havizo uno de mis sirvientes de haver llegado el minero Cañas a Lima bien tarde de la noche, que se havía hospedado en casa del cura Aguirre, y que hablando con éste sobre la causa de su ida, alguno que estuvo presente le oyó desir que era por haver tenido una dicención con el theniente general; con esta noticia hice consulta al virrey, proponiéndole que se debía mandar arrestar por haverse ausentado sin licencia, y tenerse antecedentes de haverle dado un golpe al theniente de la villa, según se le havía oydo decir. El mismo día presentó memorial haciendo denuncia contra el theniente general por el supuesto travajo del estrivo de Cochapata, y el virrey en fuersa de mi consulta lo mandó poner en la cárcel, admitiendo la denuncia que hacía.

N.º 102

Relación de Platzaert para que se volviese a hacer nueva vicita de la mina

Ynterin que yo estaba en la poceción de que la ida de Cañas a Lima era sólo por algún disgusto que se hubiese ofresido entre él y el theniente general, el virrey havía llevado al Acuerdo la última relación de Platsaert con la denuncia hecha por Cañaz: primero ante él en Guancavelica, y después al virrey mismo; allí dándose por sierto quanto exponía se havía resuelto que Platsaert, con acistencia mía y de otra persona que el virrey nombrase, bolviese a hacer nueva vicita, y que averiguase sobre los desórdenes que decía estarse cometiendo. Esta resolución se dibulgó luego en Lima, y con la primer noticia que tuve de ella, me fue precizo exponer con otra formalidad los excesos en que estava incurriendo Platsaert, y que luego sin dilación se le debía mandar retirar de Guancavelica; que para desvanecer el formidable nublado que con sus falacias se havía formado y se calificase la realidad de quanto tenía yo expuesto, hera combeniente que se nombrase un oydor de aquella Audiencia y un ministro del Tribunal de Quentas para que éstos vicitasen la mina, esaminasen la ley del mineral, y reconociesen la causa de los desórdenes cometidos por Campusano y por los dos mineros sus parientes, Gómes y Cañaz. Esta consulta, precentada al virrey y vista en el Acuerdo, no fue de gusto para los que discurrían tener conseguidos sus intentos, con la nueba comición que se le havía conferido a Platzaert, y aun el mismo virrey me manifestó un jénero de displicencia de ella con el motibo de decir que estaba muy larga, que yo mesclaba unos asumptos con otros y que me enrredaba en infinidad de quentos de que nunca me vería libre, pero ella corrió, y a vista de mi propocición, el Acuerdo no pudo negarse a que hubiese de pasar a Guancavelica un oydor encargado en la comición que se la havía dado a Platsaert, cuya elección quedó al adbitrio del virrey. Las personas que me profesaban afecto y que conocían la tropelía con que se procedía contra mí, desaprobaban el que yo hubiese propuesto que fuese oydor el que pase al reconocimiento de la mina y de los demás asumtos, porque a vista de ser éstos los que havían embrollado la causa contra los veedores y dado abrigo al cúmulo de maldades que se fraguaban contra mí, no menos que el ser público las diligencias que se hacían por dos de ellos para ocupar el govierno de Guancavelica, daban por hecho que qualquiera de aquel tribunal a quien se diese la comición, havía de procurar llevar adelante la injusticia, llenando la causa de nuevas obscuridades; pero yo les satisfacía con decir que quería contender con perzona que tubiese empleo, honor y reputación que perder, no con las que estaban desnudas de estas circunstancias, y con la seguridad de que en quanto tenía expuesto, no havía cosa que discrepase de la verdad. Mis recelos sobre las imposturas que se podían yntroducir en los autos, recayan en la falta de honor de la persona que los actuase, como ya lo tenía verificado con Platsaert, no sobre lo que examinase por quantos medios y modos fuesen posibles.

N.° 103
Nombramiento para la quarta vicita de la mina. Regresso mío a Guancavelica

Determinado que fuese oydor el que practicase la nueba vicita de la mina, hizo el virrey elección en D. Christóbal Mecía y Munive, el qual, por alguna relación de estudios, tenía amistad con el cura Aguirre y en cierto modo no havía dexado de protexer sus alborotos, aunque, como confezó después, lo havía hecho sin incurrir en malicia, porque no conosía la malignidad que encerraba no contemplando que un hombre que no tenía intervención en manejo público, eclesiástico, y cura de una de las parrochias, se hubiese constituido fomentador de alborotos, protextando toda suerte de maldades, y aun siendo él quien las producía, para que los delinquentes las vertiesen en sus malignas defensas; pero desde que se vio nombrado, sintió el peso de la comición y la necesidad de desempeñarla con el honor que pedía el carácter de su empleo, y empezó a ceprararse de los malos influxos del cura Aguirre. El virrey me ordenó, después de estar hecho el nombramiento, que me restituyese a Guancavelica, y haviéndole incinuado que en ningún modo concurría yo a la vicita de la mina, que estaba muy satisfecho del estado en que se hallaba y que la ley del mineral era tan ínfima como le tenía informado, en cuya supoción le pedía que me permitiese mantenerme en Lima ínterin que el oydor Mecía permanesía en la incumbencia que se le havía dado; añadiéndole que para los demás negocios de superintendencia no haría falta, porque desde Lima los evaquaría en la misma forma que estando en Guancavelica, no quizo condescender, sino es que me havía de restituir sin más dilación; y fue para que aun en la providencia de nombrarse al oydor, que era la única que se havía dado favorable a la justicia, no dexase de tener mi parte de mortificación y de merecimiento, porque en attención al carácter de oydor se atropellaron los fueros antiguos y modernos del empleo de gobernador y superintendente de Guancavelica, los que me pertenecían por los largos servicios que tengo hechos, y quantas recomendaciones havía a mi favor, declarándose que huviese de tener la preferencia en todos los actos públicos, y que en los de su comición actuase como juez y yo concurriese como un qualquiera. Éste y otros muchos sonrroxos sobrellevé con la mayor resignación, aun en medio de no merecerlos, viniendo a conocer que aquél que pone más esmero en desempeñar honrradamente sus obligaciones por estas partes se constituye el desprecio de todos. El día 27 de marzo me puse en camino para Guancavelica y el 7 de abril llegué a Yscuchaca, 8 leguas distante de la villa, donde me detube, assí por la circunstancia de los días de Semana Santa y Pasqua, como por escrivir el correo que debía pasar por allí, con las dispociciones para las caxas del reyno. Desde una jornada antes de llegar a este paraxe encargué al reverendo padre fray Julián de Quirós, mínimo, mi compañero en gran parte de los travaxos, que pasase a Guancavelica y entregase al theniente general una carta que el virrey me havía despachado al camino con el mismo padre para el corregidor de Guamanga Platsaert, en la que por conjectura inferí que se le prevenía se restituyese luego a Guamanga, encargando, al mismo tiempo al theniente que se la entregase en mano propia. Nunca supe ni indagué lo que contenía, pero sí que al leerla se demudó enteramente y que tubo dos o tres días de indispocición, después de los quales bolvió sobre sí y animando de nuebo las esperanzas con aquellas personas que formaban la pandilla, dispusieron nueva papelada para pasarla a la Corte como se comprehendió de lo que se dexó decir al prior de Santo Domingo, fray Bernardino de Sena y otros, expresándoles que dentro de un año se verían distintas resultas. El día 14 del mismo mes pasé a Guancavelica, y haviendo hecho estudio de que no se combidase a nadie para salir a recebirme, con la noticia que tubo el vecindario, no quedó persona que no se adelantase al camino: prelados de religiones, eclesiásticos y seglares, y las calles estaban tan pobladas de jente de todas espheras, como el primer día que entré a governar, manifestando en los semblantes y en las demostraciones que hicieron de alegría, el gusto que les asistía. Sólo se señalaron en no concurrir a esta demostración Platsaert, que todavía permanesía en Guancavelica, el cura Villalta, el cura Segura, el rector de la Compañía y el minero Guisaburuaga, a quien 3 años antes havía depuesto, según diré en su lugar.

N.º 104

Ynventario de la mina, que fue tercera vicita

Luego que llegué a Guancavelica dispuse que dos mineros pasasen a la costa a recibir y acompañar por los caminos ásperos y despoblados de la Puna al oydor D. Christóbal Mecía, que es el obsequio que se les hace a los governadores, y que se le tubiese prevenida casa donde se hospedase, ordenando que el theniente general D. Miguel de Sierralta, el minero D. Fernando de Segura con los veedores y sobrestantes formasen un ynventario de toda la mina para que la vicita, que hubiese de practicar el oydor, se hiciese con más prolixidad, conocimiento y sin las dificultades que precisamente se havían de ofrecer a quien no tiene conocimiento de ella. Esta diligencia se principió el día 15 de abril de aquel mismo año de 1762 y se concluyó el 6 de mayo. En ella se numeraron 79 plasas y en éstas, 72 labores que trabajaba el Gremio, 39 prohividas, 213 abandonadas por ser malo su mineral, que hacen en todas 324 lavores, 514 estrivos, 113 pilarones o estrivos de mampostería; faltaban que havilitar 10 calles que conducían a otros tantos parajes, en donde havía labores como las anteriores, dexándose de practicar esta diligencia en otras 7 por no ser de ningún provecho, y en su lugar se estaban abriendo otras 7 que por tradición se tenía noticia poder encontrar mineral algo mexor que el común. A las plasas del señor don Fernando el 6º, San Vicente, el Ojaldrado, San Xavier y otras contiguas, no se pudo entrar por subsistir el umpe o bapor mortífero que havía quando se hizo la primera vicita; y siendo entonses el número de las plasas que havía corrientes 69, las labores en total 218, los estrivos de mineral 355, los pilarones de mampostería 16, faltando que abrirse 23 calles principales con sus travecías, se ve haverse havilitado desde 21 de agosto de 61 hasta 6 de mayo de 1762, que fueron poco más de 8 meses, 10 plasas, en las quales, como en sus calles, se pusieron corrientes 106 labores con 159 estribos de piedra mineral, y se fabricaron

97 pilarones de mampostería. Déxase entender de lo trabajado en estos 8 meses, quál se hallaría la mina diez meses antes de la vicita de 21 de agosto de 1761 en fines de octubre de 60, quando puze pressos a los veedores, en los autos seguidos contra ellos consta claramente por la vicita hecha quando los mandé arrestar; y por otra que se repitió después de substanciada la causa, pero en Lima nunca se quizo entender esto, tirándose, por el contrario, a confundirlo con una ynfinidad de asumptos que no tenían conneción con ello.

N.º 105

Venida de D. Christobal Mecía, oydor de Lima, a Guancavelica

El oydor D. Christóbal Mecía y Munive dispuzo su viaxe pocos días después de mi salida, y haviéndome havisado del en que debía llegar, le salí a recevir con lo principal y más lusido de el vecindario el 7 de mayo, haciéndole en ésta los honores que se les dispensan a los nuevos governadores quando entran. Dos cosas hubo de notable en esta función pública, que no dexaré de referir para que sirva de advertencia en adelante y se conosca la yndependencia con que viben y se han manexado los eclesiásticos, acentando primero que es práctica muy antigua en este govierno acompañar en tales funciones los curas y prelados eclesiásticos al governador con toda la clerecía de ambos estados: la primera es que el cura vicario D. Joséph Manuel de Villalta hizo combite a parte de sus clérigos, y se adelantó en tiempo y en distancia al recevimiento, y quando llegué con el Cavildo y vecindario, cosa de un quarto de legua de la villa, ocupaba con los clérigos los dos lados del recién llegado, queriendo suponer el primer lugar, de modo que me fue precizo hacerle el desaire que correspondía, previniéndole que el lugar del governador y del Cavildo no podía llenarlo él con su clerecía; el rector de la Compañía y su communidad se señalaron en no salir, siguiendo este exemplar los que formaban la pandilla de Platsaert, que para entonses se havía ya retirado. Lo segundo es que al irse para Lima este oydor, recentido el cura Villalta de no haver logrado sus desproporcionados intentos, ni pasó a despedirse de él, ni menos le acompañó en la despedida, aviéndose notado que no concurrió a ella ningún clérigo ceglar, como tampoco los que no havían estado al recevimiento.

N.º 106

Quarta vicita de la mina por el oydor D. Christoval Mecía

Después que el oydor don Christóval Mesia hubo descansado de las fatigas de su viaje unos cortos días, trató de hacer su vicita a la mina, y precedidas las diligencias de nombrar práticos, con un crecido número de concurrentes, que los más no entienden cosa alguna de ella y sirven sólo de embaraso, dio principio en el día 17 del mismo mes, y aunque por medio de su escrivano, que traxo de Lima, me citó a que concurriese, no tube por combeniente hacerlo, a vista de lo que havía pasado en Lima con las dos antecedentes vicitas, en que es de advertir que la segunda se havía actuado con dos escribanos, por haverse prevenido en esta forma en el auto del Real Acuerdo. En lugar de mi asistensia, le passé con el escrivano de la villa el Ymbentario General que se acababa de hacer, acompañándolo de consulta, para que se puciese en los autos a fin de precaver qualquier malicia que hubiese de parte de los concurrentes, porque siendo todos mineros, todos comprehendidos, poco o mucho en los desórdenes que se cometen, y todos por esta razón enemigos declarados del que govierna quando tira a contenerlos, no debía ser extraño que diesen siniestras interpretaciones al origen de los desordenes que ellos mismos havían causado, pero el oydor no tubo por combeniente incertar en los autos estos documentos, persuadiéndose a que de hacerlo se podría discurrir que en la vicita no havía hecho otra cosa que trasumptar el ymventario, y assí lo recerbó en él para ir examinando si el reconocimiento de cada día combenía con lo que se refería en él, llevando la precaución de no seguir el reconocimiento de las plasas con el orden que estavan en aquél. El primer día le acompañé, y haviéndolo dexado en la primera plasa de Nombre de Dios, por donde dio principio, ordené a veedores, sobrestantes y demás jente, que estubiesen a sus órdenes y executasen quanto dispusiese, siguiendo yo a practicar mi vicita hordinaria.

N.º 107

Conclución de la 4ª vicita y su resulta

El oydor continuó la diligencia, sirviéndole de no pequeña incomodidad las entradas de la mina, y el tiempo que se mantenía allí, porque este jénero de ocupación no es para toda suerte de personas y la dificultad de trancitar por las calles, doblado el cuerpo y oprimido le incomodaba mucho; los primeros días hizo medida de lo que reconoció, pero viendo que eran conformes en todo a las del ynbentario, y que esta prolixidad detenía mucho la diligencia, determinó reconocer las plasas, examinar las labores y los estribos formados, siguiéndose en lo demás por lo que se expresaba en aquél. El día 4 de junio finalizó, haviendo reconosido 73 plasas, otras 14 menores a que dio el nombre de parajes para distinguirlas de las primeras, y en todas ellas 72 labores donde trabajaba el Gremio en la ocación, 32 prohibidas, 158 despresiadas por ser de mala qualidad el mineral, que en todas hacen 262, estribos de piedra mineral 415 con más 163 arcos o puentes del mismo mineral, 98 pilarones de mampostería nuevos, con otros de menos concideración; de modo que haviendo numerado 8 plasas, entre grandes y chicas más que en el ynbentario, procedió de haver puesto con ceparación las que llaman de Sola, que en éste se incluyen bajo de un nombre; contó 62 labores menos y 99 estrivos, debiendo haver hallado los mismos. Esto concistió en la poca pericia, porque las labores en donde en la ocación no se travaxaba o que no formaban cañón, y los estrivos que estaban señalados y no profundos, no le pareció combeniente contarlos entre los demás sin que se le hubiese dexado de adbertir que todos aquellos frontones, cuya piedra fuese mineral y que tuviesen de 8 a 10 varas de largo, se cuentan por labor con sus estribos, porque a la hora que los mineros los piden, se les destinan; pero fue a lo más seguro que concistía en numerar las labores por cañones y los estrivos por murallones, debiéndose entender que estribo señalado en como suena la voz, formado, el que va quedando de muralla por cada lado del cañón de la labor, y pasado el que se puede andar todo alrrededor.

N.° 108

De otras diligencias practicadas por el oydor en la mina y fuera de ella

Al tiempo que el oydor fue haciendo su vicita, examinó la causa de las ruinas experimentadas en la Yerbabuena, en las Ánimas, en el Sacramento, en San Antonio el Baxo, en San Bruno, y assí esto como los estrivos sacados con permizo del veedor Campusano, halló ser en la forma que constaba por los autos que se havían hecho en el respectivo tiempo; comprobó que la innabilitación de calles y labores fue cierta y havía procedido de la obmición de los veedores depuestos; que los robos de Campusano eran exhorvitantes, que la acusación de Cañas, concuñado del mismo Campusano, contra el theniente general Sierralta havía sido pura ficción, reconoció la delicadesa de este manexo, quedando combencido del travaxo immenso que me ha costado mantener la mina en el estado de firmesa que tiene, contra la codicia de un exército de enemigos, veedores, sobrestantes, mineros y sus mayordomos y el decadente estado en que la encontré, como lo manifestaron el número conciderable de obras nuevas que vio en ella. También reconoció otros parajes fuera de la mina, donde havía hecho travaxar para ver si se encontraba en ellos mineral y el ningún fruto que se havía conceguido, después de haver gastado bastante caudal.

Luego que concluyó los autos de vicita, los pasó a Lima, donde se le aprobó, escribiéndole el virrey, en concequencia de lo tratado en el Acuerdo, una carta de gracias, con expreciones muy particulares, como si en las cortas veces que entró en la mina la huviese repuesto a su ser de una entera ruina en que la hubiese hallado, y no se hizo ni aun remota memoria del que a espenzas de su desvelo y actividad, la havía savido mantener contra el destroso que en ella iva haciendo el veedor Campusano, ni se dieron por entendidos de que estaba conforme la nueva diligencia con las practicadas anteriormente de mi orden, ni con los informes que tenía hechos en repetidas ocaciones, porque nada de esto combenía, mediante que en ello venían a declarar la tenacidad con que havían pretendido reprobar mis dispociciones.

N.° 109

Ensayos del mineral y experiencias para conocer su calidad

Finalisado lo perteneciente a la mina, dio principios el oydor a hacer ensayos del mineral, a los quales haviendo sido citado y no teniendo incombeniente que me lo estorbase, asistí. Animado este ministro de un buen celo y de desempeñar el encargo perfectamente, intentó practicar esta diligencia con ciertas precauciones, las quales, a haverse seguido, hubieran venido a caer en mayores incombenientes, y el principal era no poder averiguar la verdad; sobre esto le hise las advertencias que combenían, y haviéndose combencido, no solamente por la fuersa que le hicieron, si no es porque llegó a tocar el desengaño en la práctica, se continuaron en el modo regular, concluyéndose que el medio entre la piedra mineral más rica y la más pobre hera de una libra cinco y media onzas por cada caxón, y que el minero pierde en cada quintal de azogue 10 pesos 7 ¼ reales respecto del costo que le tiene el extraerlo, esto es aun después de haverle hecho gracia del quinto que pagaba a Su Majestad y sin traer a concideración varios gastos de herramientas, costales y desperdicios que tienen. Estos experimentos los remitió igualmente al virrey, y él se mantubo en Guancavelica entendiendo en la substanciación de la causa de los veedores, que se bolvió a abrir tercera vez, y aun todavía parece que esto no es suficiente para terminarla.

N.º 110

Nueba comprovación de la causa contra los veedores y restitución del oydor a Lima

Teniendo concluidos el oydor Mesia no solamente los autos de la mina y de qualidad del mineral, sino es otros que privadamente traxo que averiguar tocantes a mi conducta, en que entraron mi modo de govierno con la Caxa Real, con los azoguez, con el Gremio de Mineros y administración de justicia, de tal modo que lo que se obmitió con los desbarros exhorbitantes del antecesor, se practicó conmigo, que procuré reformar desde los principios toda suerte de desórdenes, viniendo a verificarse aquella jocosa demostración que muebe a risa en los entremeses, de limpiarle la boca al que está ayuno mientras que el otro sacia su apetito. Le llegó nuevo despacho repitiéndole los autos de los veedores para que los oyese en justicia y sustanciase la causa; éstos tardaron en llegar algunos días, pero assí que estuvieron en Guancavelica, se bolvió a abrir, pidieron varias declaraciones que no hacían al asumpto y comprobaban su desemboltura, las que les salieron contrarias a sus intentos; estando en estas diligencias murió Campusano, que havía llegado enfermo; su yerno Gómez con el otro veedor Afino pidieron reconocimiento de la mina, el que se les concedió, y su impericia fue tanta que no supieron entrar a ninguno de los parajes que intentaban, siendo precizo que los guiasen los demás que concurrían en qualidad de prácticos. El Gremio de Mineros justificó, con pruebas que dio, los robos de Campusano en materiales, y en jente, con muchos excesos a lo que constaba de los primeros autos; y en el reconocimiento que hicieron los reos de la mina, cuidaron de no entrar en los parajes donde el mismo Gomes y Cañaz havían causado ruina, sacando los estrivos naturales que los sostenían, ni de contextar estos hechos. Concluidas estas diligencias, dispuso el oydor su viaje para Lima y salió de Guancavelica el día 13 de septiembre, acompañándole yo con lo principal del vecindario, a excepción de la clerecía secular, como ya queda dicho; siendo notable que ésta, que dexó de acompañar a un ministro del rey, condecorado y hombre que supone en el tribunal de la Audiencia, havía acompañado en su despedida a Platsaert, que havía venido sin más recommendación que en qualidad de testigo; porque a éste fueron haciéndole cortejo el cura Villalta, el cura Segura, Ocharán, el contador Sierra, Guizaburuaga y los demás de la familia de Campusano, siguiéndole algunos de ellos hasta la hazienda de Mosocancha que pertenesía a éste, y dista quatro leguas de Guancavelica, donde deteniéndose dos días, hubo festexo con toros en obsequio de la persona, y en correspondencia de los alborotos que con su mala conducta havía promovido.

N.º 111

Diligencias para solicitar minerales de azogue fuera de la mina, en los contornos de Guancavelica

Conocida desde los primeros días de mi govierno la flaquesa del mineral de la mina, y sin esperansas de que por ninguna parte de ella se encontrase cosa de fundamento, dispuse que se solicitase buscar por los contornos, con la esperansa de que por alguna parte se hiciese algún buen encuentro. En esto se trabaxó mucho pero con ningún fruto, porque aunque se hallaron betas de la naturalesa de piedra de azogue en distintas partes, eran muy delgadas y a poco que se travaxaba en ellas, se reducían a nada, como se irá reconociendo por la noticia de lo que se a reconocido en cada una en particular.

N.º 112

En Ticllacocha, cerca del cerro de Guachocolpa

Al tiempo de estar en Lima recién llegado de España, pasó a aquella ciudad D. Joseph de Villavicencio, que además de su ocupación de curandero, hera cateador de minas; éste me llebó unas piedras de verdadero cinabrio, de lo más superior que pueda verse en esta suerte de mineral, diciendo ser de dos minas que havía encontrado y que recerbaba su descubrimiento para mi llegada, ordinaria extratagema de los que se emplean en esta suerte de exercicio; ni le desprecié la oferta, ni se la admití, dándole entero crédito, pero recerbé el hacerlo para quando viese la mina. El se transportó a Guancavelica al mismo tiempo que yo, y deseando salir de la duda con la mayor brevedad, a los doce días de haverme recivido en el govierno, el 16 de noviembre del año de 1758, pasé al reconocimiento de la una en el cerro llamado Ticllacocha, junto al pueblo de Guachocolpa, en la doctrina de Lircay, y distante de Guancavelica 9 leguas; para este reconocimiento combidé a mi antecesor, que me acompañó, y mandé que viniesen el denunciante, el minero D. Juan de Candioti y el escribano D. Fernando de Arana, que toda su vida se ha criado en la mina; el día 17 se hizo el reconocimiento, y aunque no se encontró betta de la riquesa de las muestras que havía llebado a Lima el denunciante, se halló que todo lo alto del cerro, donde hace una llanada, estaba penetrado de betas de Cinabrio, del grossor de medio dedo las más robustas, y otras delgadas del de una línea; allí havía una oquedad como de 20 varas a lo largo donde se havía travaxado, bestigios de hornos de extraer azogue, y examinado el cerro por todos lados, dixeron los prácticos que el oanizo de él, modo con se explican, no podía faltar, y que les parecía mexor que el de la Real Mina de Santa Bárbara; se sacaron algunos pedasos de distintos parajes, donde se picó por todo el ámbito de la llanura que hacía la cumbre al cerro, y restituidos al pueblecillo de Guachocolpa se ensayaron con dos ollas de varro, sacándose de libra y media de piedra quatro adarmes de azogue, que corresponden a 1 libra y 9 onsas por caxón; después se repitieron ensayos por menor en Guancavelica, con mexor formalidad y se sacó de ellos hasta 12 libras por caxón. El Gremio de Mineros pretendía que se le adjudicase esta nueva mina; el dueño principal de ella se concideraba poderoso; yo consentí en que se havía logrado en ella el mayor thesoro que se podía decear, y no havía perzona en Guancavelica que no diese por hecho ser mina rica y de permanencia; las piedras se tenían con estimación y en particular cada qual pretendía tener derecho. Todo este alboroto, fundado en el reconocimiento y en los ensayos, vino a parar en nada; para determinar que se travaxase allí resolví primero que desde el suelo de la oquedad se formase un poso de ensayo, con 20 varas de profundo y 1 ½ de diámetro por asegurarme de que en lo hondo permanecían las betas que se manifestavan en la superficie, encargando de este travaxo al minero D. Fernando de Segura, y que los gastos se hiciesen por quenta de Su Magestad, y lo pasé a la real noticia, como también al virrey. Esta obra fue dificultosa, porque las nieves y aguas que se recogían, llenavan la oquedad y no dexaban adbitrio para abrir el pozo, gastándose más en desaguar que en lo que se intentava; por último, fue precizo suspender hasta el mes de abril, que empase [sic] el verano; conceguido que no hubiese nieves, se siguió la abertura del agugero, y con él se tocó el desengaño, porque antes de llegar a las 20 varas ya no havía señal alguna de beta, ni gruesa ni delgada. En Guancavelica se hizo una jornada con el mineral que se condujo, a que asistió el thesorero de la Caxa Real, el escrivano y varios mineros, y de 30 caxones de mineral con 9 de su polvillo en bolas, siendo del más sobresaliente sólo salieron 20 libras de azogue; esta cortedad no huviera embarasado que se siguiese travajando si en lo profundo hubiese havido esperansas de que tomasen cuerpo las betas; pero haviendo sucedido lo contrario, fue precizo abandonarlo, y tuvo de costo la obra de este ensayo [espacio en blanco] pesos [espacio en blanco] reales, que la mayor parte se inbirtió en fabricar galpones para los yndios que travajaban, y en el continuo desagüe de la concavidad el tiempo que se obró durante el ymbierno.

N.° 113

Reconocimiento de la segunda mina de Villavicencio en Llallas

Visto que la mina de Ticllacocha no dexaba ningunas experansas, hice que el minero Segura con el mismo Villavicencio pasase a reconocer la segunda que havía denunciado éste, cuya diligencia se practicó en el mismo año de 1759; lo que en ella se alló fue una veta como de medio dedo de grueso, sin otra alguna que la acompañase en los contornos, y ésta era en una risquería intrancitable, con mucha soltería y quaci todo el año cubierta de niebe, cuyas dificultades se hubieran vencido a fuerza de travaxo y de industria si la veta hubiese sido de algún fundamento.

N.° 114
Mina de Nuestra Señora de los Reyes en Chagllatacana

De la puerta de la mina en el brocal para el norte, corre una cordillera de cerranía, a cosa de medio quarto de legua de aquélla hay un pueblecillo que nombran Chagllatacana, en el cerro o pinacho de la cordillera que está más cerca de la cordillera que está más cerca de este pueblo, hera opinión corriente que debía hallarse mineral. Desde el principio de mi govierno hice travajar de continuo con dos varrenos en dos frontones diferentes, costeando los gastos el Gremio de Mineros: por el uno de estos frontones, en peña viva, se abrió repentinamente un agujero en el día 4 de enero de 1760 que daba comunicación a una oquedad espantosa que estaba en el corasón del cerro; para entrar en ella fue preciso desaguar primero una laguna que havía de la parte de adentro donde se hiso la Rotura, y haviéndolo conceguido, se reconoció que corría de alto abaxo buena distancia, con mucha espaciocidad. Se hallaron quatro labores formadas, canales de varrenos y varrenos abiertos que no se havían disparado; se reconocieron vetas de Cinabrio que tenían hasta una pulgada de gruesso: este hallasgo cauzó a todo el Vecindario el gusto que se puede conciderar; desde luego ordené que se travaxase en las lavores sin sesar y que por dos de las de la mina viexa se siguiesen cañones para venir a encontrar esta otra, a la que puse el nombre de Nuestra Señora de los Reyes por averse hecho el descubrimiento la antevíspera de esta festividad. A medida que se fueron adelantando los cañones de las lavores, fueron las vetas, que por sí no eran gruesas, adelgasándose, hasta que al cabo de siette ó ocho meses, fue preciso abandonar el travaxo sin haver podido aprovechar cosa alguna del mineral que salió de allí. No havía quien concerbase noticia del tiempo en que se havía formado aquella espaciosa oquedad, ni con certesa se pudo descubrir la puerta que havía tenido en la antigüedad, pero además de la que abrió la casualidad, se le dio otra por la parte más alta, para que el viento tubiese salida.

N.º 115

De San Francisco del Brocal

Cerca del brocal, por la parte del sur, sigue otra cordillera de cerros del mismo modo que por la del norte; de ésta es de donde el obligado de la piedra saca la que se necesita para el abasto de la mina, con cuyo motivo descubrió algunas vetas de cinabrio en los crestones más altos, siendo éstos de tan sobresaliente calidad, que al golpe de la masa de hierro y al estrago del varreno de pólvora, se desunía de ellas el azogue virgen, y con sólo la diligencia de golpear las piedras sobre un papel, despedían gotas de azogue; las betas eran mui delgadas. El día 9 de marzo de 1761 fui a reconocer el paraje y dispuse que cosa de 30 varas más abaxo que el pie de la crestonería, donde se veían estas grietas, se abriese socabón hasta encontrar la piedra del corazón del cerro; esto se conciguió a cosa de 25 varas, y se empezó a travajar en la peña viva, pero no se descubrió cosa alguna que correspondiese a las señales de arriba, y fue precizo abandonarlo después de haber gastado el Gremio bastante dinero en la obra del socabón, el qual, aunque se havía procurado empotrar, estando abierto en tierra y gredas, luego que empesaron las niebes y lluvias del ymbierno, se derrumbó y quedó cerrada la entrada.

N.º 116

Botixa Pongo

En las cercanías también de Chagllatacana hay un paraje que llaman Votixa Pongo, que son varios agujeros abiertos en la antigüedad con motivo de buscar por allí mineral de azogue; en éstos han travajado en mi tiempo varios mineros de los más acomodados, pero después de haver gastado en ello buenas porciones de dinero no han conceguido más que el desengaño.

N.º 117

Socabón de San Augustín

La cordillera que pasa por el pueblecillo de Chagllatacana viene como a precipitarse al llano donde está fundado Guancavelica y el varrio más immediato a ella es de San Augustín, por estar allí el convento de esta religión. Ha sido tradición antigua, con más bulgaridad que fundamento, que en faltando los azogues en la mina viexa, se deven buscar por esta parte; con este motibo, y visto el descaecimiento de aquélla, me instaron varios de los mineros sobre que emprendiese obra en aquél paraje, y aunque a vista de lo experimentado en la de Nuestra Señora de los Reyes, que por estar mucho más cercana a la mina era regular que hubiese más mineral que en el otro distante de la propia cordillera, nunca concentí en que se encontrase lo que se deseaba, no debiendo obmitirse ninguna diligencia, y pidiéndolo en Gremio, que hera quien lo havía de costear, dispuse que se travajase con todo empeño, lo que se empezó en el mes de enero del año de 1761, y haviéndo continuado hasta fin de febrero de 1762, se hizo un socabón en piedra viva de mucha duresa, que tiene 73 varas de largo, 5 de alto y 4 ½ de ancho, pero no haviéndose encontrado señales algunas de cinabrio, fue preciso abandonarlo, haviendo gastado el Gremio en abrirlo 5.177 pesos 4 ½ reales.

N.° 118

De otras diligencias hechas en la provincia de los Angaraez con el mismo fin

Las diligencias que quedan referidas son las que prometían más esperansas, por hallarse los parajes donde se executaron cercanos a la mina principal, pero no se han reducido a éstas las que se han practicado, porque con el mismo empeño se ha solicitado mina en la provincia de los Angaraes y en todas las de esta América. En la de los Angaraes me dieron avizo de que en los altos de Cuenca, distante 12 leguas de Guancavelica, havía mina de azoguez, el cura de Conayca, a quien toca el pueblo de Cuenca y aquel territorio, me traxo piedras de ella, que a la primera vista engañavan aun a los más peritos, pero puestas en ensayo no dieron azogue por ningún modo; no obstante esta circunstancia, pasé a reconocerla en el año de 61, se travajó en el frontón que manifestava, y quedó conbencido no ser piedra de azogue. El minero D. Ygnacio de Elisalde hizo trabajar de su quenta con el mismo engaño en un cerro que está en el paraje de Llallas, distinto que el que havía denunciado Villavicencio, y lo abandonó, sin encontrar nada de azogue. D. Francisco Dávila, con mejores esperansas, hizo travajar a 16 leguas de Guancavelica, en un paraje nombrado Puchaca, junto a un cerro nombrado Tambrasco, en Castrovirreyna; la piedra mineral era parecida a la de Ticllacocha penetrada de betas delgadas, de éste hiso algunas pocas jornadas, que le rindieron a rasón de 1 libra 6 onzas por caxón; pero assí por no corresponder a lo que tenía de costo, como por no ser el mineral de suficiente corpulencia, y haverse empesado a disminuir las vetas, lo abandonó. Ygual cosa succedió a D. Gaspar de Mendiolasa con otra de que los cateadores le dieron aviso, acia la parte de Vilca, en un cerro nombrado San Pedro de Paria, distante de Guancavelica 9 leguas; la veta hera de cinabrio verdadero, pero no tenía más grosor que una pulgada, y aunque empezó a travaxar con empeño, el crecido desembolso que hizo, sin conceguir la correspondiente recompensa en el azogue que le rendía, y la circunstancia de haver adelgasado la beta en lo poco que pudo seguirla, le obligaron a renunciar enteramente a la empresa. Estos son los parajes y las diligencias practicadas en la provincia de los Angaraez de la jurisdición de Guancavelica; aora se verá que las practicadas en las demás provincias aún han tenido peor éxito.

N.º 119

De las diligencias practicadas en el todo el reyno del Perú para buscar mina de azogue

Era opinión mui válida, y el virrey conde de Superunda me la dio por cierta quando llegué de España, que havía muchas minas de azogue por todo el reyno y que en fuersa de la prohibición que havía para que no se travajase otra más que la de Guancavelica, se mantenían cerradas; esta idea que se tenía ha sido muy errada, y efecto de las pocas luces que hai en materia de minerales por los mismos que los manejan, siendo tal que, a excepción de los de plata, en que el exercicio los hace intelixentes, y aquellos otros de cobre, de estaño y plomo, en los territorios que abundan, no conocen otros. La experiencia lo ha comprovado quando la nececidad ha precisado a que se solicite el de azogue fuera del lugar en donde está la mina. Desde que reconocí el mal estado de la antigua y que la de Ticllacocha, que era la que prometía mejores experansas, havía dado en fallo, clamé al virrey conde de Superunda y a aquellos suxetos que podían influirle, sobre que era muy necesario que se solicitase por otras provincias, no haviendo tenido por combeniente adelantar yo este paso de oficio, atendiendo al alboroto que causaría en el reyno y a lo estraño que parecería en Lima tal diligencia, faltando la recomendación de ponerse en execución con el beneplácito de aquel principal gefe; pero la necesidad que havía de no perder tiempo en ello, no se conoció hasta que el Gremio de Mineros, no pudiendo dar cumplimiento a su obligación en la extracción de azogue, acudió pidiendo que se le libertase de la contribución del quinto, que pagaba a Su Magestad, y entonces recordadas las especies de mis representaciones hechas desde el año de 59, me prebino el virrey conde de Superunda que podía escrivir cartas circulares para que se solicitacen minas en todas las provincias. Assí lo executé en 6 de julio del año de 60, pero pareciéndome no ser suficiente mi encargo, para que se aplicasen a ello con toda la actividad que pedía la urjencia, volbí a hacer presente al virrey que sería comveniente el que por su parte se encargase este negocio a los correjidores y oficiales reales, en lo qual comvino; y yo repetí en 20 de octubre del mismo año la de embiar auto que probeí a este fin, con copia de la instrucción que en 6 de julio havía dirijido a los correxidores, a los oficiales reales de todas las caxas, previniéndoles que hiciesen sacar testimonio de uno y de otro y los bolviesen a pasar los correjidores de sus respectivos distritos para que éstos los hiciesen publicar por bando y se fixasen copias en todos los pueblos y parajes.

N.° 120

Denuncia de una mina en el cerro de Chonta, provincia de Guamalíez

En 16 de enero del año de 1760, con noticia que habían tenido algunos de la provincia de Guamalies del descaecimiento en que se hallaba la mina antigua y que solicitava yo otra en sus cercanías y en lo que coje la jurisdición del govierno, se havían precentado D. Manuel Pérez de Bustamante y D. Cazimiro Núñez de Arse haciendo denuncia y rexistro de una mina de azogues en el cerro de Chonta, términos del pueblo de Baños, en la provincia de Guamalíes, pidiendo que se les diese la poceción, despachándole título en forma y licencia para travajarla; y como a espaldas de este pedimiento solicitaban también que se les subministrasen caudales por el Herario Real para entablar el travajo y oficinas necesarias, sobre lo qual se padecen muchos engaños, me pareció combeniente embiar a reconocerla, y despaché a este fin al veedor D. Juan de Afino. Éste hizo su diligencia con asistencia de los denunciantes, de aquella Justicia y de otros varios particulares que concurrieron, restituyéndose a Guancavelica al cabo de dos meses, y trajo una porción del mineral, que concistía en guijos pequeños lisos, argamasados; se ensayaron en mi precencia, con asistencia del escrivano y de varios mineros prácticos que nombré, y resultó que siendo cinco las qualidades de piedras que se havían traído, las dos primeras dieron por crudo un limpe muy lijero, y por fuego, aunque se percibió el olor del azufre, no se sacó azogue de concequencia; el de las dos segundas especies no dio limpe en el ensayo en crudo, ni se percibió humo en el de fuego; el quinto no se ensayó por ser puramente guijarros, y como por el informe que hizo Afino las betas que se havían reconocido no contenían otra cosa más que lo que manifestaban las muestras, quedó en este estado la diligencia, sin pasarse a otra cosa, por ser despreciable.

N.º 121

Segunda denuncia de la misma mina

Después de los órdenes dados para la solicitud de minas, bolvieron los descubridores de la de Chonta a hacer segunda denuncia, pero ésta la dirigieron al virrey, llebando 16 arrobas de aquellas piedras que havían escogido, y se presentaron quejándose de no avérseles atendido por mí en la primera denuncia que hicieron, quando teniéndoseles mandado que viniesen a Guancavelica después de concluido el reconocimiento para hallarse a los ensayos y llevar la providencia que fuese correspondiente, no lo executaron, porque conocieron de lo que Afino les dijo no ser cosa que mereciese attención. En Lima se extrañó en el Acuerdo que yo no hubiese dado havizo de un hallasgo tan singular, porque se tenía por tal; se mandaron ensayar las piedras en la Casa de la Moneda, de las quales se sacó poco azogue, y se me embiaron 8 arrobas de las 16 para que en Guancavelica se hiciesen nuevos ensayos, los que se practicaron en cinco experiencias, reiteradas por distintos modos y varias combinaciones, y aunque unas calidades de la piedra llegaron a dar hasta 2 libras, 8 onzas,

15 adarmes por caxón de 6 arrobas, que fue más de lo que havían rendido en Lima, otras no daban nada, y de éstas eran la mayor parte, pero el principal defecto concistía en ser, como ba dicho, guijarros argasados [sic] con gredas, sin contener betas en ninguna manera. En Lima luego que vieron salir azogue de aquellas piedras, sin detenerse en examinar las circunstancias de ellas, ni la calidad, se juntó el Acuerdo, se hicieron grandes ponderaciones del descubrimiento; se mandó incertar la noticia en la Gaceta para que llegase a conocimiento de todos, se dispuso un auto del Acuerdo, dando por conceguido quanto se podía apetecer para la felicidad de estos reynos y la riquesa de los de España. Yo pasé al nuevo virrey D. Manuel de Amat testimonio de los ensayos hechos en Guancavelica con informe sobre el particular, y al fin todo aquel alboroto y grandes dispociciones que se dieron han venido a parar en nada, siguiéndose de ello que a aver yo executado lo que se me prebino, sobre que embiase personas inteligentes para entablar travajo formal y que se fabricasen hornos y oficinas, hubiera perdido el rey en estos gastos más de cincuenta mill pesos, sin ningún provecho ni esperansa de resarsirlos.

N.° 122
De Paucartambo

El correjidor de Paucartambo, D. Vicente de Llanos y Bergara, me havizó con fecha de 8 de septiembre haverse encontrado en aquella jurisdición tres betas, y remitiendo un caxón de sus minerales; llegaron éstos a Guancavelica en henero de 1761, el 18 del mismo mes se ensayaron y no se les encontró ni aun remoto indicio de ser mineral de esta especie, porque era una piedra ferruginosa, cuyo color tiraba a almagre; Llanos no quedó satisfecho de la resulta que se le hizo constar por thestimonio de la diligencia del ensayo, porque sin ningún conocimiento, él y los demás sujetos que manejaban el asumpto, estaban poseídos de la idea que la mina era de azoguez de la mayor riquesa que se podía pensar, hasta llegar a persuadirse, con la preocupación, destilarse de ella el azogue virgen. Él, sospechoso de que en Guancavelica se le engañaba con el fin de frustrarle una fortuna de las mayores, ocurrió a Lima, bolviendo a embiar mineral, y nunca tuve noticia de lo que resultó allí.

N.º 123
Del cerro de Caquencorani, doctrina de Orurillo

D. Antonio de Pro, correxidor de Lampa, remitió dos surrones de mineral, que le havía embiado con título de azogue, D. Juan García Gallegos, vecino de Arequipa, sacados de un cerro llamado Caquencorani, en la doctrina de Orurillo; en 9 de mayo de 1761 se ensayaron y se halló no contener nada de azogue, ni ser la piedra de calidad de él.

N.º 124
De Omassuyos

El correxidor de la provincia de Omasuyos, D. Antonio Calongo, remitió tres caxones de piedras, y reconocidas éstas en 11 de julio de 1761, se vio ser plomosas, al modo de alcohol; no obstante este desengaño se ensayaron, confirmándose en ello el juicio que se formó a la primera inspección.

N.º 125
De Potosí

El 13 del mismo mes de julio se ensayaron otras piedras remitidas de Potosí por el corregidor superintendente de aquella villa D. Ventura Santalices, y succedió como en los antecedentes: la piedra era de una duresa rara y de color obscuro, que en nada tenía semejansa con la de azogue.

N.º 126
De Motralla

De un cerro llamado Motralla, cercano a otro que llaman Toco en la jurisdición de Sicasica, curato de Mohosa, remitió D. Pedro Monguz 15 libras de piedras, y haviéndose reconocido y hecho el ensaye correspondiente en 14 de diciembre de 1761, de ningún modo dieron indicio de tener azogue.

N.º 127
Otra de Potosí

Con fecha 16 de agosto de 61 remitió el superintendente de Potosí, D. Ventura de Santelices, un atado de piedras minerales que le havían dirigido de la provincia de Chichas, y haviéndose hecho los ensayos en 28 de octubre, ni dieron asogue alguno, ni tampoco en la calidad manifestó ser de esta especie.

N.º 128
Otra de las cercanías de Oruro

De las cercanías de Oruro embió D. Lorenso Rodríguez unos metales con título de azoguez, participando su remisión en carta de 18 de septiembre de 1761. Ensayados éstos en Guancavelica en 29 de Octubre, ni produjeron azogue ni hubo indicio de contenerlo.

N.º 129
De las cercanías de Jauxa

D. Juan Bautista Cavanillas remitió, en 8 de mayo de 62, unas piedras sacadas de las cercanías del pueblo de Jauxa, de un paraje que le contemplava mina de azogue, y haviéndose ensayado en 12 del mismo mes succedió lo mismo que con las antecedentes.

N.º 130
Otra de Potosí

En el mismo día 12 de mayo se practicó ensayo de unas piedras remitidas por el superintendente de Potosí D. Jayme de San Justo, sacadas del valle de Sinti, y no dieron ningún indicio de azogue, ni lo manifestavan ser en su color y calidad.

N.º 131

Otras piedras embiadas de Chuquisaca

En 26 de nobiembre de 1762 se ensayaron unas piedras, que, aunque por no traer relación correspondiente, se creyó fuesen embiadas por D. Lorenzo Rodríguez de las cercanías de Oruro, después, por una carta de D. Juan de Pestaña, precidente de Chuquisaca, se vino en conocimiento de ser éste quien las havía embiado, y a imitación de todas las anteriores, no dieron azogue alguno, ni eran de naturalesa de contenerlo.

N.º 132

En Castro Virreina

Un cateador de minas de plata que se ocupa en relabar los desperdicios de las minas ricas, que en la antigüedad hubo en Castro Virreyna, nombrado D. Joseph de Fuentes, con motibo de venir a Guancavelica a tomar algunas cortas porciones de azogue para el beneficio de sus relabes, me havía dado haviso, extrajudicialmente, que en el cerro de Puchaca de aquella provincia havía mina buena de azogue; en esta attención nombré al minero D. Ygnacio de Elisalde para que pasase a reconocerla, lo que efectuó; y en 3 de agosto de 1760, con asistencia de las justicias del pueblo de Choclococha, del mismo Fuentes y de otros varios testigos, hizo el reconocimiento, de el qual resultó, como de los informes que dieron los concurrentes, que aunque es cierto que en lo antiguo se havía extraído de allí algún mineral para sacar azogue de él, nunca lo havía dado, siendo ésta la principal rasón de estar abandonado, y assí se confirmó por el examen que se practicó después en Guancavelica con cinco piedras que trajo Elisalde en consequencia de lo que se le havía ordenado.

N.º 133

De ser mui remotas las esperansas de que en el Perú haiga otra mina de azoguez más que la de Guancavelica

Por las 12 especies de piedras minerales ensayadas en Guancavelica traídas de diversas provincias, desde las más distantes en el reyno, y por los dies parajes en donde se ha travajado dentro de la jurisdición de este govierno, unos cercanos a la mina antigua y otros distantes de ella, se viene en conocimiento del error en que se estaba de abundar el mineral de azogue por estas partes, y que semejante opinión fue hija de la bulgaridad y de la impericia de los que la produjeron, porque el mineral de azogue, que es el cinabrio natural, se distingue de los otros metales, como el alcohol, o mineral de plomo de el de estaño, cobre o hierro. Esto comprueba también que si del todo no es imposible encontrar otro mineral en el reyno, como lo que fue en los primitibos tiempos el del cerro de Santa Bárbara, es a lo menos mui difícil, porque haviéndose ensayado los que tenían tal opinión, y convencídose quán apartados están de ser azogue, es remota la esperansa que queda de que se descubra en otros citios, donde aún estas engañosas señales no se ven: esta atención es muy combeniente cuidar, por todos los medios posibles, de la concerbación de la antigua, aun en medio de la escases con que da el azogue, y de lo que ha sido precizo adelantarle el precio, cediéndose a favor de los mineros el quinto que contribuyan a Su Majestad, pudiéndose dar por buena esta gracia si bastase por sí sola para que se costease el gasto que se impende en la extracción del azogue; pero combiene tenerse presente que es menos incombeniente el que el precio de este metal se levante quanto sea preciso, que el dicimular el que los mineros acaven de arruynar los estrivos, arcos y otras partes principales de la mina, porque de éstas pende su subsistensia; y aunque el descuido del que governare no sea grande, la astucia de los mineros se aprovecha de toda suerte de coyunturas para lograr sus intentos.

Guancavelica y febrero 10 de 1763.
[firmado y rubricado: Antonio de Ulloa]

SEGUNDO PUNTO DE GOVIERNO DE GUANCAVELICA POR EL CAPITÁN DE NAVÍO DON ANTONIO DE ULLOA SOBRE EL GREMIO DE MINEROS, LOS AZOGUEZ, Y SU CONDUCCIÓN A LAS CAXAS

Si ay monstruocidades en el govierno de los hombres, está verificado más que en ninguna otra sociedad en la de los mineros de Guancavelica; y si hai pena simulada que imponerle a un hombre baxo del título aparante de ocupación onorífica, lo es el governar este Gremio. No cabe en ninguna ponderación explicar lo que padece el que se encarga de semejante negocio, y si al decirlo en estos términos se representa paradoxa, al tocarlo con la experiencia se siente la gravedad del pezo y las dificultades de desempeñarlo con honor. El suxeto que el rey embía caracterisado se embilese con la preción de haverse de constituir despresio de una compañía de jente voluntariosa, que si por una parte quiere aparentar darle estimación, en lo formal se persuade que su obligación es servirles y complacerles en sus desproporcionadas pretenciones, y quando esto no lo conciguen se desemfrena la ira y la maledicencia, prorrumpiendo en vilipendios, hasta llegar a las amenasas. En esta compañía no hay quien aga cavesa, y los pocos hombres de bien y de alguna criansa que la componen, confundidos con el mayor número, que es de la jente más ordinaria y bajas obligaciones que viene de España o que producen los mismos paíces, no hacen figura, ni son capases de contrarrestar el fluxo de malignidades de estos últimos: con la ocupación de mineros, están llenos de soberbia, las obligaciones las cumplen mal, no hai medio de obligarles a ello; y el título les basta para incurrir corrientemente en quantas picardías son imaginables: desde el día que se empiesa a governar tiene principio la batalla entre el governador y el Gremio, y sin llevarse más fines que el obligarles a que se suxeten a lo que es rasonable y justo, se conspiran contra el que los dirixe de una manera insolente, que no hai sufrimiento para tolerarla. El interés y las ganancias son todo su objeto, y en faltando éstas o minorándoseles, recaen los despiques de la mala fortuna contra el governador, y se hace de un modo tan desembuelto, que al que no está aconstumbrado le llena de rubor, constituyéndolo en el mayor desabrimiento; el exercicio naturalmente parece que incita a la mentira y a la trampa, manexando por unos hombres que igualmente propenden a ella, y que aun entre sí, los unos tiran a engañarse a los otros; se dexa entender con quántos excesos reinarán en Guancavelica estos vicios, dirigiéndose principalmente a engañar al governador para conceguir sus intentos; pero quando no lo consiguen, entra aquí la desemboltura, el odio y las amenasas, de modo que no hay adbitrio para lograr que conoscan la rasón, porque el interés hace el mayor contrapezo, siendo la causa el exercicio y las baxas obligaciones de los que lo manejan; ya dexo dicho que en el número de los que componen el Gremio ai algunos pocos hombres honrrados, que nacieron con obligaciones y las saven concervar, pero éstos son los que menos figura hacen, y en llegando a materias que toquen a interés, no pueden dicimular que la Justicia se los diminuya de aquello que tienen concebido.

Desde los principios de mi govierno comprehendí no poderse hermanar aver de celar la concervación de la mina, como alhaxa que pertenese a Su Majestad, y cuidar de los caudales del herario complaciendo al mismo tiempo a los mineros; el objeto de éstos es sacar mineral que les rinda mucho azogue, el del governador es que no destrocen los parajes de la mina de donde pende su concervación. Aquellos premeditan el modo de que el mineral que sacan les tenga poco costo, éste ha de vigilar sobre que las labores vayan con regularidad, porque pende de ello su firmesa; el Gremio ha de costear por obligación las obras que de continuo se hacen en la mina y pretende que sus costos no sean crecidos; el que govierna ha de mandar hacer quantas contempla nesesarias, sin reparar en los gastos; los mineros quisieran que las arcas del rey estuviesen abiertas a su discreción; el governador es preciso que las tenga bien cerradas para que no haiga descalabros en la Real Hacienda, y quando las manda abrir, a de ser para distribuir el thesoro con regularidad entre los que son acreedores a él, no a discreción de los que lo pretenden sin derecho; no siendo necesarios más motivos que éstos para que la batería que empiesa con el govierno no cese hasta que concluye.

Yo, aunque sea impropio el decirlo, he sido amanthíssimo de la Justicia y nada propenso a cosas de interés, quando no son mui justos y corrientes, sin atribuirme mérito en ello, porque no lo ai, o es muy corto, quando nace de inclinación y no de estudio para refrenar las paciones. Con esta propención me parecía que havía de tener un govierno pacífico, regular y sin desabrimientos, porque no apeteciendo cosa alguna de los mineros, ni admitiéndosela, aun aquellos voluntariamente me la franqueasen, como ha succedido; y haciéndoles justicia de toda suerte de disenciones parecía regular que no tuviesen motivos para displicentarse, pero ha succedido al contrario; estas mismas propiedades que me dominan ha sido el orijen de los mayores desabrimientos, porque ellos hubieran querido un hombre interesado, que, admitiendo obsequios, les dexase cometer destrosos en la mina y les franquease caudales a su contemplación; un governador que vendiese la Justicia para lograr sus intentos, no que la administrase con buena conciencia; un sujeto a quien tener devajo de su dominio, para sacarle en rostro los mismos obsequios que le hacían quando les negase algo, y con quien disculpar sus excesos. Este rumbo es malíssimo, y quando se atienda para huir de él al cumplimiento de la obligación y al servicio del rey, se a de atender a la combeniencia propia, por tratarse con jente de tan mala fee, que al tiempo de concluirse el govierno, suelen ser los mismos que han sido beneficiados por estos medios ilícitos, los primeros que hacen acusación contra él y las lisonjas que se hacían quando se disfructaba el favor, se combierten en oprobios y en vituperios, al tiempo que cesa la oportunidad de concederlos: resultando de ello que el governador quando finalisa se ve rodeado de delitos en que ha incurrido por condescendencia, a faltado a la confiansa del Soberano, correspondiendo con ingratitud al honor que se le concedió en dispensársela, y queda con la conciencia manchada de lo que a echo por el atractivo de los sobornos y coechos; obrando con integridad y justificación, no hai duda que padecerá mucho en la lidia que a de tener contra esta tropa de enemigos, pero tendrá la satisfacción de dexar las cosas en buen estado, de aver servido al rey, y de que las calumnias y acusaciones que lebante el odio, las purifique la Justicia.

N.° 1

Sobre el estado que el Gremio de Mineros tenía quando empesé a governar

El mineral, según queda explicado en el primer punto de govierno, que trata de la mina, estando en mucha decadencia de ley, experimentava el Gremio de Mineros las concequencias que eran correspondientes. El governador entregado a sus utilidades, en vez de buscar medios para alibiarlos, se complacía de las estrecheses que les afligían porque éstas mismas contribuían a sus provechos, como explicaré en su lugar, le hacía reprecentaciones sobre el descaecimiento de ley, pidiéndole que se hiciesen Ensayos, pero él las despreciaba y les sostenía ser de cinco libras quando aquéllos pretendían que no passaba de 2 ½ por caxón, y para llevar adelante su sixthema, tenía instruido al virrey que no se les debía hacer caso sobre las reprecentaciones que interpusiecen en este particular, por estar él bien asegurado en que las quejas no eran fundadas, constándole no baxar de las 5 livras, cuya opinión estaba tan mal establecida que quando recibió la mina de D. Gaspar de la Cerda y Leyba se havía establecido ser sólo de 3, y no aviendo tenido aumento, antes bien disminución sencible desde entonces, hera presiso que fuesse menos de 3 y no de 5 como él decía. Estas contiendas havían empesado bastante tiempo antes de mi llegada, y continuándose cada día con más ardor, se havía puesto el negocio en términos que hallándome en camino de Lima para Guancavelica, el Gremio entero se havía presentado en la cárcel haciendo desestimiento del exercicio si no se determinava que se hiciesen los ensayos jurídicos, que tenía pedidos, para determinar la ley del mineral y acrecentarles los socorros que se les subsministraban de contado por el azogue que entraban el los almacenes. La pretención era justa, sin que esto se oponga a lo que queda dicho antes sobre las irregularidades de los mineros, porque la jente menos arreglada puede pedir con justicia, y éstos son los casos para que sirve el discernimiento del que govierna. El governador para aquietarlos, y conociendo ya la sinrrasón de haverles negado antes la satisfacción de los Ensayos que pedían, les probeyó auto en el escrito con fecha de 20 de octubre de 1758, declarando en él que debían practicarse los tales ensayos para verificar la menos ley de el mineral, que cada día se experimentava más escasa, reconociéndose en la actual fundición aun más corta que en la anterior pero que mediante a allarse el nuevo governador en camino y próximo a llegar, se suspendiese hasta entonces, y haciéndoselo presente daría providencia a ello: con que vino a confesar el descaecimiento de ley contra los informes que avía hecho a Lima. Los mineros se aquietaron con esto, saliendo de la cárcel, pero no dexaron de mantenerse en la idea de aver de entablar la pretención con el que entraba a governar de nuevo, quando por muchos títulos debía haverse practicado la diligencia con el que acababa, como que éste se hallava más impuesto en la causa de sus estrecheses y en la impocibilidad de seguir sacando azogue, si no se tomaba alguna providencia.

N.º 2

Sobre los socorros ordinarios que tenía el Gremio, y primeros auxilios que les concedí

No diré que desde el día que empesé a governar sentí los clamores de los mineros, sino que desde el instante que entré en Guancavelica el día 2 de noviembre del año de 758 fue éste el recivimiento que tube, empesando por hacerme presente la baxa ley que tenía el mineral, que sus cortos caudales se hallavan apurados, que no tenían adbitrio para travajar y sacar el azogue que se necesitaba, que sus representaciones avían sido desatendidas del antecessor, que siendo ellos los vasallos más útilez que tenía el rey, no se les miraba con el aprecio que merecían sus servicios, que avían vivido oprimidos de la tiranía, suxetos a la más terrible crueldad, con otras quexas por este thenor. Es precizo acentar antes de pasar adelante, que los mineros son jente, a excepción de quatro o cinco, que no tienen caudal alguno quando entran en este exercicio, que los más de ellos, si no lo son todos, de mercaderes o mercachifles quebrados que han dado malas quentas del caudal ajeno que manejaban, dicipando una gran parte de él, se acojen a Guancavelica y se hacen mineros, en lo qual no arriesgan nada, porque no tienen qué perder, y adelantan mucho mediante que al abrigo de las ecempciones y privilegios que gosan, se ponen a cubierto de ser perseguidos por los acreedores a quienes han menoscavado los bienes que les avían confiado, que unos hombres que entran poco menos que descamisados, se han de mantener, an de gastar y triumphar a costa de la minería, y an de mantener los vicios que les acompañan, y en jente de semejante estofa, no son pocos los que tienen; quando entré en Guancavelica sólo avía 16 semanas que corrían los hornos, a lo qual con impropiedad llaman fundición, y que antes de la primera de estas semanas, avían recevido cada uno 2.535 pesos de la Caxa Real por lo que nombran mita de caxa, y socorros de inbernada, y que aviendo mediado tan corto tiempo, ya no tenían dinero ni mineral sacado de la mina para continuar la extracción del azogue. La pretención era entonces que siendo establecimiento por el capítulo de aciento dárseles de prompto 30 pesos por cada quintal de azogue que entrasen en los almacenes, se les acrecentase esta paga, que llaman Socorro a 50 pesos por cada quintal; y esto era lo que recistía el governador. El quintal de azogue, deducido lo que importa el quinto, se les pagaba a los mineros a 57 pesos 9 y ½ /100 y los 27 pesos 9 y ½ /100 que ai de diferencia a los 30 que recevían de prompto, quedaban en la Caxa Real para el ajuste de quentas general, en pago de aquel caudal que se les tenía suplido con el nombre de socorros de inbernada y de mita de caja, y de lo que semanariamente se suple de la misma Caxa Real por gastos de ratas y desmontes, que son las obras de la mina; con que dándoles los 50 pesos que ellos pretendían de prompto, sólo quedavan cosa de 8 pesos por cada quintal de retención, que no eran suficientes para cubrir el desembolso de ratas y desmontes, mucho menos para el de las otras cantidades que se les tenían adelantadas; yo me hice cargo de esto, pero también me lo hice de que en la forma que estavan no podía lograrse el fin de que abasteciesen de azogue los almacenes. En esta dificultad discurrí el modo de fomentarlos, dándoles por vía de Socorros extraordinarios un auxilio con proporción a la mayor cantidad de quintales de azogue que cada uno hubiese entrado en los almacenes, y como era cosa que nunca se havía practicado, lo consulté primero con el antecessor y con el uno de los oficiales reales; el primero lo repugnó acérrimamente, porque esto no combenía a sus intentos; el oficial real fue de opinión que no havía medio más adequado para auxiliarlos y darles estímulo al travajo; y no hallando yo otro camino, hize consulta sobre ello al virrey conde de Superunda. Éste, que no comprehendía bien el estado decadente en que estaban y que era impocible que siguiese la avilitación de azoguez si no se tomaba algún medio por estar imprecionado en los informes siniestros que el antecesor Vega le havía hecho, ni aprobó ni reprobó la providencia, sólo dixo en su respuesta ser necesario manejar con mucho tiento los caudales del herario para con los mineros, pero viendo que los clamores crecían y que las entradas de azogue disminuían senciblemente, me resolví a ello, y cumplidos los primeros 6 meses de correr los hornos, en decreto de 17 de enero de 1759, ordené a los oficiales reales que subministrasen al Gremio este auxilio con la proporción que dexo dicho, de modo que a los que hasta entonces hubiesen pagado el primer empeño y tubiesen vencidos alcances, se le diesen lo que importasen éstos y dos mil pesos de socorro, igualando a todos los demás, según el poco o mucho azogue que hubiesen entrado en los almacenes, a los mismos dos mill pesos, y que para aquellos que no hubiesen satisfecho hasta entonces las tres quartas partes de lo que importaba el primer crédito de socorros de ynbernada, mita de caxa, y ratas y desmontes, se les subministrasen a 400 pesos, rebalidándose antes las fiansas que tenían dadas. Con esto se exforzaron algo en continuar la saca de azogue, pero no renunciaron a las pretenciones, según diré después.

N.º 3

De los socorros extraordinarios que se le continuaron dando al Gremio de Mineros

No pasó mucho tiempo sin que ocurriesen los mineros pidiendo nuebo socorro, y visto que con el azogue que havían entrado en almacenes avían satisfecho los más de ellos lo que avían recivido en el primero, pagando mucha parte del débito que tenían de antemano, y que éste era el único medio de irlos manteniendo, ordené que se les repitiese bajo de las mismas reglas que el primero, y de esta modo subministrándoles caudales, unas veces en particular y otras en común, a todo el gremio, se ha podido conceguir que permanesca sin descaecimiento total, de modo que en el año de 1759 importaron 88.411 pesos 7 ½ reales, en el de 60: 61.082 pesos 4 ¾ reales, en el de 61: 51.208 pesos 2 ¼ reales, y en el de 62: 80.828 pesos 4 ¼ reales. Si hubiese de decir la ingratitud con que an sido correspondidos éste y otros beneficios con que he atendido a los mineros, procurándoles quantos desaogos han estado de mi parte, sería nunca acabar, basta sólo para que se comprehenda, decir que los mismos que han sido beneficiados en estos socorros, conciguiendo por su medio poder continuar en el travajo, que los solicitaron con las más vivas instancias, como consta de sus pedimentos, estos mismos me lo han dado en rostro, pretendiendo sacarlo por capítulo de recidencia, fundados en que en el ajuste de quentas general, se les obligó a los fiadores a que pagasen el descubierto que tubieron aquellos a quienes fiaron y a la mancomunidad el que los fiadores no alcasaron a cubrir, que uno y otro a montado 45.537 pesos 6 ¼ reales, sin acordarse de que en tiempos más floridos que los presentes, ha havido iguales descalabros, y aun mayores, y que de estas providencias han resultado los alivios de todo el Gremio y para mí sólo el mayor trabajo, pero como estas providencias se dan por el desempeño de la obligación en servicio del rey y bien público, son despreciables las malas correspondencias de los mineros, que nunca pueden producir cosa que no se acomode a su exphera y modo de pensar.

N.º 4

Del motivo que tubo D. Pablo de la Vega para no dar auxilios a los mineros

No dexaba de conocer D. Pablo de la Vega el descaecimiento en que estavan los mineros y que, viciblemente, caminaba este Gremio a su ruina si no se tomaba algún medio que lo sobstuviese, en cuya forma lo confezó muchas veces después de haver cesado en el manejo; pero nunca arbitró el modo de hacerlo, siendo la causa el que una parte de sus utilidades procedía de las estrecheses que padecían los mineros, y assí al paso que se oponía a que se les subministrase algún otro socorro mas que el de los 30 pesos, tenía públicamente tres Lonjas, en donde de su quenta se compraba quanto asogue se llevaba a vender, pagándolo a 44 pesos el quintal, cuyo desorden imitaban otros varios particulares, y si el minero adelantaba 14 pesos en el quintal, el Rey, el fiador del minero o la mancomunidad perdía 27 pesos 91 ½ /100 en él por quenta del débito del mismo minero; el beneficio de haver cortado este fraude, que no menos cede en el de la Real Hacienda que en el de los mismos que componen el Gremio, ha tenido la recompensa que queda dicha antes de la ingratitud, siendo ésta la que se puede esperar de semejantes jentes.

N.º 5

Sobre el adelantamiento de los socorros ordinarios

Del modo que un enfermo que se halla aquejado muda de pocitura sin conseguir descanzo en ninguna que toma, así el Gremio de Mineros variaba en sus pretenciones, pareciéndole que de otro modo les iría mexor; después que les hize subministrar los dos primeros socorros generales, el uno en el tiempo que queda dicho y el otro en 28 de abril del mismo año, me hicieron presente que les combenía mexor que se les diese el auxilio en particular quando las urjencias de cada uno lo pidiese que subministrárselos en general, y aunque comprehendí que esto llevaba la máxima de no experar a tiempo determinado para pedirlos, quedando a su livertad el hacerlo [repetido: el hacerlo] con frequencia, y que aumentaba conciderablemente mis ocupaciones y la de los oficiales reales, por ser preciso formar un ajuste de quentas del minero en cada petición que hiciese, combine en ello por no darles lugar a que tubiesen motibo de disminuir las entradas del azogue, y en fuersa de que un negocio de tanta importancia como éste no se debía omitir por razón del travajo ninguna diligencia para conceguirlo; desde entonces asta 27 de noviembre de 1762 que probeí el auto para que se ajustasen las quentas generales y se pagasen los alcances, se les an subministrado muchos Socorros particulares, que son otras tantas quentas que se les tienen formadas. Al tiempo mismo que se variava de méthodo en los socorros extraordinarios, pretendían por otra parte no serles tan provechosos éstos como el que se les adelantasen socorros ordinarios, assignándoles tanto más por cada quintal de azogue, porque decían que tomando el dinero por junto, bolvían a desembolsarlo en pagar a los acreedores, que esperaban estas coyunturas para estrecharlos; que socorrían las necesidades de sus casas y bolvían a quedar sin fondos competentes para seguir el travaxo, lo que no succedería dándoles 10 pesos más de los 30 por cada quintal de azogue. Para este tiempo avía llegado Orden de Su Majestad mandando que se remitiesen al reyno de Nueva España la mayor porción de quintales de azogue que fuese posible, hasta el número de 5.000 por no averse acabado de restablecer las minas del Almadén; con este motivo hice junta general del Gremio para insinuarles que se exforzasen en apromptarlos, ofreciéndoles concurrir con quantos auxilios estubiesen de mi parte; y aviéndose repetido por ellos el de que se les acrecentasen los socorros ordinarios, condescendí en ello, ordenando a los oficiales reales por otro Decreto de 23 de julio del mismo año de 59, que al minero que entrase en los almacenes sólo un quintal se le socorriese con los mismos 30 pesos que antes; al que dos quintales, a razón de 35 pesos por cada uno, y al que 3 quintales y de aquí para arriva a razón de 40 pesos, atendiendo en esta distribución a dos fines, el primero que quedase en la Caja suficiente cantidad de dinero por cada indibiduo para pagar las ratas y desmontes, y los débitos de los indibiduos en particular, y en general; y el segundo, para que instimulados del mayor socorro, se exforsasen en hacer entradas crecidas, y no bajas, porque bajo de este pie, el que pesaba de 3 quintales dexava en la caxa 53 pesos 74½ /100; el que 2 quintales 45 pesos 82/100; y el que sólo 1 quintal los 27 pesos 91½ /100 de diferencia: este aumento no fue bastante para que dejasen de pedir socorros extraordinarios, que se les franquearon, con atención a los alcances que les iban resultando.

N.º 6

Segundo aumento de los socorros ordinarios

Después que por el virrey conde de Superunda se les concedió a los mineros la gracia de que no contribuyesen con el quinto del azogue a Su Majestad, bolvieron a repetir las instancias sobre que se les aumentasen los socorros ordinarios, porque con los 40 pesos que se les daban a los que entravan 3 quintales, no les bastaba para costear los gastos que impendían, y que el aumento comprehendiese a todos con igualdad, trayendo a concideración para ello que los más destituidos y pobres eran los que percebían menos, siendo esto causa de que cada día fuesen en mayor descaecimiento, lo qual resultaba immediatamente contra aquellos que tenían algún caudal propio, por ser éstos los que avían de pagar el descubierto en que quedasen los otros. También les concedí este aumento mandando por auto de 12 de diciembre de 1760, que desde la semana 6 de octubre de aquel año en que el Gremio havía presentado el despacho de la condonación que se les hacía del quinto, se les pagase sobre el pie de 50 pesos por cada quintal de azogue, quedando en la caxa el resto hasta 27 pesos 40/100 que eran 22 pesos 40/100 para cubrir los débitos y reembolsar el importe de ratas y desmontes, y aunque en el mismo auto declaré que con esta paga no debían tener cabimiento los Socorros extraordinarios que se les havían subministrado antes, no pudo observarse esto, porque se repitieron los clamores y empezó a bajar tanto la entrada del azogue, que temí el que de una vez llegase a faltar, y se hizo preciso no solamente auxiliarles en particular, sino es también en general a todo el Gremio, para lo qual hice junta general a fin de que entre sí resolviesen lo que debía ser de alivio para todos, como que entre sí lo havían de pagar.

N.º 7
Conceción del Quinto al Gremio de Mineros y experimentos sobre la lei del mineral

Los mineros, que no lleban quenta ni razón con lo que gastan en la minería porque no es jente de tanta prolixidad, sentían desde la mitad del govierno de D. Gaspar de la Cerda que las ganancias del exercicio se havían disminuido cenciblemente; que no les rendían las hornadas ni con mucha distancia a aquellas crecidas porciones de azogue que sacaban de ellas en otros tiempos y que en algunos avía pérdida conocida. En el govierno de D. Pablo de la Vega lo confirmaron en tanto punto que llegaron a conocer no serles posible continuar el exercicio, pero como ellos no arreglavan a rasón formal los gastos, quanto ablaban era a bulto y sin fundarse. El governador que figuraba su permanencia en que no hubiese novedad durante su tiempo en el precio del azogue, rechasava las instancias de los mineros sacándoles por exemplo del herror con que querían persuadirle, el de algunos mineros que conceguían de las hornadas a rasón de 5 y 6 libras por cada caxón. Éstos eran aquellos familiares suyos, como Gutiérrez, Ramerí, Gordillo, Machado y Gómez, que le hacían participante de las utilidades y tenían amplia licencia para sacar el mineral de los estrivos, de los arcos y de los demás parajes prohibidos; pero como desde que empesé a governar cesó en ellos este pernicioso privilegio, cesó también el adelantamiento de ley, que en los demás era escasa quando la experimentaban favorable en la entrega que se me hiso de la mina no combine, según queda explicado, en el primer punto de govierno, sobre que se estableciese la ley del mineral por lo que determinasen los concurrentes, comprehendiendo se havían de ofrecer sobre ello varias contiendas y no se havía de llegar a averiguar la verdad, para que en su lugar se practicasen ensayos y se estableciese por lo que resultase de ellos; para este fin mandé fabricar dos hornos pequeños, de cavida de 6 caxones cada uno, en el paraje nombrado Pampahorno, en las cercanías del río, pero dentro de esta Villa; en ellos se ensayaron los minerales de un crecido número de labores, y siendo assí que procuré fuesen de aquellas que parecían de mejor calidad, vino a conocerse que las más eran de una libra y las que llegaban a 3, o pasaban algún tanto de esta calidad, poquícimas; concluyendo de ello que la ley era de 2 libras y media a corta diferencia. El governador antecesor cuidó de no ir ves alguna a estos ensayos, por verse precisado a confesar la malicia con que havía resistido antes a que se practicase igual diligencia, como lo solicitaba el Gremio, y assí en la entrega de la mina no se llenó este punto aunque se prebino en ella que se haría según lo que resultase de los ensayos. Como estos experimentos se hacían en público, y que los mineros por sí no pretendían otra cosa si no era que el que governaba se hiciese capas de la decadencia en que estaba la ley, immediatamente entablaron la pretención de que se les hiciese gracia del quinto; y no solamente se la rechasé por varias veces, sino es que no les quise admitir los escritos que tratavan de ello; hasta que viendo que les estavan cerradas las puertas en Guancavelica acudieron a Lima sin mi concentimiento. Allí, tratado el asumpto en el Acuerdo, se me pidieron informes sobre la materia por dos veses; en ambos formé el cómputo de los costos que tenía cada quintal de azogue, determinando la ley del mineral por los ensayos que se havían hecho y por la cantidad de mineral que se havía sacado de la mina en 10 semanas y el azogue que avían producido; de lo qual se concluya no poderse costear y ser crecida la pérdida que tenían los mineros, añadiendo en el segundo declaraciones que recebí de todos los maestros de hornos, que llaman ollaricos, y de los mineros, practicándolo con tal precaución que no supiesen unos de otros, ni el fin para qué declaraban; y haviendo combenido a muy corta diferencia estas diligencias el virrey con la Junta de los Tribunales, vino en libertarles de la contribución del quinto, bajo de la condición de que se aprobase la gracia por Su Majestad. Parece que era correspondiente a tanto beneficio dispensado a los mineros de Socorros extraordinarios, de acrecentamiento en los socorros ordinarios, y de aumento de precio en el azogue con la libertad del quinto desde 57 pesos 91/100 hasta 72 pesos 40/100 que se acrecentase el repuesto de azogue con mayores entradas que hiziese el Gremio, pero no ha succedido así porque cada año ha ido en disminución.

N.° 8
Sobre las entradas de azogues en los Almazenes Reales y disminución que han tenido

Los desórdenes se extendían en Guancavelica a todos los asumptos en el govierno que vine a succeder, siendo efecto del abandono con que se miravan. Está mandado por el capítulo de aciento que los lunes se reciba en los almacenes el azogue que los mineros hubiesen sacado en la semana antecedente, sin reserbar ninguno, y que en los martes se les satisfaga el socorro correspondiente. Nada de esto se observaba, porque desde el lunes hasta el sábado se recevía y assí no se podía cerrar la quenta la más veces hasta el mismo sábado, siguiéndose de ello el no poderse formar juicio de lo que en cada semana se sacaba respeto del mineral que salía de la mina y que los oficiales reales embarasados la semana entera con el recivo del azogue y pagamentos de socorros, no atendían a las demás obligaciones de las muchas que se ofrecen en ella; y todo andaba con el mayor desgreño. Impuesto en esto ordené que se recibiesen los azogues en el día lunes, y se evaquase todo lo perteneciente a este asumpto en el siguiente día martes; pero no haviendo podido conceguir que se arreglasen a ello y que por esta rasón padecían mucho los ajustes de quentas de los que eran deudores a este ramo, proveí auto en 29 de mayo de 1760 disponiendo la distribución de días de la semana para que en cada uno se hiciese lo correspondiente a él, y aunque por lo tocante a recibo de azogues y su paga se ha observado, no se ha podido adelantar cosa alguna en los demás asumptos. De estas entradas arregladas ya, a no hacerse en otros días mas que en los lunes, se ha visto que en el año de 61,a fines de él, hubo una temporada de más de 4 meses en que no se pudo conceguir que el Gremio de Mineros entrase más que de 50 hasta 70 quintales en cada semana, siendo así que para que no aiga escacés se nesesita que sean de 140 a 160; después se ha buelto a restablecer a 100 quintales, que también es cosa mui corta, y lo más a que han subido a sido a 120; pero esta disminución se hace más patente en los años enteros: en el de 59 se recibieron 6.706 quintales, 58 libras, 14 onzas, aviendo havido dos meses de parada con motivo de una epidemia que se experimentó; el año de 60 fueron 7.917 quintales, 31 libras; el de 61, 6.532 quintales, 84 libras, 4 onzas, y el de 62 5.515 quintales 46 libras de modo que ya en este último apenas equivale lo que se ha sacado de la mina a lo que consumen las cajas del reyno, dejándose comprehender que si los mineros tubieran utilidades en trabajar las labores que están abandonadas, sobraría el azogue en las cajas con mucho exceso, como succedía en los tiempos pasados.

N.º 9
Sobre la elección de Procuradores del Gremio

Es de establecimiento en el Gremio de Mineros elegir dos entre ellos todos los años para que se hagan cargo de manejar los intereses comunes, que concisten en las mitas que embian las provincias, en recevir adelantados de la Caxa Real los caudales que son necesarios para las obras de la mina, en distribuirlos entre los acreedores, y las mitas entre los mineros. Esta elección se hace el día 1º de marso y la constumbre a sido tomar la venia al governador para nombrar a aquéllos que son de su aprobación. A mi ingresso entendí varias quexas de los que estavan: pretendiendo que no les havían repartido lo correspondiente de mitas, que les havían abultado los gastos de comunidad, aprovechándose ellos de lo que era de todos, y aunque comprehendí que estas quejas eran mal fundadas, nasidas de la ligeresa de los que las producían, porque de qualquier modo recaían más bien contra el governador que contra los procuradores, al venir a darme el voto, como ellos dicen en el primer año, no se lo admití a ninguno, diciéndoles que lo aplicasen a quien les pareciese que desempeñarían el encargo más a su satisfacción, y aunque precedí la junta, según la constumbre, dispuse que formasen cédulas poniendo los nombres que a cada uno le pareciesen, y sin que supiesen unos de otros; de este modo quedaron electos los que tubieron mayor número, cuyo méthodo se practicó en todos los años siguientes de mi govierno sin averme interesado por ninguno, pero no ha bastado para que dejen de murmurar de los mismos que ellos han hecho, lo qual succede muy frequentemente, porque en no saliéndoles la cosa según el interés que cada uno lleva, se despican del modo que es regular en personas que no conocen lo que es honor. También dispuse en aquel primer año que los procuradores que concluyen formen su quenta y la precenten en la misma Junta, que se lea por el escrivano y cada individuo diga lo que se le ofresca sobre las partidas que contiene, aprobándose después de este examen por todo el Gremio.

En el año de 1762 aviendo representado los procuradores serles de mucho travaxo la ocupación y de bastante gasto, por ser de su quenta las pérdidas que ai en el dinero que manejan, y las diligencias de su cobransa, debiendo, además, llevar una quenta con cada uno, se determinó, de acuerdo entre todos, señalarle a cada uno de los procuradores 500 pesos al año; y lo que he experimentado a sido que los que obtienen este cargo nunca están contentos con él, ni los mineros con sus Procuradores, porque quicieran que les franqueasen quanto les pidiesen, siendo ésta la cauza de que ni unos ni otros estén satisfechos.

N.º 10
Sobre el médico y cirujano, y otras Juntas del Gremio

Del mismo modo que no he querido tener parte en la elección de procuradores, no he intervenido en la de médico y cirujano que paga el Gremio, dexando esto a su adbitrio, y he seguido el propio réximen en los otros asumtos que son particulares de los que lo componen sin que Su Majestad tenga interés en ello; en cuya supocición quando se les han ofrecido hacer alguna Junta he permitido que las tengan, ordenando que sean en las casas de Cavildo y no en las suyas particulares, como practicaban, pero sin asistir yo a ellas por no tomar prenda en asumpto alguno de los que sólo le interesan a ellos.

N.º 11
No hai libro del Gremio, ni formalidad

Las Juntas particulares del Gremio para los negosios que les incumben se reducen por lo común a una confución de pareceres, sin más fundamento que la voluntariedad de cada uno; y es muy regular salir de ellas sin determinar nada, porque qualquiera de los concurrentes anula lo que resuelven todos los demás. No hai libro ni rexistro donde se tome rasón del día en que se tiene Junta, del asumto sobre que se hiso, ni de lo que se determinó, con que todo queda al ayre, y sólo tiene esta congregación, que propiamente se puede llamar de desvaríos, el nombre de Junta, pero después de concluída hacen los Procuradores aquello que les parece, no pudiendo ser de otro modo, mediante que no llegan a acordarse y que cada qual sale mormurando sobre el dictamen de los otros. En esta Junta todos preciden, los procuradores no tienen por rasón de su ocupación más privilegio que los otros, y verdaderamente es una Junta de despropócitos, donde el que menos de ellos desbaría sin saber por qué.

N.º 12
De las minerías y el modo de proveerlas

Ya en otra parte he dicho que el Gremio de Mineros es monstruosidad y lo bolveré a repetir: no hai cosa en él a mi juicio que no sea desproporcionada. El governador es el que provee las minerías que bacan, pero no tiene facultad para ceparar del exercicio a aquéllos que cumplen mal sus obligaciones, resultando de esta desigualdad el insolentarse contra el mismo que les ha conferido la ocupación, y quando no les concede las desproporcionadas pretenciones que entablan, no queda parte por donde no le tiren, mortificándolo con inponderable osadía, sin ser estraño que aquellos mismos que an sido proveídos por el governador sean los que más se señalen en la insolencia. D. Gerónimo de Sola lo experimentó bastantemente y con particularidad en dos de los que eligió, de los quales el uno avía sido sirviente suyo; D. Gaspar de la Cerda no estuvo exempto de ello; y así de los que ha havido hasta mi tiempo. El Gremio se componía por el aciento de 30 mineros; D. Gaspar de la Cerda lo acrecentó de 4 más, y D. Pablo de la Vega de otros seis; assí quando empesé a governar estaba en 40; al presente son 37, y aunque no han faltado pretendientes para los 3 lugares bacantes, no he tenido por combeniente conferirlos, atendiendo a que el hacerlo era llenar el Gremio de hombres que no tienen qué perder, y sin poder esperar adelantamiento alguno en el servicio del rey y bien público con el mayor abasto de azogues, acrecentar el número de los enemigos del Herario Real y de mi persona.

De las bacantes que a avido en mi govierno, he proveído 6, y a ninguno de ellos he querido admitir por vía de obsequio nada aun en comestibles despreciables. El antecesor siguió contrario método, porque no confirió plasa de las que bacaron en el suyo y las que acrecentó sin que le hubiesen de contribuir con 500 pesos, a lo menos, por cada una: lo que nunca se havía practicado por Sola ni por Cerda, y assí el Gremio, que hasta entonces se concerbaba algo menos desigual de sujetos, acabó de viciarse, bien que, según dejo asentado, en llegando el caso de negárseles lo que piden, se desatan en improperios y no ay diferencia de unos a otros, verificándose ser el governador el menor de la República por la desemboltura con que hablan de él y el ningún respecto que le guardan, cuyas demostraciones son propias de jente que no tiene motibo para portarse con más decencia, y de quien tiene puesto el connato en lograr intereses por los medios irregulares que se les ofrecen. Esta libertad en los súbditos, la irregularidad en sus procederes y la falta de facultades en los que los goviernan para castigarlos, haciéndolos que se sujeten a la rasón, es lo que me hace decir ser un cuerpo monstruoso, porque a ninguno se le da jente para que la govierne, y jente de esta naturalesa, sin darle, al mismo tiempo, amplitudes para hacerse respetar de ella y para poderlos obligar a que cumplan con su obligación. Entre los que he proveído de mineros no ay ninguno que huviese sido sirviente o familiar mío, y aunque no faltó alguno que lo pretendiese después de estar ceparado de mi servicio, no quise concedérselo, por que no se verificase en mí en ningún modo que avía venido a acomodar mis dependientes en la ocupación que el rey me embió para que la governase, y cada día he tenido mayores motivos de complacencia en averlo negado.

N.º 13

Sobre el obsequio que hacen los mineros al governador el día de su Santo

Es costumbre mui antigua de este Gremio obsequiar al governador el día de su Santo con un vale de azogue cada minero; en los tiempos pasados eran estos vales de quatro quintales y llegaban hasta 8, de suerte que esto, que llaman el saine, importaba de 12 a 15 mill pesos cada año; al presente son de 2 quintales, y sólo ai tal o qual que llegua a 4, assí quando más pueden importar cosa de 5 mill pesos. El azogue que expresan no es fícico sino es sólo ofrecimiento. La práctica ha sido al siguiente día del Santo del governador ir los oficiales reales a recojer estos vales y embiarle a su casa el dinero de todo el importe, según el número de quintales que componían, resultando de ello que como el azogue no era efectivo y la paga sí, venía a quedar este descubierto más contra la Real Hacienda. D. Gaspar de la Cerda recibió los que les dieron, pero no uzó de ellos en ninguna forma, y estando en el tercero o quarto año de govierno, los debolvió a los mismos que se los avían dado. Yo los he admitido igualmente y en el año de 62 los hise debolver, unos los recivieron y otros, tomándolo a desaire, los dexaron; pero en la misma forma se concerban, sin haver hecho ningún uso de ellos, a excepción de tal o qual, pertenecientes a hombres acomodados que voluntariamente an llevado el azogue a los almasenes, se ha verificado el obsequio, ni he permitido que vayan a la Caxa Real sin embargo de las instancias que los oficiales reales hizcieron en el primer año. Fuera de este día, ni les he admitido nada con ningún motivo.

En el govierno de D. Pablo de la Vega succedió al contrario, porque se repetían los vales en el discurso del año con quantos motivos se ofrecían, y como éstos se le pagaban de contado por la Caxa Real, sin verificarse la entrega del azogue, resultó un crecido alcance en perjuicio de Su Majestad, el qual se reduxo a nuevos vales que dispuso firmasen los mineros a favor de ella en lugar de los que verdaderamente no eran sino a favor suyo. Este descubierto se ha estado cobrando a esfuersos de mis diligencias, y todavía se deve algo, aunque ya no es mucho.

D. Gerónimo de Sola recibió en su tiempo los que le dieron por obsequio de su día, y aunque percibió el ymporte de la Caxa Real, según la constumbre que avía, no la dexó gravada en nada, cuidando de no recebir más que el importe de los que verdaderamente se satisfacían en azogue, siendo entonces raros los que no lo executaron con la proporción del mucho que les rendía en aquel tiempo los minerales; pero antes de su tiempo, governando los oydores de Lima, fueron grandícimos los desórdenes que se cometieron en este particular, y de ellos resultó que en el tiempo de 20 años, con corta diferiencia, quedó descubierta la Real Hacienda en 1.424.032 pesos 3 y ½ reales, que era el que tenía en fin de febrero del año 26, que es la deuda antigua, de suerte que aunque esta deuda se declaró ser de los mineros, en la realidad no era, sino es de los governadores, que sacando cada uno el dinero del ymporte de los vales de su tiempo de la Caxa Real, sin que se entrase en ella el azogue correspondiente, fue preciso que sobrebiniese este conciderable quebranto; pero como la deuda era lejítima en los governadores y no en los mineros, en cuyo nombre estabva, resultó de aquí no hacerse diligencia para su satisfacción; y assí, aunque estos últimos se hallavan ricos, de los quales todavía alcansé a uno de ellos, que era D. Juan Manuel García, nunca se les hizo instancia para que pagasen. Vega siguió en todo este mismo método, y con tres o quatro governadores que se hubiesen seguido de su conducta se avía criado otro débito tan conciderable como aquél, porque el perjuicio se multiplicava de muchos modos, en fuersa de que por medio de un vale de 3 ó 4 quintales, hacía que se le subministrasen a un minero insolvente y cargado de deudas una porción de dinero, y por la compra del azogue que hacía él y a su exemplo otros particulares, resultando que ni pagaba el empeño corriente de ratas y desmontes, ni menos los que contraía del dinero que recevía en la Caxa Real y del que percebía el governador por los vales con que le obsequiaba.

N.° 14

Que los mineros no reparan en lo que se empeñan quando se les franquea dinero

Reyna tanto la trampa y la fullería entre los mineros que es necesario estar mui alerta para no caer en las que aconstumbran, qualquier governador que proceda con sinceridad o que se deje llevar de la codicia, cometerá mill absurdos contra la Hacienda Real y contra la mina, pareciéndole que acierta porque los tendrá contentos, y la embriagues de las riquesas le cerrará los ojos a la rasón para conocer los atentados en que incurre, porque si acaso los llega a penetrar será quando acabe, y entonces no es tiempo de remediarlos; los mineros le ofrecerán gustosos un vale de 4 quintales de azogue porque les mande dar de prompto 500 pesos en dinero, y como ni uno ni otro hacen ánimo de pagarlo, quedan agradecidos y contentos con lo que perciben, sin hacer caso de lo que contribuyen para conceguirlo. Los oficiales reales abren la mano a estos socorros mui gustosos, porque al exemplar del que manda, tienen ellos facultad para dispensar iguales gracias, y todos se avienen con un govierno de esta naturalesa; las Arcas Reales son las únicas en donde se hase sencible la liberalidad, como lo acreditan los exemplares antiguos, y el de Vega. Yo he subministrado al Gremio de Mineros en quatro años 281.531 pesos 2 ¾ reales, pero lo he hecho por quenta de alcances en los que los an tenido, precediendo informe de los oficiales reales con la quenta de cada uno, y como no ha intervenido en ello ningún interés particular al ajuste de quentas general en noviembre de 1762 he obligado a los fiadores y al Gremio a que paguen lo que quedaron debiendo los que estavan atrasados. Ningunos han salido contentos de mi govierno, porque a los que he dado auxilios no les he concedido más gracia que adelantarles la paga de una parte de lo que tenían que haber; a los que estavan en descubierto no les he subministrado más que lo que la mancomunidad o sus fiadores han conbenido, y ni a unos ni a otros he permitido que hagan destrosos en la mina a su voluntad, que es otro de los asumptos porque se le regalan vales al governador; con que no tienen motivo para manifestarse muy gustosos, aunque yo he cumplido con lo que debo.

N.º 15

El juego que estava en práctica en las casas de los governadores hera otro obsequio que le hacían los mineros

Entre los obsequios que los mineros han tenido de constumbre hacer a los governadores, lo ha sido el concurrir a su casa a jugar, y aunque esto parece algo repugnante, es entable tan común en todo el reyno, que se ha visto en varios tiempos practicarse hasta en los palacios de los virreyes, unas veces en las viviendas de los secretarios y otras en las de los capitanes de las guardias o de otros familiares. En Guancavelica ha corrido esta práctica en todos los goviernos, siendo uno de los ramos de provecho que an tenido, pero como los entables desgeneran en exesos según el carácter de los suxetos, no ha faltado governador que salía a la plasa por las mañanas a recombenir a los mineros que en la noche antecedente avían dexado de concurrir, combidándolos para que no faltasen en adelante. Los governadores Sola y Cerda mantubieron esta constumbre con la moderación y decencia que era correspondiente a sus grandes prendas, pero entró luego Vega resucitando los desórdenes antiguos y puso este asumpto en el más alto punto a que podía llegar, introduciendo con lo lícito lo prohibido y pernicioso; establesió lo que llaman juego de taúres, caxa de juego y las contribuciones correspondientes, que todo venía a ceder contra la Hacienda Real, porque avilitándoseles de dinero a los que no lo tenían, firmaban estos vales de la misma cantidad que percebían a favor de Su Majestad y en el siguiente día se llevaban a la Caja Real, sacándose el importe de ellos en dinero. Los mineros se arruinaban, pero sin sentirlo y el rey era quien hacía el lasto para que el governador disfrutase los provechos. La práctica antigua era juegos de diberción, y por cada mesa que se armaba, dejaban quatro pesos, que en 3 ó 4 de ellas hacian 12 ó 16 cada día. Yo, desde el primer día que entré en Guancavelica les hice saber que gustaría mucho de que concurriesen a dibertirse, pero que avía de ser con la circunstancia de no hacer ninguna contribución; y visto que en esta forma se recistían a ello, combine después de muchas instancias en que dejasen dos pesos en correspondencia del gasto de velas, varajas y de el refresco que se les servía, en cuya forma ha corrido, reduciéndose por lo común a una mesa, mui pocas noches 2, y bastantes veces ninguna; sin permitir que lo que verdaderamente a de ser diverción y compañía decente, se redusga a desorden, y aun en esta forma han sido mis familiares los que han concurrido a formar la partida con dos o tres de los de afuera.

N.º 16

Sobre las mitas que contribuyen las provincias al Gremio de Mineros

Varias provincias del reyno, que son las que están más comarcanas de Guancavelica, deben concurrir con un número de yndios para el trabaxo de la mina y de los hornos donde se saca el azogue; a esto es a lo que llaman mita. El número se regula por el total de los que tiene la provincia, al respecto de uno por cada 7 y aunque la asignación fue en los principios de 620 nunca se ha visto completo; esto experimenta varias alteraciones, según las revicitas o padrones que se hacen por los correxidores. El Gremio de Mineros tiene derecho a estos yndios por ser condición de uno de los capítulos de aciento, de tal suerte que entran como en parte de paga del azogue que venden a Su Majestad, y en su concequencia se reparten entre todos. Antiguamente se hacía con desigualdad esta distribución, lo que causaba mucha confución al ajustarse las quentas de lo que devía satisfacer cada uno por los gastos de las obras de la mina. D. Pablo de la Vega los igualó, de modo que todos gosan por iguales partes las mitas y pagan por iguales partes los gastos. En este asumto no tienen intervención los governadores, porque aunque tocaba a la Superintendencia de Azogue obligar a las provincias a que hagan los enteros con regularidad, los virreyes se lo han abrrogado assí y el Gremio hace allá sus recursos, no siéndole este camino de poco atraso, porque allí se manejan tales asuntos con mucha lentitud y grandes gastos, de que resulta que en los quatro años y más que llevo corridos de govierno no ha sido posible conseguir que los correxidores completen los enteros que les corresponden. Estas mitas no se cumplen ya en yndios efectivos; muchas de las provincias lo hacen con dinero en lugar de yndios, contribuyendo un tanto por cada uno, y los mineros solicitan con este caudal otros yndios que se ocupan en los exercicios que avían de hacer los que debían embiar las provincias. Cada uno de los mitayos, o los que travajan en su lugar, gana diariamente quando están ocupados 4 reales, que le paga el Gremio, sea en los hornos o en la mina; y assí la circunstancia de contribuirlos las provincias se reduce a tener gente segura, porque en la pereza natural, que reina en semejante gente, no cería fácil conceguirlos si no se les obligase a hacer estos servicios.

N.º 17

De las obligaciones que tiene el Gremio de probeer el reyno de azoguez

Es obligación del Gremio probeer el reyno del azogue necesario para su consumo; hasta el presente lo a cumplido, pero durante mi govierno a sido con grandes dificultades. Quando la mina estava buena era combeniencia de los mineros el entrar en los almacenes grandes porciones porque de ello les resultava correspondientes utilidades, pero después que descaeció el mineral, por el contrario, no reconociendo ganancia y antes sí pérdida, no ha havido medio de conseguir que sean abundantes, pues aun después de havérseles concedido los auxilios que quedan dichos, se ve que cada día ha ido a menos, ni ha avido rasón capás de exforsarlos, porque a las persuaciones que les he hecho me respondían que el darles dinero por quenta de lo que tenían devengado era para acabar de perder el caudal propio, porque experimentando quebranto en una hornada, quantas más hicieran, avía de ser mayor; y en esto no se fundaban mal, mediante que lo que se a visto es que los que tenían conocido caudal ya lo ven muy disminuido de lo que hera 6 u 8 años antes de este tiempo, como succede en D. Francisco Dávila, D. Gazpar de Mendiolasa y otros, no de tantos fondos. Sólo ai dos en quienes se reconoce adelantamiento en este tiempo, que son D. Miguel de la Barrera y D. Ygnacio de Elisalde, los quales han bogado con mejor fortuna que todo el resto; pero aun éstos no hubieran sacado ganancias a no havérseles hecho gracia del quinto a todo el Gremio, desde que empezó la destilación del azogue, que fue antes de empesarse mi govierno.

N.º 18

Es irregular haver de ser el governador quien responda del abasto del reyno quando es el Gremio quien tiene la obligación

Entre las muchas irregularidades, que se notan en el govierno de Guancavelica, no puede dexarse de traerse a concideración que siendo el Gremio de Mineros el que debe abasteser de azogue los almacenes sea el governador quien haiga de responder del abasto del reyno, quando aquel no lo hace con abundancia. Qué medio podrá tomar el govierno en los tiempos presentes para obligarle a que aprompte todo el que se necesita y que lo haga con la anticipación correspondiente, porque el privarles del exercicio como se previene en el Capítulo de Aciento, fuera de que sería impocibilitar más lo que se pretende, sería darles lugar para que los muchos que solicitan dejarlo tuviesen oportunidad de conseguirlo. Quando el mineral estava abundante de azogue, las providencias que se daban era para que no se entrase en los almacenes toda la porción de quintales que cada minero quería apromptar, y era superflua la pena, mediante que se les limitaba el número de los hornos, celándose que no excediesen unos a otros en las medidas. Entonces no avía mérito en que abundase tanto este material, que faltasen bacijas en que ponerlo; y si el governador no tenía abastecidas las caxas, sería por sumo descuido en mandarlo; pero no se previene en el aciento, para un caso como el que se está esperimentando, qué adbitrio pueda tomar el governador a fin de evitar la falta o escacés. Aunque fue medio el de los socorros extraordinarios que hise subministrar al Gremio para que del todo no descaeciese y a este adbitrio se debe el aver subsistido hasta el tiempo presente, no fue remedio que curase la intercadencia y assí permanece en su punto sin encontrar yo adbitrio en lo natural por donde se salve la dificultad. El minero que de antemano tenía algún caudal proprio, no quiere verse en la miceria acabándolo de consumir en el exercicio; el que no tiene caudal, que son 30 de los 37, dicen que no tienen con qué llevar adelante el travajo; el governador debe mirar por la concervación del herario, sin adelantarles cantidades que no puedan satisfacer; los siete en quienes van seguros los socorros, no los apetecen, conociendo que les resulta en mayor perdición; los 30 recibieran quanto se les diese, pero sería dinero perdido, porque ni ellos ni la mancomunidad de los otros lo avía de pagar; con que no ai medio y el governador no es menos responsable que si esta dificultad pendiese solo de sus providencias. Una constitución tan crítica como ésta indispone los ánimos de los indibiduos contra el que govierna, mirándole todos como el mayor enemigo, unos por lo que pierden de lo que tenían y otros por lo que dejan de adquirir, porque al paso que disminuye la ley o calidad del mineral, es preciso alentarlos al travajo, para que no falte del todo el azogue, con que es una guerra perpetua de dicenciones que no se pueden evitar.

N.º 19
Deserción [sic] de mineros

Creo que jamás se havrá visto que los mineros deserten abandonando el exercicio, ni al tiempo que D. Gerónimo de Sola dispuso el tratado del aciento se persuadiría a que avía de llegar este caso. Mi govierno se extrenó con ellos, que fue suficiente comprobante de lo mal que les iba en el exercicio, y así como en lo antiguo hera vínculo de las familias el tener minería en Guancavelica, aora se hace preciso obligarles a que no las desamparen. Dos dependientes de D. Pablo de la Vega fueron los primeros que salieron de Guancavelica huyendo de la ocupación; el primero fue D. Joachín de Gordillo, quien se presentó haciendo desestimiento de los yndios que gosaba en la mita, y no haviéndosela admitido ni él querido conocer la irregularidad de su proceder, se hizo preciso seguirle causa e imponerle castigo de destierro a uno de los precidios en pena de quebrantar el trato que tenía celebrado con Su Majestad como minero y de estar debiendo 2.890 pesos 3 ½ reales del dinero que se le adelantó por invernada y Mita de Caxa para entrar en la actual avilitación de azogues; no combenía hacer otra cosa, porque de avérselo tolerado no hubiera quedado minero en el Gremio. Al conducirlo preso a Lima, lo quitaron unos enmascarados que salieron al camino quando trancitaba por Xauja, maltratando al soldado y demás gente que lo llebaba. Dí quenta al virrey conde de Superunda, y aunque él se pasó inmediatamente a Lima, no se hiso demostración ninguna, ni se le obligó a cumplir el destierro como lo prebenía la sentencia; cuya tolerancia dio motivo a la deserción de otros dos. Éste havía quebrantado la obligación del trato en 1º de mayo de 1759; en 4 de julio de 60 salió fugitivo D. Joachín Ramery, también sirviente de Vega; y en 3 de agosto de 1761 D. Joseph Sáenz, ambos, como el primero, descubiertos en buena cantidad de pesos con la Real Hacienda.

En Lima, a donde fueron a parar, no se hiso la mayor demostración sobre estas fugas, aunque hise presente al virrey la concequencia de ello, y seguí causa contra ellos; y assí la mancomunidad ha tenido que pagar por el descubrimiento de los dos primeros 8.096 pesos 2 reales, y por el tercero, Sáenz, se cubrió con la venta de unas fincas que tenía. Gordillo y Ramery, durante el tiempo que su amo governó, no sentían el descaecimiento del mineral por la livertad que usaban de sacarlo de los lugares prohibidos, el amo participaba de los provechos, pero como se les pribó de ello, luego que entré a governar se les hiso duro averse de suxetar a lo que los demás mineros. Sáens era un tahúr de los mayores que avía en Guancavelica, mantenedor de los juegos que se tenían en casa del governador; con esta ocupación no le faltava dinero a la mano. Cesó el adbitrio con mi entrada; él no cuidaba de las cosas de su oficio, y le pareció combeniente no demorarse más tiempo en donde no avía de tener la buena pasadía que antes.

N.º 20

Minerías puestas en administración

La estración de azogue se hallaba en los principios quando empesé a governar, pues se contaba entonces la semana 16 de aver empesado a correr los hornos. El mayor número de los mineros concurría con poquísimo de este metal en los almacenes respecto de otros tiempos; no tenían mineral sacado, ni dinero con qué sacarlo, aviendo consumido en las 16 semanas los 2.535 pesos que se les havían adelantado a cada uno, por imvernada y mita de Caxa con otras cantidades que extrajudicialmente avían conceguido, unas de la Caxa Real y otras de particulares; estavan quaci todos insolventes sin aver de donde echar mano para cubrir el débito, que con los gastos de ratas y desmontes subían a más de 4 mill pesos en cada uno; darles dinero de nuevo era acrecentar la deuda, poniendo el descubierto de la caxa de peor condición, no darles auxilio era recargarlos igualmente con lo que se acrecentaban los de Ratas y Desmontes de todas las semanas, y dexarlos impocibilitados de hacer el abasto de azoguez. Del crecido número de mineros que se hallavan en esta constitución, avía dos más destituidos de fincas que los demás, porque no tenían tras que caer; agregándose a esto ser su conducta mui estraviada; el uno era D. Miguel de Guisaburuaga y el otro D. Antonio Lagunes; el primero jugador y vicioso en otros desbarros menos decentes, los que avían sido causa de que huviese dicipado el caudal que se le havía dado para la minería con otras crecidas cantidades que avía conceguido de los oficiales reales y de particulares, además de ser inquieto de genio y lleno de altivez. Éste avía formado el proyecto con los demás mineros de obligarme, como recién llegado, a que abriese las arcas del rey a discreción de su desbarato, y que el modo de conceguirlo era disminuir las entradas de azogue hasta el punto, si fuese nesesario, de no hacer ninguna. El segundo de estos dos era hombre dementado, trabajador, pero sin conducta ni economía. Viendo la cosa en esta constitución y que el governador antecesor por hacer buenos los desbarros de su govierno, aceleraba estas espesies por debaxo de mano y subsitava otras igualmente perniciosas al servicio del rey, hice saver a todo el Gremio por medio del procurador D. Joseph Soldevilla, que tomaría una providencia muy seria contra el minero que no metiese en los almacenes a lo menos 2 quintales de azogue cada semana, dándoles dos de término para que lo cumpliesen; algunos procuraron corregirse pero otros no, y de este número fueron Guisaburuaga y Lagunes, el uno por llevar adelante su malignidad en el proyecto formado y el otro por inaptitud; y visto que ya era precizo hacer algún exemplar que contubiese el desorden y sirviese de escarmiento a los demás, resolví ceparar a éstos del manejo de la minería, nombrándoles administrador; uno y otro lo recistieron bastante, pero se extremó más Guisaburuaga, y haviendo por escrito pedido causales de lo executado, se le siguieron autos, de que resultó, por informes de los oficiales reales tener descubierto en la caxa 3.969 pesos 6 reales, sin incluirse las partidas de dinero que extrajudicialmente le havían dado ellos mismos; y tasados los hornos, oficinas y herramientas de travajar, importaba todo 1.059 pesos 6 reales, sin havérsele hallado otros bienes con qué poder cubrir el débito. En esta atención, y la de estarse manejando con indecible osadía, lo qual era de malísima concequencia para los demás individuos, le sentencié a ceparación total del Gremio, sin poder bolver a entrar en él, y quatro años de destierro a uno de los precidios, disponiendo que la minería se entregase a los fiadores para que dispusiesen a su adbitrio, como que éstos avían de satisfacer el descubierto, con el fin de que no tubiesen en ningún tiempo cosa que alegar en contra. La de Lagunes hise igualmente que se entregase al fiador por la propia rasón, y a vista de este exemplar se apagó aquel primer orgullo que reinava en los mineros, desvaneciéndose los proyectos insolentes con que pretendían sujetarme a quanto les dictase la voluntariedad.

Guisaburuaga salió de huída para Lima, donde se presentó al virrey; pidióseme informe sobre la causa de la sentencia dada contra él, el que hise y remití con los autos, y quando con vista de ellos se le debía aver precisado a cumplir el destierro, no se hiso demostración alguna, resultando de esta falta de castigo, bolverse a Guancavelica al cabo de un año, o poco más, a continuar los alborotos y inquietudes a que propende su genio, con tanta más livertad, que conocía la frialdad conque se toman en Lima los asumptos más serios de Guancavelica. A vista de que ni en él ni en los tres fugitivos se havía verificado ningún castigo; y assí el malversar los caudales de Su Majestad por estas partes, el burlarse de las obligaciones contraídas por un Aciento Real, el no cumplir con lo que deben en fuersa de lo estipulado, el hacer burla de las órdenes del que govierna y toda suerte de exesos son casos que no se castigan, y el pretenderlo el que está encargado de la confianzsa del rey, es hacerse aborrecible para con todos.

Entrar a governar después de un tiempo en que ha reynado la livertad y el desorden, es entrar a padecer mucho y a que no tengan lucimiento las providencias que dicta el mejor zelo. En 4 de noviembre de 1758 tomé el pezo de este manejo y 16 semanas antes avía empesado a extraerse el azogue del mineral, como queda dicho; esto fue con motivo de averse ordenado por Su Majestad que se embiasen a Nueva España hasta 5 ó 6 mill quintales, por no averse podido avilitar las minas del Almadén. D. Pablo de la Vega con particulares fines avía tenido cerrada la mina dies meses seguidos, sin dejar travajar en ella, lo que avía sido contra toda práctica; en los almacenes no avía suficiente porción de azogue aun para abasteser las caxas del Perú; en esta constitución, para dar cumplimiento al Real Orden, havía dado principio a extraerlo y quando llegué a Lima, acababa de recevir allí 2 mill quintales para Nueva España, que era el que avía conseguido asta entonces. El virrey me insinuó ser precizo dar cumplimiento por lo menos asta 5 mil que contenía el orden, sin saver el estado en que se hallavan las cosas en Guancavelica. Luego que llegué reconocí que en los almacenes sólo avía 1.027 quintales, 83 libras 10 onzas, pero que todas las cajas del reyno no tenían mas que el preciso hasta fin de abril de 1759, y que el tiempo estava mui adelantado para embiarles el repuesto del año siguiente. Los mineros por una parte pretendían cesar en la extracción para sacar mineral que llaman invernada, por otra repugnaban grandemente las remiciones a Nueva España fundándose en que su obligación por lo contratado en el aciento, se reducía a abasteser el Perú, y que experimentando pérdida conocida en ello, se acrecentaba ésta mucho más con las remisiones a Nueva España, que eran fuera de lo estipulado.

En 17 de marzo de 59 me avisó el virrey aver tenido nueva Orden de Su Majestad para continuar las remiciones a Nueva España, y aunque para entonces tenía yo hechas algunas a las caxas del reyno, faltaba bastante para completarlas. En esta constitución hise Junta General del Gremio, como queda dicho, donde trato del aumento de los socorros ordinarios, y después de averles significado lo mexor que me fue posible la obligación que tenían de servir a Su Majestad en los ministerios de su exercicio, en todas las partes donde lo pidiese la urgencia, cerré mi oración diciéndoles que si repugnavan una cosa tan justa me pondrían en la precición de establecer una fundición como ellos llaman por quenta de Su Majestad, para apromptar el azogue necesario para el Reino de Nueva España, porque los órdenes del soberano, que se me comunicaban a mí, se avían de cumplir de un modo o de otro, y que siendo la mina de Su Majestad, no debían estrañar que las labores que se descubriesen de mejor ley las aplicase a este asumto sin concedérselas a ellos, pero por el contrario, si se hacían cargo de exforsar la extracción de modo que se pudiesen remitir los quintales pedidos a Nueva España, les ayudaría con quantos auxilios pendiesen de mis facultades, y si les paresía combeniente se aumentarían los hornos que corrían por quenta de la mancomunidad hasta el número de 20, porque hasta entonces no heran mas que 6 u 8 los que corrían. La amenasa de verse privados de las labores más sobresalientes y la oferta de ayudarlos, los alentó, deponiendo la idea de que no estavan obligados a perder en los azogues que se remitiesen a Nueva España; y por este medio, el del aumento de los Socorros ordinarios de que queda hecha mención, el de franquearles caudales por quenta de alcances y el de haver aumentado los hornos de la mancomunidad hasta 16, se conciguió poder embiar desde 18 de julio hasta 3 de octubre 2.000 quintales para aquel destino, reduciéndose a esta cortedad los 5.000 que el Gremio ofreció apromptar; y es de suponer que mill de ellos se abastesieron por los 16 hornos de la mancomunidad con título de fundición del rey, sin cuyo auxilio huviera cido imposible dar cumplimiento. De esta remición di quenta a Su Majestad con fecha 5 de septiembre de 1759, y con la de 20 de septiembre de 60 me respondió el ministerio manifestándome averse dado el real agrado por bien servido de las diligencias que practiqué en desempeño de este encargo, y avisándome al mismo tiempo que las minas del Almadén se hallaban más pingües que nunca se avían visto y no ser ya necesario hacer más remición a aquel reyno, cuya noticia fue para mí del mayor gusto, particularmente por mirar caso imposible el reperir las remiciones; pues, como queda visto, desde entonses acá ha sido escasamente el azogue, que se ha sacado, el preciso para el consumo de las caxas del Perú.

N.º 22

De los gastos que llaman ratas y desmontes

Las obras que se hacen en la mina, según queda dicho, se costean por el Gremio de Mineros, y se les da el nombre de ratas y desmontes, consistiendo en los materiales que se consumen en los travajadores y albañiles que las fabrican, y en los salarios de veedores, sobrestantes de mina y de materiales. Éste es otro asumpto en donde la mordacidad de los mineros se desata contra el que govierna, y olvidándose de ser artículo expreso del aciento averla de mantener con toda firmesa, corriente en todas sus partes y libre de ruinas o de peligros, no menos que el ser ellos los que ocasionan todos los gastos, es suprimir diligencia los sábados, informarse de los que han importado los de la semana, para hacer corrinchos en la plasa y en otros parajes públicos en que llenan de oprobios al governador; siendo assí que no tiene en esto más parte ni más interés que el de no permitir que se arruine, lo qual es para provecho de ellos; siendo de advertir que al paso que ai estos excesos tan intolerables por rasón de los gastos de las obras, ay otros iguales diariamente, quando a cada uno que lo pide no se le destina albañil y jente para avilitar las calles y labores que ellos mismos descomponen, o para abrirles nuevas calles por los parajes que eligen, pues, como queda dicho, con el fin de buscar labores ocultas, que en la realidad son estrivos, es una continua faena la de destrosar los reparos y empotrados que están hechos y bolverlos a reedificar después de visto el desengaño; no se puede explicar lo que profieren de oprobios y de vituperios contra el governador con motivo de estos gastos, cuya cantaleta se repite todas las semanas con igual tezón, siendo así que los matheriales se reciven en público por los sobrestantes que el Gremio nombra, y que para esto y para las listas de la gente cada minero lo puede ser, por formarse a las puertas de la mina, a vista de quantos allí concurren; pero ellos no necesitan de más fundamento que su capricho y la sinrasón de que están poseídos para prorrumpir en livertades, sin que haiga havido exemplar, a lo menos en mi govierno, de que hagan denuncia, aun contra aquellos mismos que sospechan hacerles fraude, porque el ejecutarlo les perjudicaría mucho para el travajo de dentro de la mina en lo que les es prohivido. Lo que importan estos gastos se adelanta por la Caxa Real y el pagamento se practica los domingos, en presencia del governador, por los procuradores del Gremio, concurriendo los veedores, sobrestantes de mina y de materiales. La práctica antigua hera hacerse este pagamento en la Caxa Real con asistencia también de los oficiales reales, y se executaba los domingos en la tarde; todo era penoso, assí por la hora como por la rigides del clima, que en unos tiempos, por las continuas lluvias, y en otros por los yelos, todo el año es desapacible, y como los procuradores del Gremio reciben este dinero en virtud de poderes que tienen de todo él, con el cargo de reintegrarlo al ajuste de quentas general, para cuyo efecto va quedando en la caxa 27 pesos 40/100 por cada quintal de azogue, es superflua la asistencia de los oficiales reales, que no son parte en ello, y la del governador sólo sirve para que se le pague a cada uno lo que le pertenece, sin hacerle agravio, y para evitar que se ponga en las relaciones más de lo que importa el gasto. D. Pablo de la Vega entabló que se hiciese en su casa este pagamento, y aun assí asistió muy pocas veces a él; yo he continuado la práctica de que se haga en la mía, determinando que se execute desde las 10 ½ hasta las 12 ½, cuya hora es más cómoda que la de la tarde.

N.º 23
Mitas de Cotabambas y Oropesas

De todas las provincias que mitan a Guancavelica sólo las de Cotabambas y Oropesas travaxan en la mina, según queda dicho; éstos al tiempo que llegan se les pasa lista en presencia del governador y de los procuradores del Gremio, para ver si está completo el número y si la jente que viene es de recivo; después suben a la mina y buelven a pasársela los veedores con el sobrestante de materiales para formar el libro en donde se les apunta los días que travajan; a cada uno de éstos se les da por vía de Socorro un peso cada domingo, y cumplido el tiempo de los 6 meses se les forma la quenta total y se les paga el alcance que tienen en precencia del governador, en la misma conformidad que al resto de la jente, se hace en los domingos. De estos Cotabambas se señalan 3, que llaman capitanes, para el servicio de la casa del governador y uno para la Caxa Real, siendo obsequio muy antiquado, que en ello hace el Gremio.

N.º 24

DE LOS DESPACHOS DE AZOGUE A LAS CAXAS, Y DE LOS ACENTISTAS GENERALES

Los despachos de azogue para las Caxas deben hacerse desde noviembre hasta febrero, según la mayor distancia en que están de Guancavelica, para que antes de fines de abril lleguen las primeras partidas; no es necesario que toda la cantidad salga a estar allá en aquel término, bastando que tengan en suficiente para empesar el año, y que después vayan recibiendo las demás, sin que les llegue a escacear. En mi govierno todo el año se ha estado despachando, porque no haviéndose podido hacer repuesto, ha sido preciso a medida que se ha ido receviendo en los almacenes, hacer las remiciones. La costumbre era firmar el governador en noviembre los libramientos por entero de lo que se avía de despachar a cada caxa, y los oficiales reales iban haciendo las remiciones hasta completarlos. Esto traía mucha confución, porque después de tiempo se dudaba lo que realmente les faltaba, aun con la circunstancia de firmar recibos los acentistas que están encargados en conducirlos, de las porciones que se les entregaban, procedido de que en el camino havía trueques llevando a unas caxas lo que se despachaba para otras. Yo hice reforma de este mal orden, no firmando los libramientos sino es al tiempo de salir, y de la porción de quintales que se despachan, prohibiendo al mismo tiempo a los conductores que los lleven a otras partes distintas de donde van destinados, aunque de las mismas caxas embíen a pedirlos, como ha succedido; y completado el despacho de lo que se le debe remitir a cada una, se forman los libramientos por entero, recojiendo los correspondientes que se han expedido en el corriente del año.

La condución de los azogues se hace en concequencia de un aciento celebrado con dos personas, que se encargan de ello, pagándoseles un tanto por el flete de cada quintal con atención a lo largo del viaxe que hacen a cada caxa; de modo que por el Aciento que ha corrido en mi govierno se le paga asta Chuquito 12 pesos 4 reales, y de allí a Potosí 4 y ½ pesos, y a proporción a las otras caxas; siendo de su cargo entregar en ellas la misma porción que reciben; para cuyo efecto se les tiene señalado un tanto por 100 de refacción, también con respecto a las distancias. El governador no tiene que hacer con estos acentistas sino es mandarles sacar el azogue quando es tiempo y que se les paguen los fletes que devengan, después de haverlos dexado en su destino y conducido el importe del que se vendió en el año antecedente.

N.º 25

Modo de hacer constar por los acentistas aver enterado el azogue en las respectivas caxas

D. Pablo de la Vega providenció que los acentistas conductores del azogue, que llaman del trajín, hiciesen constar aver cumplido la entrega de los que se les mandan conducir en las caxas a donde se destinan, precentando certificaciones de los oficiales reales, pero no lo pudo conceguir, porque éstos, para hacer con los azogues que recevían sus enguages y trampas, no havía forma de que se las diesen, y no se podía venir en conocimiento de las faltas que avía avido. Yo puse empeño en que se observase y a exfuersos de repetir órdenes y ocurrir al virrey para que las exforsase, he logrado, después de 3 años de afanes, que las den; siendo instrumento preciso para poder pagar los fletes con seguridad; pero estoy persuadido que al menor descuido que aiga de parte del que govierna bolverá a viciarse este réximen, por tenerles quenta a los oficiales reales que en Guancavelica no se sepa asta el cavo de un año, que es quando embían las cartas quentas, la forma y el tiempo en que se han hecho los enteros.

N.º 26

Pagamentos de fletes del azogue y socorros que se le han adelantado al acentista general

No todos los flettes del azogue que su conductor devenga se le satisfacen en Guancavelica; esto es según lo estipulado. Los correspondientes a unas caxas los percibe en ellas, como succede con la de Potosí, y los de otras en Guancavelica, de cuya clace es la de Oruro; y aunque lo combenido es que luego que entregue los azogues reciva el flete, o a su buelta, haciéndolo constar, como no siempre las caxas tienen dinero prompto de este ramo, lo que se practica es quando llegan, recibir a quenta lo que nesecitan; y al tiempo que se entregan de las cartas quentas del año antecedente, perciben lo que se les resta. Esto mismo se observa en Guancavelica, pero aviéndome representado los acentistas en el año de 59 ser grandes los desembolsos que hacen para sacar los azogues y no aver caudal suficiente para soportarlos, les concedí que por cada 100 quintales de los que llevan a Chucuito, Carangas, Oruro y Potosí se les adelante, por vía de auxilio, 500 pesos, y quando se reciven los caudales de las cartas quentas perciben en cada año lo que les resulta de alcance a su favor; de suerte que este Socorro es adelantarles de pocos meses una parte de lo que tienen que percebir. El aciento para esta condución de azogues se celebra con el virrey, y quando más hace informe el governador sobre las proporciones que precentan los que pretenden entrar en él; por el actual aciento, es beneficio que hacen a Su Majestad conducir los thesoros de Potosí, Chucuito, Caylloma hasta Guancavelica, de Oruro y de Carangas desde el mismo Chucuito, sin que se les pague cosa alguna por los fletes, y también los pertenecientes a otros ramos de las mismas caxas.

N.º 27

Badanas y cordeles para la condución de azogue

Las vadanas en que se pone el azogue para transportarlo y el cordel con que éstas se ligan se abastece de Lima. Los acentistas generales del traxín tienen cuidado de avisar al governador quando es tiempo, y éste al virrey, pidiéndole la porción de uno y de otro que es necesario, quien manda a los oficiales reales de aquellas caxas, que aprompten lo que se ha pedido, y en las mismas requas del azogue, quando van a Lima, se conduce a Guancavelica. Para esta provición hay otro aciento con los que las fabrican, y aunque pertenecía celebrarse con el superintendente como cosa correspondiente a su manejo, los virreyes en estos tiempos se lo han agregado a sí, como todo aquello que puede interesar a los sirvientes de su palacio.

N.º 28

La pólvora para sacar el mineral

Aunque de los asumptos pertenecientes al Gremio de Mineros pasé a explicar lo perteneciente a azogues y conductores de ellos, no es distinto del asumpto la pólvora como material preciso para sacar el mineral de azogue; éste se fabrica en mucha parte en Guancavelica y su precio regular son 3 reales ó 3 y ½ la libra. El salitre se extrae de varios parajes dentro de la provincia de los Angaraes y en sus immediaciones, de lo qual hay minerales entre peñasquería escabrosa, donde se descubren entierros de la gentilidad. El año que empesé a governar, que fue por todos modos de calamidades, hubo tanta escasés de ella que subió su previo hasta 8 reales, siendo el más bajo de 6 a 7, y aun sobre este pie no se conceguía toda la que era necesaria, llegando a succeder aver sido preciso que algunos de los mineros sesasen por algunos días en el travajo; el Gremio me clamó lo que no es ponderable, sobre que hiciese conducir alguna porción de Lima por quenta suya, y aviendo combenido en ello, encargué que se remitiesen 18 mil livras; luego que empezó a llegar abarató la del payz. La de Lima es de más actividad que ésta otra, y puesta en Guancavelica tenía de costo 4 reales ó 4 ½. En el año de 60 y en el de 61 se hizo parte del abasto con nuevas porciones conducidas assimismo de Lima, pero este beneficio tuvo el agradecimiento que todos los que se hacen por los mineros, porque después de aver recivido cada uno la que necesitó, hubo mill dificultades para que pagasen su importe, que se havía adelantado de los caudales del ramo de azoguez, y haviendo corrido la compra, distribución y cobransa por dos de ellos mismos, era lo menos que decían tener yo un crecido interés en ella, siendo de suponer que antes de tomar esta resolución se me avía precentado todo el Gremio pidiéndome que hiciese embargar una porción que entre quatro de sus compañeros avían hecho traer de Lima y la huvieron de pagar a 5 y a 6 reales, que era el costo que dixeron averles tenido, pero quando a instancias suyas se dispuso que viniese haciéndoles el beneficio de que no desembolsasen el dinero de pronto, entonses prorrumpieron en las livertades que acostumbran porque se les recombenía sobre la paga; así sólo el primer año participaron de ella todos; en los dos siguientes se trajo sólo por quenta de ocho o dies indibiduos más rasonables por conocer el beneficio, y entonces, por el contrario, quedaron embidiosos los demás, profiriendo otras tantas desvergüensas por no havérseles dado parte; con que en jente de este jaez no ai medio, siendo al mismo tiempo de advertir que si por falta de materiales se suspende el travajo en la mina blasfeman contra el governador, como si fuese de su incumbencia abastecerlos; y si proporciona los medios de que no escaceen, ni que lebanten de precio, luego tiene interés. Es jente tan desarreglada y insoportable que varios, de los que en el primer año participaron de ella, apenas la recibieron quando la bolvieron a vender a 2 ½ reales a otros compañeros, y a dinero de contado y después la compravan a los mismos a 6 reales, de fiado, en pequeñas porciones, según lo que necesitavan para el gasto de la semana; assí lo más prudente en el que govierne es no intervenir en estos asumptos, aunque los vea con la mayor necesidad porque siempre que les haga beneficio a de experimentar maledicencias y lo ha de padecer su estimación.

N.º 29

De los fraudes que se hacen con el azogue

En los tiempos antiguos se hacían bastantes fraudes con los azogues, vendiéndolos los mineros de Guancavelica a los mineros de Plata que los iban a comprar; esto procedía de que en la Caxa Real no estava prompto el dinero para darles el equivalente al tiempo de llevarlo, no se les dava adelantado lo que aora se les subministra con título de socorros de invernada y mita de Caxa, desde que se estableció esto, que fue en el govierno del marqués de Casa Concha, cesó la extracción fraudulenta; pero no ha cesado otro fraude, que ha sido de todos tiempos, y conciste el venderlo a particulares en Guancavelica, según queda prebenido en otra parte, de modo que aviéndolo de dar por menos previo de lo que el rey lo paga; llevan en ello las ventajas de recevir, después que se hizo gracia del quinto, 60 pesos en lugar de los 50 que se les dan en la caja de contado, de trampear lo que deben en la Caja Real, y no llegando a verificarse el tener alcances, reducir a droga los empeños que avían contraído con los acreedores antes de entrar en el exercicio. Bajo de esta supoción, si es a Juan a el que deben, van a venderlo a Pedro para que no se verifique el pagar.

En el govierno de don Pablo de la Vega tuvo este desorden su mayor balimiento, porque el governador, como queda dicho, era el primero que incurría en él; los oficiales reales no se quedaban atrás y, a vista de este exemplo incurrían sin escrúpulo, de aquí provino que cerrada la fundición, como dicen, que es sesar en el travaxo de sacarlo, quedaron los mineros adeudados con el rey, y debiendo aver pagado estos descubiertos la mancomunidad, no se practicó así y en su lugar se propuso el medio que nunca se ha visto, de que firmasen vales los deudores a favor del rey. Estos débitos, que pasaban de 49.000 pesos, se han estado cobrando en mi tiempo a exfuersos de mi cuidado, y de experimentar de los mineros los mayores desabrimientos; porque éstos, luego que pasa el tiempo preciso en que debieron efectuar la paga, no cuentan por de obligación el satisfacerla. El caso es que estando pringado en este fraude el gobernador, temía, con rasón, que al querer precisar al gremio por mancomunidad, a que pagase los descubiertos de sus individuos, avían de repugnarlo, defendiéndose con decir que el descubierto procedía de los azoguez que él havía comprado, que era descubrir su fraude; los oficiales reales no se atrevían tampoco a pedir que se cubriese el débito con Su Magestad, porque estaban manchados en el delito; y assí quedó echo un emplasto, siendo la Real Hacienda la que padecía. Yo prohibí, por auto de 23 de noviembre de 1758 la venta del azogue a todo genero de personas, y aunque los que estavan acostumbrados a este abuzo pretendían serles lícito continuarlo por ser paga que se les hacía de dinero que adelantaban a los mineros, llevé adelante la prohibición, celando quanto me ha sido posible, pero no ha sido capás extinguirlo en el todo, particularmente quando la venta es entre mineros, por ser inaveriguable. En esta forma no es tan pernicioso como cuando se mesclan otros que están fuera del gremio, porque el azogue va a dar a los almacenes reales, sea por una mano o por otra; y al fin el descubierto que queda contra la Real Hacienda por aquellos que lo venden, lo pagan los que lo compran como parte que son de la mancomunidad. Yo en todas las Juntas generales de elección de procuradores les he advertido la obligación que tienen de denunciar a los que venden y a los que compran el azogue, y que esto cede en perjuicio de todos por lo que han de desembolsar al asjuste de quentas los unos, por lo que quedan en descubierto, pero no se ha verificado que una sola vez me hayan dado noticia, sin ignorar que corre el desorden entre ellos, pero como a lo que el governador debe atender es a que el rey no quede en descubierto por los suplementos que se hacen, y a que todo el azogue se lleve a los almacenes, sin estraviarse ninguno en Guancavelica; lo demás es interés de los mismos mineros el celarlo, y si el que govierna intentare hacerlo de oficio, sería suficiente motivo para que conspirasen contra él hasta aquellos que no tienen parte en las compras y ventas. No faltarán mineros que le propongan al que govierna y a sus dependientes que se mescle en este manexo, citándole exemplares de los antecesores que lo han hecho y diciéndole ser el medio de adelantar el caudal. De ésta y de otras semexantes propuestas debe huir mucho, aunque sea con el aparente pretexto de hacerles bien, porque a la circunstancia de ser prohibido, y malo por sí, trae perniciosas concequencias, y una de éstas es que los mineros no desean más que ver manchada la conducta del governador en manexo de azoguez o de mina, para tener abierto el campo a executar sus maldades. En esta supocición, las incinuaciones que se hacen con semblante de desear los acrecentamientos del caudal por las personas que están más allegadas y paresen más sinceras, ban siempre embueltas con la malicia, tirando a tener motivos de usar ellos de toda libertad.

N.º 30

Sobre la extracción del azogue, acientos de fundir, hornos y paja

Llaman acientos los lugares donde cada minero tiene sus hornos; no hay regla fija sobre el número de los que mantienen porque esto es según sus posibles; ai quien tiene solo dos, otros quatro y otros seis. En lo pasado se les limitaban a no poder hacer la destilación mas que en dos, y se obserbaba gran formalidad en las medidas para que no fuesen de más cavida unos que otros; al presente, y durante todo mi govierno, se les insta para que mantengan quantos puedan. Ante corría el travajo de hornos solo un año, y con el azogue que daban havía suficiente para el abasto de tres; al presente va muy cerca de cumplirse el quinto año y apenas se concigue, como queda dicho, el mui preciso; por esto no se verifica cerrarse la fundición, que hera parar la destilación del asogue y empesar a travajar en sacar mineral para tener buen repuesto quando se bolviese a destilar. El fuego de estos hornos se hace con cierta paja que se cría en las montañas de la Puna, la qual llaman Ycho; y en ésta con la continuación del consumo en estos últimos 5 años, se halla tan apurada que es preciso traerla de lexos, hasta de 5 y 6 leguas de Guancavelica.

Aunque otros tiempos tenía el governador la obligación de vicitar los acientos para reconocer el mineral que se iba juntando en ellos y hacer tanteo del número de cajones que tenía cada minero, ya ha cesado este cuidado en fuersa de no haver imbernada, ni más canttidad del que el que se conduce en el día para cargar los hornos.

Guancavelica y febrero 28 de 1763.
[firmado y rubricado: Antonio de Ulloa]

RELACIÓN DE GOVIERNO DEL CAPITÁN DE NAVÍO DE LA REAL ARMADA DON ANTONIO DE ULLOA EN LA VILLA DE GUANCAVELICA

TERCER PUNTO POR LO PERTENECIENTE A SU CAXA REAL, Y LAS DEMÁS DEL REINO, DONDE SE HACE CONZUMO DE AZOGUE DESDE 4 DE NOVIEMBRE DE 1758 HASTA 7 DE MARZO DE 1763

La Caxa Real de Guancavelica, siendo el depócito general de los azoguez y del thesoro que producen, es la principal de este ramo en todo el reyno; en ella se almacenan los azogues que el gremio de mineros va sacando, se lleva con cada uno una quenta particular; de ella se hacen los despachos a todas las Cajas y se recibe el dinero que produce su venta, llevando otra quenta formal con cada una. Este manejo, que es bien basto, pedía una oficina particular que no entendiese en otra cosa que en lo perteneciente a azogues, pero desde la antigüedad a corrido así, y aunque se perciben bastantemente los perjuicios de esta falta, nunca se ha adbitrado en mudar de sixthema, de modo que dos hombres, que son los oficiales reales, han de manejar los varios ramos de la Caxa y el de azogues que da más que hacer que todos los otros juntos, de que resulta que quando se pide alguna rasón, no la saben dar y las quentas de las Caxas están en tal grado de confución que no es fácil conceguir las noticias que se decean quando se necesitan. Yo he logrado tenerlas de lo perteneciente a mi tiempo, pero ha sido tomando un travajo que no sé si en mi lugar lo hará otro, concistiendo en llebar en particular toda la quenta de azoguez y dinero de lo que entra y sale de las otras Caxas por la rasón que dan de sus cartas-quentas; pero antes de este tiempo es un conjunto de materias donde no se descubre otra cosa que confución; además de esto, el superintendente, que es el jefe de esta oficina por lo perteneciente a azogues, pocas veces a cuidado de que esté arreglada y con esta libertad, han sido los oficiales reales despóticos para manejarla a su livertad.

N.º 1
Sobre el recibo de Azoguez en la Caxa Real

En todos los goviernos ha sido entable recivirse los azogues en la Caxa Real los lunes, según queda dicho en el segundo Punto de Govierno, pagar los socorros correspondientes a él el martes y formar una planilla de uno y otro, que se le lleba al governador. En esto ha havido dos fraudes mui corrientes; el uno ha sido ponerles a los mineros el azogue que en la realidad no han entrado; el otro llenarle el socorro de dinero con la cantidad que no debía percebir, porque no haviendo entrado azogue, no le pertenecía socorro, y después a la larga quedaban cubiertas estas dos cantidades con el azogue que los oficiales reales compraban por afuera; o con el que el mismo minero entraba en otras semanas más del que se les apuntaba. Esta suerte de trampas es innebitable y aunque quando las percibí mandé que las planillas viniesen firmadas, no creo que del todo aigan cesado; no son de concequencia, toda la vez que se reponga lo que se supone en una semana, en otra. En mi tiempo ha sido regular al baciarse los almacenes, encontrarse de más y no de menos, lo qual procede de que los oficiales reales compran extraviadamente algunos quintales. Esto les está prohivido, particularmente quando lo hacen con dinero del Rey y aunque se ha corregido, es impocible evitar que lo hagan con su propio caudal, por no ser posible averiguarlo.

N.º 2
Remiciones de azogue a las Caxas, y ventas de él en Guancavelica

Las remiciones de azogues se hacen entregándole a los acentistas generales del trajín el que a de conducir a las Cajas; para esto lo recibe pesado y es de su cargo mandarlo poner en las vadanas y atarlo, que también se le entregan por los oficiales reales dándole refacción así como del azogue, de las vadanas.

Los mineros de plata del distrito de Guancavelica vienen a comprarlo a la Caxa, y en esto havía gran desorden, cometiéndose toda suerte de fraudes, porque los oficiales reales se los daban sin recibir el dinero de contado, ni tomar seguridades para la paga, de que resultavan muchos débitos, como los encontré quando empesé a governar, pues sólo don

Miguel Nuño Núñez de Villavicencio, que tenía minas en Lucanas, heran de 38.894 pesos los que estaba debiendo, con otros varios de menores cantidades. El fraude se cometía de distintos modos; a unos se les daba en la forma que queda dicho; a otros se hacía de aquél que los oficiales reales compravan en su particular; si lo pagaban, los que lo recibían no se apuntaba en los libros y venia a perder el Rey en él lo que importava el quinto, y las demás cargas que se le agregan que montan 6 pesos 3 ¾ reales y con 15 pesos del quinto hacen 21 pesos 3 ¾ reales. Quando no lo pagaban se hacía aciento de él en los libros; percebíase su importe de la Caxa y quedaba el descubierto para el Rey. Este fraude se cortó mandando que no se diese azogue alguno sin libramiento mío, y que quando no lo pagasen de contado havía de ser o sobre prendas que asegurasen su valor o con fiansa abonada, y de qualquier modo, a pagarse en el término de 6 meses; el qual cumplido, o el fiador pagaría o se vende las prendas. Con esto han cesado los débitos y se distribuye entre los que lo necesitan con regularidad.

N.º 3

Del manejo de dinero en la Caxa de Guancavelica

Haviendo dicho en los dos puntos antecedentes que todo lo perteneciente a govierno y superintendencia de azoguez corría baxo de unas mismas líneas de desorden, parece que todo está dicho, pero es combeniente explicar en cada asumpto los modos en que este desarreglo se hacía.

Para el asumpto de decir el méthodo con que se manejaba el dinero, acentare antes que la Caxa Real quando empesé a governar, se habría mui pocas horas del día, y esto era de las 11 a las 12 en aquéllos que havía que recibir azogues o que despacharlo, o que se recebía dinero o se hacían pagamentos, que el contador, que interinariamente servía esta plasa, don Francisco Izidoro Fernandes de Texada, nunca asistía, porque padeciendo de mal de gota, no se hallaba en dispocición de ello; los papeles de contaduría sin orden ni concierto; unos estaban en su casa en montón y otros en la Caja Real sin coordinación; los enteros se le hacían unos al thesorero y otros al contador, sin acentarse las partidas. Aquél que recebía daba un recibo simple á la parte que entregaba de cuyo desgreño se han seguido no pocas concequencias bien sencibles;

los libros reales estavan en blanco, de tal modo que los pertenecientes a azoguez y caudales de este ramo se empesaron a llenar a exfuerzos de mis instancias ocho meses después de haver estado en el govierno, y comprehendían desde 4 años antes de mi entrada. De este descuido puede conjeturarse de qué forma andaría todo, pues succedió que haviendo preguntado por la rasón de una partida de más de 100 mill pesos que el virrey avía embiado por suplemento al ramo de azogues en el govierno antecedente, no se encontró otras más que unos números con varias enmiendas puestos en un pedaso de sobrescrito de carta, sin fecha ni otra ninguna circunstancia.

Los caudales pertenecientes a azoguez estavan mesclados con los de los demás ramos y de ningunos de ellos se podía averiguar lo que havía en líquido. Las cartas-quentas llegaban en dinero y el acentista que las conducía, hacía descargar en su casa estas crecidas sumas, disponiendo de ellas a su adbitrio, y los oficiales reales libravan contra él unas veces bervalmente y otras por cedulitas; las varras de plata se llevavan a Lima a cambiar y el governador, los oficiales reales y el mismo que las conducía, disponían del producto a su voluntad; cuyas memorias subsisten en algunos restos de débitos que a la hora de ésta no se han podido cobrar.

Baxo que esta resumida noticia diré que los oficiales reales disponen del caudal del Rey a su fantacía, dando suplementos a los mineros quando querían y les combenía, unas veces en virtud de horden verbal del governador; otras por autoridad propia; esto se hacía con la condición de que el importe que se suplía se havía de volver en azogue a un precio inferior al que el Rey lo pagaba, y para no correr riesgo en ello, otorgaban los mineros vales simples a favor de su Majestad. En esta forma el oficial real tenía el provecho del precio a que compraba el azogue, y quando el minero no daba cumplimiento a todo el azogue que correspondía al dinero que iba recibiendo, resultaba el descubierto contra su Majestad. De este desorden ha procedido otra parte de los débitos que encontré. El governador ignoraba lo que salía y entraba en la Caxa y el caudal que havía existente; todo esto tubo reforma desde que tomé el cuidado del govierno. Primeramente mandé que los caudales de cartas quentas de qualquier ramo que fuesen, entracen en derechura a la Caxa Real y que en ella se descargasen; que no hubiese papeles ni manejo fuera de la oficina que el Rey tiene para este fin; que se abriese a las 8 de la mañana la Caxa y a la 3 de la tarde y se cerrase a las 12 del día y a la oración; que no saliese cantidad alguna, a excepción de los socorros ordinarios de los mineros, sin libramiento formal mío, y que los días martes de la semana, se me diese quenta en planilla ceparada, de las cantidades de dinero que se hubiesen pagado en la semana anterior y de las que se hubiesen recevido, quitándoles con esta providencia a los oficiales reales, toda acción en un caudal que se les depocita para que lo custodien no para que dispongan de él en beneficio propio y perjuicio del Rey.

N.° 4
Que los desórdenes antecedentes fueron causa de no entregárseme la Caxa Real

Si se hace entrega de la mina de un governador a otro, para que vea lo que recibe el que entra, no debe hacerse menos de la Caxa Real, por ser en donde está el thesoro de caudales y de azoguez, para que conosca el pie con que entra; mi antecesor no se embarazó en ello porque le combenía que estubiesen ocultos por algún tiempo sus irregularidades, como que a la primera diligencia se havía de descubrir ser él mismo el dicipador de la Hacienda Real y que en una sola cantidad devía 29.597 pesos, sin traerse a concideración quasi otro tanto de vales de mineros que no se havían pagado hasta el tiempo en que dexó el govierno, y heran igualmente de su cargo que los libros estaban en blanco de todo el tiempo que havía governado, que los caudales de las cartas-quentas de aquel año, que debían servir para mantener los gastos del siguiente, se hallaban tan disminuidos, que lo que havía en la Caxa athesorado, con lo que faltaba que entrar todavía, componía sólo 231.784 pesos 2 ¾ reales, siendo así que se necesitaban por la parte más corta 450 mill quando el repuesto de azogues era sólo de 1.027 quintales 83 libras 10 onzas, quando para el abasto se requerían de 5 a 6 mill quintales, y que el tiempo estaba ya tan adelantado, que se retardaba la salida de las primeras partidas; que los débitos de azogue fiado y no cobrado, componían una suma de más de 150 mil pesos; que no se havía actuado diligencia alguna para recaudarlas. Estos eran más que suficientes motivos para no hacerme entrega de la Caxa, y así se puso grande estudio en no darme noticia de nada hasta que la necesidad me fue instruyendo en ello. Entonces fue quando vine en conocimiento del misterio que havía havido para esta obmición; y entonces fue quando empesé a expedir órdenes para que se procediese contra los deudores, interesándome con dos vecinos acomodados a fin de que afiansasen al Rey el descubierto en que estaba el mismo don Pablo de la Vega; y quando dispuse las que me parecieron necesarias para cortar los abusos que se havían introducido. Espero que mi succesor no tendrá que travaxar ni que padeser por lo que toca al tiempo en que e governado, como a mí me ha succedido, aunque no dexará de encontrar todavía algunos cortos restos que recaudar el que fue tan desmedido en irregularidades.

N.º 5

Del modo de administrar los caudales en socorros extraordinarios

Como el gremio de mineros se hallaba en el principio de mi govierno en el descaecimiento que dije en el segundo punto de esta Relación, y que era precizo sostenerlo con cantidades de dinero, el méthodo que he seguido en esto, después de los primeros socorros generales que comprehendieron a todo el gremio, unos porque tenían que haver de alcances y otros porque los fiaron aquellos, a sido que se presenten por escrito y en fuersa de esta instancia, mandar que los oficiales reales informen sobre el estado de la quenta del sujeto, con lo que de este informe resulta, les he mandado librar, no siempre todo lo que pedían, sino es con proporción a los alcances que han tenido y a los fondos que ha havido en la Caja Real; pero quando de la quenta formada por los oficiales reales no ha resultado ninguna cantidad a favor del minero que pide, he hecho citar al fiador, o fiadores que tiene dados, para que éstos digan si les combiene que al que fían se le de adelante auxilio de dinero; y quando el fiador se ha hallado tan destituido como el confiado, he mandado que dé éste nueva fiansa por la cantidad que solicita, o que hipoteque a la paga de ella en azogue, cosa equivalente, cuyo medio a sido el que a facilitado que continúe el travajo de la mina sin descaecimiento; y también que los mineros sean socorridos sin que los oficiales reales lo hagan por sí, baliéndose por sus intereses particulares de los caudales que se les tienen encomendados.

N.º 6
Visitas de Caxa

Ignoro si en los anteriores goviernos ha sido práctica vicitar la Caxa Real con regularidad, y aunque se haya hecho, havrá sido esta diligencia de poco provecho, quando el que govierna no sabe con certidumbre todas las semanas el caudal que ha entrado y salido, y el que debe haver. Yo desde el primer año entablé hacer vicita el día 3 de noviembre, por ser en el que se cumple el año de govierno, formando balance de la Caxa para venir en conocimiento de su estado. Además de esto, luego que se cumplió el tercer año, que fue en 3 de noviembre de 1761, mandé que se formase una quenta general del tiempo que iba corrido, assí por lo tocante a azogues como a dinero; en ella se reconoció una falta de 3.419 pesos 5 reales y de un quintal, 40 libras de azogue, que se les mandó reponer a los oficiales reales. En 3 de noviembre de 1762 mandé formar la quenta del quarto año, y aunque se hizo, pasaban de 10 mill pessos los que resultaban de menos solo en este año, pero haviéndome pedido el thesorero que le diese tiempo para volverla a reconocer y ver si encontraba de dónde procedía, se la debolví y hasta la ora de hacer esta Relación, no ha sido pocible puntualisarla ni descubrir de dónde viene la falta, bien que se sospecha proceder de la quenta de los 3 años antecedentes, que fue formada por el contador interino don Juan de Sierra, hombre de malos procederes, de sobrada malicia y que trataba con un compañero, el thesorero don Domingo de Echaveguren, de sana intención, sin dexar de correr en punto de intereses por los adbitrios que todos; demaciadamente confiado y sin inteligencia en quentas de Caxa, de suerte que este descubierto no se sabe todavía en qué quedará.

N.º 7
De los oficiales reales de Guancavelica y del modo cómo me e manejado con ellos

Así como los mineros probocan al que govierna a que lisonjeado del interés incurra en los deslices de fraudes en la compra de azogue y en aprovechar para sí o para los suyos, los minerales sobresalientes de la mina, sin reparar de los parajes de dónde se han de sacar, porque con esto se les abre la puerta para executar ellos aun mayores desórdenes, los oficiales reales no quieren otra cosa sino es que el governador se pringue en los intereses del Rey para tener a su salvo el manejo, sin que les resulte cargo. A esto mira el obsequio que le hacen el día después de su santo, de venir a recojer los vales del regalo que le hacen los mineros y el embiarle todo su importe en dinero, sin embarasarse en que se satisfaga el azogue o no, pero este tropieso salvado en el primer año, con no admitir lo que llaman obsequio, y renunciar al interés, está evitado para los años siguientes.

Desde el punto que llegué a Lima, pasó el apoderado que tienen allí los oficiales a ofrecerme con grande instancia los caudales del Rey, que tenía en su poder en la ocasión; y luego que entré en Guancavelica lo practicaron en la misma forma los oficiales reales, suponiendo para ello unos y otros que no dexaría de tener empeños que pagar y que lo podía hacer de aquellos caudales con toda confiansa. Mi respuesta no fue otra sino decirles que no tenían facultad para ofreserme los caudales del rey, ni yo la traía para usar de ellos más que en aquellos fines a que estavan destinados. Desde entonces no he usaado de los caudales de Caxa Real más que en la cantidad que importa el sueldo que el Rey me ha dado; ni lo he percevido asta después de haverse cumplido el año, quedándome livertad para celar que los otros lo hagan en la misma forma; pero como este méthodo no les deja los provechos que resultan de un manejo libre, no han estado muy conformes con él, particularmente el interino don Juan de Sierra, que siendo de mala conducta, se havía figurado adquirir gran riquesa con los manejos que havían tenido sus antecesores en compras de azogue, en hacer empréstidos a su adbitrio a los mineros y en vender el que compraba a los mineros de plata fraudulentamente, pero haviendo embarasado estos adbitrios con las providencias que di, y quedan explicadas, se le hizo mi govierno tan duro, que coligado con los demás a quien también lo hera por el mismo motivo y sostenido en Lima de uno de los contadores, don Joseph de Azofra, que tenía provechos en estos manejos, levantó mill quimeras contra mí, acusándome, como lo tienen de costumbre los malos, de que incurría en los desbarros que le prohibía a él y a los demás, que es el despique de la gente de bajos procederes quando se intenta subordinarlos a la razón. Y aunque estas denuncias denigrativas no han dejado de causarme bastantes desabrimientos, no por esso me han acobardado para retroceder en lo dispuesto sobre que se govierne el caudal que pertenece a su Majestad con regularidad, y sin que se experimente quebrantos.

Lo mismo hubiera succedido en las demás Caxas a ser posible tenerlas yo a la vista; ya queda hecho el entable, la enemiga de los que perdían las utilidades que resultaban del desorden desfogó en mí y no es de temer, para el que me succediere, que haiga de experimentar los contrastes que yo he tenido para establecerlo. Todo el éxito conciste en mantener con enteresa las reglas que quedan en práctica, y lo principal es no usar de los caudales de la Caxa Real, aunque sea para pocas horas y en cortícima cantidad, pues quando se ofrece alguna urjencia, no faltan fuera de Guancavelica suxetos de quien valerse, que es lo que yo he practicado en las pocas ocaciones que me han ocurrido.

N.º 8
De las varras de plata que se embían de las Caxas a Guancavelica por el producto del Azogue

Las Caxas, a excepción de la de Potosí, remiten a Guancavelica el importe de los azogues que venden en varras de plata; éstas para reducirlas a moneda se llevan a Lima y en la Casa de Moneda se recibe su importe. La práctica era hacer los oficiales reales estas remiciones, encargando a un apoderado de correr con la reducción; el producto que dexaba el cambio de la moneda de doble a sencilla, quedaba a beneficio de ellos, y se le cargaban al Rey los costos y gastos que se ocacionaban de ida y de buelta, sin que en ésta se verificase causar ningunos costos, pero se suponía averlos, y además pagaba su Majestad los quebrantos que sobrevenían, ya fuese por la mala fee de los que la conducían, que eran harrieros, o por algún accidente que sobrevenía en los caminos. El importe de estas varras quedaba en Lima por lo común y se iba librando contra él, a proporción de los que en Guancavelica ponían dinero en la Caxa para recivirlo allí, cuyas libransas costaban uno por ciento; assí venían a tener los oficiales tres utilidades, que eran el interés que dexaba la plata doble reducida a menuda; el uno por ciento de las libransas y el importe de los fletes de Lima a Guancavelica, que se cargava sin costearlo en el todo. Pero lo mas perjudicial hera la demora que se experimentaba en bolver a recojer en Guancavelica todo el importe de las varras, y el riesgo de ellas en el viaje que se hacía por quenta de su Majestad desde el primer año de mi govierno, haviendo succedido poco tiempo antes la quiebra de un Valdés, harriero, a quien se le havía encargado esta condución, en mas de 12 mill pesos, encargué de este cuidado a un familiar mío de confiansa y de gran seguridad, encomendándole que no desamparase las varras, que llevase quenta formal de lo que rendía el cambio de la moneda, los gastos y costos, que en todo se ocasionaban, y que sin dilación se bolviese con ella a Guancavelica; hísose así y visto que rendía lo suficiente para aorrar a su Majestad lo que antes se le cargaba de fletes, y para asegurar los riesgos del camino, quedándole una moderada ganancia al que se ocupaba en ello, mandé por auto de 27 de junio de 1761 que en adelante se le entregasen todas las de las cartas-quentas, dando fiansas de saneamiento con los acentistas generales del Real Trajín, que son las que hay de mayor seguridad por el crecido fondo de caudal que resulta a su favor cada año en los fletes de azogues, y por las que tienen dadas para que se les confíen los caudales del reyno. Assí corrió hasta marzo del año de 1762, que no pudiendo dicimular el contador Sierra que le hubiese pribado de las utilidades que havían disfrutado sus antecesores, ocurrió al nuebo virrey con tanto cúmulo de falcedades y cavilaciones, que éste, preocupado de ellas, persuadido a que el cambio de la moneda dexaba grandes adelantamientos, y sin pedirme informe ni instruirse en la reforma tan ventajosa para el Rey, que havía yo hecho, mandó que la remición de estas varras y la reducción de monedas se hiciese de quenta de su Majestad, pero no sé que desde entonses haya tenido otra cosa más que gastos, siendo digno de notarse que en las varras que ban a Lima a dispocición del virrey, y importan annualmente incomparablemente más que las de azogues; nunca se le ha bonificado a su Majestad cosa alguna por la redución de monedas, quando aquéllas no tienen una vez puestas allí, que causar costos, ni que correr riesgos en caminos peligrosos, en pasos de ríos, ni en robos en los parajes en donde las requas hacen alto, como succede con las de Guancavelica. El cambio de la moneda gruesa a sencilla no tiene más de un tiempo en que vale, que es en los dos o tres meses de la salida de los navíos para España; en este tiempo es lo regular valer 2 ½ por 100, llegando a 3 pocas veces. Antes y después de esta coyuntura es desde 6 reales hasta 1 y ½ peso por 100 pesos, como las varras no pueden llegar todas en la ocación oportuna, porque esto succede según lo más o menos distante que están las Cajas y la puntualidad con que las despachan, se experimenta que unas llegan mucho antes y otras pasada la coyuntura de los tres meses favorables en que tienen su mayor valor y vienen a salir unas con otras a 1 3/4 por ciento, con corta difierencia; de Xauja que dista a Guancavelica menos de la mitad del camino que hay a Lima, se le paga al que conduce las varras del producto de azogues 6 reales por 100 y no da fiansas de los riegos, a cuyo respeto succede con las de La Paz y del Cuzco, con que aunque el cambio de la moneda de las que se llevaban de Guancavelica a Lima y se bolvían en dinero, dexasen al que estaba encargado 3 por 100 haviendo de hacer todos los costos de su quenta y de responder de los riesgos, parece que no havía en ello exceso. En fin, desde que lo entablé se le han aorrado a su Majestad los gastos de transporte que se le cargaban, los descalabros que antes experimentaban y los retornos del dinero se han hecho sin más demora que lo que tardaban en la Casa de Moneda en la reducción. Si en adelante la quenta no saliese así será efecto de la nueva providencia del virrey, dada sin haver examinado el asumpto como se requería.

N.° 9

De las Caxas a donde se consume azogue y del que regularmente hacen

Los azoguez se destribuyen en las Caxas de Guancavelica, el Cuzco, Caylloma, Chucuito, Carangaz, La Paz, Oruro, Potosí, Jauxa, Pasco en la provincia de Tarma, Lima, Truxillo, y moderadamente en Chile; de cada una se proveen los minerales de sus distrito, y en esto ay mucha desigualdad, según el mayor número que hay de ellos; los de la pertenencia de Guancavelica apenas llegaban cada año a 50 o 60 quintales. Desde que empesé a governar han sido de 240 a 300; esta diferencia procede de los fraudes que hacían los oficiales reales, proveyendo a los mineros de plata con el que compraban con sus inteligencias, según se ha dicho, y también del que vendían los mismos mineros de azogue. Al presente están cortados uno y otro fraude, como lo acredita el acrecentamiento que ay en el consumo, porque las minas de plata no se han aumentado, antes han ido en decadencia las de Lucanas, que son las principales de este distrito, con que es conocido haver faltado el fraude. La del Cuzco no tiene consumo de concideración, siendo de 6 asta 12 quintales en cada año, y mucha parte de esto, sirve para las manufacturas. La de Caylloma consume un año con otro 300 quintales; la de Chucuito ha tenido desigualdades: en los años de 59 y 60 llegó a 740 quintales en cada uno; en el de 1761, 437 y en el de 62, 548 quintales. La de Carangas succede lo mismo; en los dos primeros años consumió al respeto de 200 quintales; en el de 61, 420 y en el de 62, 330.

La Paz es de poco consumo, rara vez pasa de 50 quintales, siendo lo regular de 30 a 40. Oruro a tenido mucho aumento en estos tiempos, pues en el año de 61 llegó a cerca de 1.500 quintales; lo regular es 1.300.

Potosí ha tenido acrecentamiento desde 1.500 que consumió en el año de 1759, hasta 1.900 en el de 62. Jauxa lo mismo; en 59 consumía 130 quintales, annualmente ha ido aumentando hasta 237 que consumió en el de 62.

Pasco a llegado a consumir hasta 650, pero lo regular es de 450 a 500. Lima no tiene cosa fixa, annualmente se embían 200 o 300 quintales quando los pide el virrey, y de estos se provee Trujillo, que consume 130, con corta diferencia, y del resto se remite al reyno de Chile el necesario, proveyéndose también los minerales de la jurisdición de la misma Caja de Lima. El aumento en el consumo pende del de las minas de plata que se laborean y de los manexos que los oficiales reales hacen con el azogue, porque quando lo dan fiado para tener ingreso en ello y sin tomar fiansas que aseguren a su tiempo las pagas, no faltan mineros que se arriesgan a beneficiar minas que por su corta ley no se costean, resultando el descalabro de la pérdida que sobreviene contra su Majestad en el ramo de azogues, y de aquí bienen los débitos atrasados y modernos.

N.º 10

Sobre débitos de las caxas en valor de los azogues

La primera diligencia que hase el que empiesa a governar, es pedir a las Caxas un estado del ramo de azogues para enterarse de los que existen y de las deudas que tienen. Éste, como que es el primer documento, que le remiten los oficiales reales, cuidan de disponerlo en unos términos que no se perciba la disformidad que ha havido en el manejo, o a lo menos así fue como lo practicaron conmigo, pero al segundo o tercer año se comprehende el engaño, porque para que venga justa aquella primera quenta con las siguientes, ponen como azogue existente el que está en deudas, que ha servido para el particular manejo de los oficiales reales. A mí me disonaba mucho que al mismo tiempo que ponían por existente una porción de azogue mayor que la que podían consumir en año y medio, me pedían con grande instancia que les hiciese remiciones de este metal, suponiendo que las mismas estaban desproveidas y que cería de notable perjuicio que sus dueños se viesen precisados a suspender el laboreo por falta de azogue. Quantas recombenciones les hacía sobre ello, no adelantaban nada, porque las respuestas venían llenas de artificio y de supociciones siniestras que tiraban a confundir la realidad, rematando que de no embiárseles el azogue perdería el Rey los crecidos intereses del diezmo de la plata; las minas se abandonarían, el reyno entero se arruinaría y yo sería el autor de tantos males. Con estas finxidas amenasas era preciso remitirles el que pedían, sin hacer quenta del que suponían tener de repuesto, y la trampa corría, no siendo dable poner remedio en ello.

N.º 11

Del modo en que vinieron las primeras cartas-quentas y dificultades que huvo para que se reformasen

Como era del interés de los oficiales reales llebar adelante este engaño, porque de ello les resultaba el mayor interés, yo me apuraba en todos los correos con recombenciones y con órdenes estrechas sobre que me diesen quenta del destino que havían tenido aquellas crecidas porciones que me havían supuesto estar existentes, y nunca llegaba el caso de quedar satisfecho con las respuestas; les instaba sobre que me remitiesen la carta-quenta en papel que havían cerrado a fin de abril del año de 1759, que era el primero de mi govierno, y tampoco lo podía conceguir; finalmente, éstas, que devían haber estado en Guancavelica en mayo y junio lo más tarde, no empesaron a llegar hasta noviembre, a excepción de dos o tres Caxas, las más cercanas, que vinieron en septiembre; y las distantes, como Potosí, Oruro y Carangas, se alargaron hasta principios del año de 60, con que ya se havía trampeado un año de govierno sin poder averiguar cosa alguna ni dar providencia para contener el desbarato con que corría el thesoro del Rey. Recevidas al fin las cartas-quentas con esta demora, vino a quedar el negosio de peor condición que antes, porque yo que las deseaba con gran impaciencia para ver que se avía hecho el repuesto de azoguez que tenían las Caxas en noviembre de 58, no encontré luz de ello, porque venían dispuestas con tal artificio, que no daban rasón del resago que les havía quedado a fin de abril del año de 58, de lo que havían hido reciviendo hasta fin de abril de 59 de lo que tenían vendido y de lo que les quedaba líquido para el siguiente año, que ya estaba quaci cumplido, reduciéndose a llenar mucho papel con relaciones que no venían al caso; y sobre lo esencial no se tocaba, pero al mismo tiempo que se desentendían del cargo y data, repetían con el mayor empeño los pedimentos de nuebas porciones de azogue, de modo que forsosamente me hacían concurrir en sus fraudes, y conociéndolos con toda claridad, no me era dable contenerlos.

N.º 12

Sobre las primeras órdenes para arreglar las quentas de azoguez en las cartas-quentas de las Caxas

Visto que no havía medio de que se averiguase lo cierto del estado de cada Caxa y que las cartas-quentas que eran las que havían de dar alguna luz no la traían, siendo impocible en estos términos disponer nada que contribuyese al mejor réximen de los intereses de su Majestad, desde que receví las primeras y comprehendí por ellas que todas serían iguales, dispuse un reglamento sobre la forma en que se avían de hacer en adelante, con cargo y data del metal y del dinero, y haviendo remitido tanteos de él a todas las Caxas con fecha de 8 de octubre de 1759, en respuesta vinieron repugnando sujetarse a lo que disponía, alegando para ello que se havían formado siempre en el método que las embiaban, el qual era el que tenía establecido el Tribunal de Quentas de Lima. Con esta recistencia consulté al virrey en fecha de 17 de enero de 1760, remitiéndole tanto del reglamento; éste lo hizo examinar por el Tribunal de Quentas, el qual, no haviendo encontrado cosa que no fuese muy regular y puesta en rasón, pidió en su informe de 29 del mismo mes que se debía mandar observar y que para en adelante todas las Caxas se arreglasen a lo que se prebenía. Immediatamente pasé testimonio de este informe y del proveído del virrey en su conformidad a todas las Caxas, cuya diligencia no bastó para que desde luego se conformasen con él, porque las del año de 60 se remitieron de algunas de ellas en el méthodo que las anteriores, haviendo sido presiso debolvérselas para que las arreglasen; y en estas diligencias vino a pasarse todo el año, pero al fin se hiso manifiesto el fraude que se havía procurado ocultar en el año anterior, y en la primer relación que me havían pasado, porque de repente aparecieron en deudas aquellas crecidas cantidades de azogue que se havían supuesto existentes y para dicimular la malignidad, como el que este desorden era mal antiguo, las asignaron aquel año en que se les precisó a formar la quenta de cargo y data que havía empesado a correr en 1º de mayo de 59 hasta fin de abril de 60, quedando entablado que no se formasen en otro modo para lo succesivo; y aunque es el más fácil y corriente, es al mismo tiempo el que combiene menos a estos malos ministros, que no miran en los empleos de oficiales reales más que el modo de enrriquecerse a costa de los intereses de su Majestad.

N.º 13

Providencias para estinguir los débitos de azoguez

Todo lo que se adelantó en la repetición de órdenes y de instancias que di a las Caxas sin que dejase de hacerlo en ningún correo, fue aclarar los débitos modernos que havía en azogues y los medios de que se valían los oficiales reales para que los hubiese, y fue preciso para dar este paso, desde noviembre del año de 58 hasta Enero de 61, que fue quando acabaron de llegar las cartas-quentas de fin de abril de 60 de suerte que si el negocio hubiese recaído en cosa mui ardua y se hubiese tratado de países tan distantes como entre España y las Yndias, parece que no hubiera podido tener más demora; esto es una prueba mui combincente de lo que se postergan en Yndias los asumptos que miran a intereses de su Majestad, y la repugnancia con que se entra en ello. Desde el principio de mi govierno havía prebenido a los oficiales reales por orden general, que al tiempo que cerrasen las cartas-quentas no havían de dejar ninguna partida de los azogues que hubiesen dado en el año concluydo en débitos, pero esto no havía tenido observancia, y para salir con su intento premeditaban no dar azogues fiados bajo de ninguna condición para que a un tiempo los clamores de los mineros y el descaecimiento que precisamente havía de tener el derecho del diesmo de la plata, hiciecen conceptuar de temerarias las dispociciones dadas por mí y que forsosamente se les bolviese a dejar en la livertad del manejo que havían tenido antes. Esta noticia se me comunicó por el superintendente de Potosí, don Ventura de Santelices, y conociendo el incombeniente de un proyecto tan malicioso, dispuse un reglamento que recopilaba en 7 capítulos las órdenes dadas anteriormente sobre el modo de administrarse los azogues a los mineros de plata, de asegurar su producto; de recaudarlo en el discurso del año; los casos en que no lo havían de franquear darlo fiado, y aquellos en que los oficiales reales respondían de las cantidades que no se percibiesen en el día en que se cerraba la carta-quenta, y remití testimonios a todas las Cajas con auto que probeí al mismo fin en 24 de febrero de 61; pero en éstas, luego que vieron que se les limitaban las facultades, recistieron suxetarse a su observancia; desde principios de agosto del año de 60 havía consultado al virrey sobre el desorden con que se manejaban; en 1o de Enero lo havía repetido; pero allí no se tomaba providencia, porque havía muchos interesados en que corriesen de aquel modo, y las reprecentaciones maliciosas de los oficiales reales que se veían apremiados por mí entregadas al Tribunal de Quentas, reconocidas por el Fiscal y manejadas por los dependientes de palacio, hacían más fuersa que mis continuos clamores, sin pensarse en dar providencia que vigorisare las mías, porque de hacerlo perdían los mismos que lo havían de disponer los fines que les mobían a que no hubiese régimen, y assí hasta 26 de agosto, quando ya el virrey havía abierto el pliego de procedencia y esperaba al sucesor, no se resolvió cosa en estos asumptos tan importantes, pero aun entonces fue tan tibia la providencia, que se redujo a reproducir aquello que contenían mis consultas en general, interpolando en ello las falacias que los oficiales reales havían producido, pero sin determinarse cosa alguna sobre débitos quantiosos que havía en varias de las Caxas. Esta devilidad en las órdenes y la tardansa en expedirlas, aun siendo de tan poco vigor como la que queda citada, es enfermedad de que se adolece bastantemente por estas partes quando se trata de interés del Rey que no produce algo a los jueces que los an de determinar, y mucho menos quando se dirijen a pribarles de aquellos adelantamientos que sacan de los sujetos a quienes protejen; ya se ve haver tardado un año esta providencia y que al fin salió con la mayor tibiesa, no bastando para acelerarla el haver repetido la instancia a los 6 meses. Tengo por seguro que a no haver cesado el virrey en el mando, nunca hubiera tenido efecto.

N.º 14

De las segundas providencias para recaudar los débitos de azoguez

En el mes de noviembre del año de 61 empesó a governar el virrey don Manuel de Amat; desde su entrada empesaron mis instancias sobre que se pusiese remedio en los desórdenes que se causaban en la administración del azogue, y que se diesen órdenes estrechas para [que] se recaudasen los débitos; en marso quando pasé a Lima, fue uno de los asumtos de mi mayor cuidado éste: ofreció hacerlo, se irritó mucho de que se le estubiesen debiendo al Rey tan crecidas cantidades. Con aquella primera fogocidad expidió algunas órdenes, que todas se redujeron a apariencias, porque la Caxa de Potosí, que entonces debía más de 36 mill pesos, en vez de pagarlos, ha ido acrecentando la deuda; la de Pazco no ha evacuado enteramente la que tenía, la de Chucuito se mantiene en el mismo estado y a este respeto las demás; no e visto que se le haiga pribado del empleo a ningún oficial real, ni menos que se le haiga desterrado a algún precidio en pena de los caudales del Rey que an dicipado y que sirva de escarmiento en otros; lo contrario, sí, que es tener una protección notoria en Lima, desde la primer caveza hasta los ministros de los tribunales, como acaba de succeder en los oficiales reales de Carangas, a quienes haviendo hecho que repuciesen más de 6 mill pesos que tubieron de débito en la carta-quenta de fin de abril de 62, se me ordenó por el virrey con fecha de 12 de enero, que moderase las órdenes para con ellos, con el colorido de que el Rey perdería mucho en los diesmos de la plata; quando las órdenes que se dice que modere concisten en que no fíen azogue sin fianzas o prendas que aseguren su valor, y que al tiempo de cerrarse las cartas-cuentas no quede partida de las que en el discurso del año se han fiado, que no se recaude, con que esta moderación lo que pide es que ni se pague ni se afianse lo que se fíe, dexando a los oficiales reales en la livertad que an tenido antes, siendo esto a lo que se dirijen sus pretenciones y la causa de los débitos que se han experimentado en estos tiempos, con sencible perjuicio de la Real Hacienda.

N.º 15

Sobre las intelixencias que los oficiales Reales han tenido con los azoguez

El ramo que alimenta el vicio de la codicia, mas que otro, en los oficiales reales de todas las caxas, es el de azoguez, ya sea por ofrecer mayores intereses o ya porque proporciona mejor medio que los demás para mantener las inteligencias; assí es éste el que más padece en quebrantos, como que los mismos que están destinados a su cuidado, son los que trabajan en su deterioración. Repetidas consultas he hecho durante mi govierno a los dos virreyes, Conde de Superunda y don Manuel de Amat, y por las pocas resultas que he experimentado tengo motibo para dudar que se haigan tomado el travajo de examinarlas por sí, pues fiados estos importantes asumptos al juicio de los ajentes y oficiales de secretaría salen las providencias a contemplación de sus intereses. Las intelijencias de los oficiales reales con los azogues conciste en la facultad de darlos fiados a los mineros de plata en estancarlos a su adbitrio, no franqueándolos más que aquellos que lo reciben por más precio que el que está mandado observar en cada Caja, y a pagarlos en piña, dándoles ésta por menos del precio corriente, succediendo con bastante frequencia que lo niegan al que va a comprarlo con dinero de contado, porque no se sujeta a estas condiciones, y los franquean con abundancia al que los pide de fiado, que les consta no tener de donde pagarlos, siendo esto en lo que tienen sus provechos. El modo de hacerse estas negociaciones es darle una porción de quintales a un hombre pobre, que, aunque tiene alguna corta mina, le falta lo preciso para mantenerse; éste los recibe con el aumento de 10, 12 o más pesos en quintal respecto del precio que está mandado observar y con obligación de pagarlos en piña, cuyo valor se ha de regular por menos de lo corriente; la necesidad del comprador y el fin que lleva en estas condiciones, es hacer negociación con el azogue, lo que executa vendiéndolo a aquellos mineros que lo pueden pagar de contado, y dándoselo por menos precio de lo que vale, de suerte que ya en esto tiene tres pérdidas, una es la de el exceso a que lo compra; otra, la del baxo precio a que debe dar la piña para pagarlo; pero como esta paga no se verifica en el todo, no llega el caso de que esta tercer pérdida se verifique. Necesitado este minero socorre sus urjencias con lo que le produce el azogue, trabaja su mala mina alguna cosa, siempre con la esperansa de que mejore, aunque el mineral baya de mal en peor, y llegado el tiempo de la paga, satisface lo que puede, que siempre es poco respecto de lo que debe; de este pagamiento descuentan los oficiales reales aquello que pretenden pertenecerles por el aumento del precio en el total de los quintales que le fiaron, y lo que sobre es lo que se aplica en parte de pago del azogue y viene a quedar todo el resto en deuda, y assí de una venta de 50 quintales, tienen de provecho 500 pesos; otros tantos, o poco menos en el baxo precio a que reciben la piña, y el Rey queda perjudicado en 2.000 pesos más o menos, que se le quedan debiendo. Una trampa se paga con otra, y assí para recaudar este débito, se le buelven a dar en el año siguiente, otros 50 quintales, a lo qual llaman avilitar, pero la resulta es duplicarse la deuda para el segundo año. El minero otorga un vale a favor de la Caxa en el primer año; en el segundo se rompe aquél, que comprehende como azogue recevido en él el débito del dinero, y el nuevo azogue que se le adelantó, siguiéndose de esto que nunca ay motibo para proceder contra los oficiales reales, y que el deudor que aparece es un hombre destituido de bienes, incapás de pagar nada, aunque se le estreche mucho.

N.º 16

De otros manexos que hacen los oficiales Reales con el caudal de azoguez

El ramo que tiene el Rey más lleno de enemigos, es el de los azogues y si lo es como dexo dicho estando en su propio efecto, no lo es menos después de hallarse reducido a plata, su producto sirve para haviar a los mineros con dinero, con condición de que paguen en piña, y si en esto sobrebiene algún quebranto, se buelve a reducir la plata que se prestó a azogue y se otorga para el deudor un vale de quintales quando lo devía ser de pesos; las inteligencias que tenían los oficiales reales con los otros ramos de alcabalas y tributos, se cubren con el de azogues, porque en diciendo que está en deudas, no hay concequencias; y por esto es el que padece por todos, y el que formando los caudales de los oficiales reales, se ba cada día empobreciendo, cuyo vicio viene desde muy atrás, como lo acreditan los débitos de las Caxas que se llaman antiguos, de los quales ya no se hace caso, a vista de que aun los modernos no se pueden recaudar. Estos vicios son los que mi cuidado a pretendido cortar y a ello se han dirijido todos mis exfuersos y providencias; algo se ha contenido, pero no se puede decir haverse remediado, ni podrá estarlo ínterin que en los tribunales de Lima tengan protectores los oficiales reales, porque todos participan por distintos modos, de lo que usufrutúa este desorden, y no es fácil que se renuncie a lo que promete utilidades.

N.º 17

Que el méthodo judiciario que se sigue para recaudar los débitos de azoguez es contrario para conseguir el fin

Increíble se hará lo que succede con las deudas de azoguez, pués siendo tan claras como haver recevido un minero cierto número de quintales sin dar cumplimiento a la paga, quando parecía regular que todo fuesse executibo, succede tan al contrario, que se reduce a contencioso, poniéndose en tales términos, que es raro llegar a verles el fin a estos asumptos. Quatro años y medio ha que batallo sobre ciertas cobransas de débitos modernos en Potosí, en Pasco, en Caylloma y algo en las otras Caxas. De estos particularmente no he logrado que se recaude ninguno, y si los débitos en general an disminuido, debe atribuirse al immenso travajo que e tenido en estorbar que continúen aumentándose como los hallé. Déjase entender que oficiales reales y deudores tienen un mismo interés, pues apenas llega providencia para que se execute al que está debiendo, y por su defecto a los fiadores, quando ocurre a Lima, y allí se encuentra modo, no sólo para que se suspenda la execución, si no para dilatar el asumpto a términos de olvidarse, pidiéndome informes sobre lo que es executivo, abocando allí los autos, mandando que los oficiales reales informen y repitiéndose esta diligencia dos o tres veces, logran los deudores una demora que equivalen a perdonarles el débito. De esta clase son en Potosí don Pedro Prudencio Pérez por la cantidad de 8.945 pesos 6 ½ reales, don Pedro Yrribarren, don Luiz Arizmendi por la de 9.973 pesos 3 reales, que con otros varios componían el año de 61, 38.781 pesos 6 reales, y el año de 62 quedaron en 38.480 pesos 4 reales; en Caylloma, varios, y assí más o menos en las otras Caxas; pero lo particular es que al paso que se guarda esta conducta para dicimular lo que se falta en anteponer el servicio del Rey y sus intereses reales a los fines particulares, al tiempo mismo que se dan largas a lo que es prompto y executivo, se me ha solido prevenir a mí que continúe las diligencias de cobransas, que dé las más estrechas providencias para que tengan su debido efecto, hasta el extremo de inthimárseme que sería responsable de los débitos que se dexasen de recaudar por omición mía, de suerte que es cosa de irrición ver por una parte estas dispociciones que parecen hixas del mayor celo, y por otra, cortarles el curso a mis hórdenes, haciéndolas despreciables y dejando a los deudores y a los oficiales reales autores de las deudas años enteros sin que se verifique la paga, ni tenga concequencia la malversación.

N.º 18

Del mal réximen que ay en Lima para el govierno de la Hacienda Real

Muchos años hace que se Sintió, en el Ministerio de España, y llegó a la intelixencia de su Majestad, el desbarato con que se manejaba su Real Hacienda en el Perú, y particularmente en el ramo de azoguez, en su concequencia se proveyó en el empleo de superintendente general del ramo de azogues al Marqués de Casa-Concha, encargándole, al mismo tiempo, la superintendencia de los reales quintos de toda la plata y del oro que se beneficiase en las minas del Perú, con total innivición de los virreyes, y de todos los tribunales y con unas amplitudes y privilegios como correspondían a la gravedad del manejo basto que se le encargaba; después de este suxeto quedó la superintendencia y govierno de Guancavelica en los oydores de Lima, que se seguían por turno; no quiciera verme precisado a decir que desgeneró en tanto abuso desde el año de 22 en adelante que estaba reducido a venir por 3 años el oydor a quien le tocaba y no cuidaba de otra cosa que de ver si podía completar un caudal conciderable. Déjase comprehender que esto no podía ser en otra forma que abandonando el cuidado de las caxas, la recaudación de los débitos y la administración de los azogues; en Guancavelica se concerban bastantes memorias de lo que producía la codicia en aquellos tiempos y del abandono con que (mina, gremio y Caxas) estaba. Estos notorios desórdenes precisaron a la real voluntad a tomar otra providencia, y fue la de suprimir el govierno de los oydores de Lima, nombrando suxeto que viniese de España a desempeñar el encargo; cuya providencia se verificó el primero en don Gerónimo de Sola, con las mismas facultades innivisiones y prerrogativas que se le havían concedido al Marqués de Casa Concha por las cédulas de 6 de diciembre de 1719 y 13 de febrero de 1722, y algunas más; pero los virreyes que no pueden sobrellevar que aiga ramo en Yndias que no se diga ser dependiente de sus facultades, ni ministerio que no les esté subordinado, adbitrió el modo de que se bolviese a establecer el méthodo antiguo, y governando el reyno el Conde de Superunda y Guancavelica el mismo don Gerónimo representó aquél que pretendía ser absoluto este otro, que en una ocación tan urjente como las de las guerras que entonces havía con la Ynglaterra, por los años de 45, le negaba los caudales que tenía atesorados, faltándole el obedecimiento de las inthimaciones que le havía hecho para que se los franquease; y esto fue causa de que se mandase que la Superintendencia General estubiese en los virreyes, bolviéndo, por este medio, a caer en el inconbeniente que se havía procurado evitar, que fue el de que los intereses reales se manejasen por la contemplación de los que forman los tribunales de Lima, no menos que el despacho y familia del virrey, que es lo que se pretendía; porque dando allí provecho este manexo no se podía dicimular que no hubiese facultad para arrastrar allá los negocios de Caxas, de oficiales reales, y aun sumeter a las mismas leyes de interés que los demás al governador, como se ha visto verificado en mi tiempo.

N.º 19

Del modo cómo se goviernan en Lima los assumptos de intereses reales

No pretenderé decir que los virreyes en el basto manejo del govierno de todo el reyno sean menos celosos que un governador de Guancavelica para cuidar de los intereses reales, pero tampoco dexaré de manifestar que en mi tiempo, y según el méthodo de despachar que guardan, no es capás que lo cumplan, aunque su zelo sea el más distinguido, porque toda suerte de negocios se examinan, se tratan y se determinan por el acessor y por los tribunales, siendo en estos los pasantes, los agentes y los relatores a cuyo cuidado está imponerse en las materias y instruir de ellas a el tribunal o al sujeto a quien corresponde hacer los informes; aquí entra el favor, la protección, el valimiento y también el ynterés de aquellos por cuyas manos pasan, y los asumptos más graves que parece no ser suficiente para resolverlos la intelixencia, el celo y la aplicación de el governador de Guancavelica y su acreditada conducta, vienen a finalisarse por la contemplación de un dependiente de Palacio, de un pasante de abogado, o por lo que dicta la protección de los que componen los tribunales en fabor de los oficiales reales, o de los deudores del ramo de azoguez, cuya devilidad sobradamente penetrada antes de aora por la real intelixencia, dio motivo a expedir las cédulas que quedan citadas, en donde distinctamente explica su Majestad en las primeras de 6 de diciembre de 1719 y 13 de febrero de 1722 los que mobieron su real voluntad para ceparar enteramente de la jurisdición de los virreyes y tribunales de Lima, el Govierno y Superintendencia de Guancavelica, y después en las de don Gerónimo de Sola de 22 de enero de 1735, expedidas en el Real Citio del Pardo, los nuevos que precisaron a apartar de este govierno y superintendencia a los oydores de Lima, reserbando su Majestad en su real persona nombrar suxeto que desempeñase estos encargos con otra integridad y aplicación de su cervicio que la que se havía observado hasta entonces.

N.º 20

Que no se adelanta nada en que su Majestad nombre governador quando el Virrey y tribunales tengan intervención en los negocios de la superintendencia de azoguez

Cómo será posible persuadirse que unos asumptos que han merecido tanto cuidado en la real intelixencia, como el que declaran las expreciones de las cédulas expresadas a este fin en el Perú se miren con la indiferencia que se tratan y que prebalesca el empeño de un pagecito o de otro suxeto en quien su Majestad no ha encontrado suficientes méritos para colocarle en la confiansa de esta ocupación, al dictamen y a los informes del que está encargado de ella, ni que en tanto que recae la elección en suxeto que haviendo sido destinado con conocimiento del merito y de la experiencia que se tiene de su conducta, no sea éste el que verdaderamente govierne, sino es aquellas personas de Lima que están más distantes de poderlo hacer. En estos términos es sacrificio el que se hace destinar para Guancavelica personas de esta clace, porque ni su Majestad puede esperar progresos favorables en su real servicio, ni la mayor aplicación y luces del que obtiene semejante cargo le sirven de otra cosa más que de una continua mortificación, viendo frustradas quantas providencias prepara su buen zelo con las que se dan en Lima a pedimento de las partes, y assí quantas he dispuesto en repetidos autos para el govierno de las Caxas, recaudación de débitos y extinción de tales desórdenes en lo succesibo, después de emplear en ello una continua tarea, ha venido a ser lo mismo que si en todo el govierno no hubiese dado plumada. De todos he pasado testimonio al Ministerio, no para hacer vanidad del travajo que e empleado en ello, sino para que por su repetición se pueda comprehender su innutilidad, y en esta forma lo tengo expuesto, dando quenta del desorden con que se maneja este ramo, cuya respuesta con fecha de 8 de noviembre de 1761, receví en que el Ministerio me participó quedar impuesto en ello.

N.º 21

Sobre las sircunstancias que se requieren en el que hubiesse de governar en Guancavelica

La confiansa con que honrra su Majestad al que le confiere el govierno de Guancavelica y la superintendencia de su real mina, y azogues es la mayor que ay en los reynos del Perú después de la que se depocita en los virreyes, y mucho más si se le junta la de los reales diezmos de la plata y del oro, porque como queda visto, en los dos primeros puntos de la Relación del govierno, y en este tercero se a prevenido, la mina pide el mayor cuidado para su concervación; de ella han de salir los azogues para el abasto del reyno, y en la suma decadencia que tiene el mineral, se hace preciso que el discurso y el sufrimiento travajen mucho para conceguirlo sin que resulte en detrimento de ella, el gremio en su govierno requiere una aplicación continua para mantener en equilibrio los caudales de su Majestad y tenerlo auxiliado de fondos para que travaje y no descaesca; las Caxas de Guancavelica y todas las otras del reyno piden un cuidado incesante del governador y de sus providencias pende el que no haiga malversación en los intereses reales, y si no hay mucha vigilancia y actividad en estos asumptos, todos irán mal; por esta rasón su Majestad se sirvió elegir dos sugetos en estos últimos tiempos como don Gerónimo de Sola y don Gaspar de la Cerda, que aun antes de haver llegado a Guancavelica havían desempeñado las obligaciones del encargo con la buena reputación que se havía adquirido en las comiciones y ministerios que havían tenido antes, sin ser del caso que el primero no vicitase la mina frequentemente, porque esto, según dixe en el Primer Punto, es ocupación que no se debe exigir de ningún governador ni es capás que lo hagan, pues de un crecido número de forasteros de todas claces y estados que por curiocidad han llegado a entrar, una ves en ella no he visto alguno que haya quedado con deseos de repetirlo; y si estos dos celosos ministros no adelantaron más los negocios de la superintendencia, fue porque sin embargo de las facultades que tenían, se atravesaron el respeto del virrey y los informes de los Tribunales, que se lo estorvaron. Estos no fueron en ninguna manera interesados, que es la principal partida que se requiere para cumplir con su obligación; fueron rectos en la justicia y celosos del servicio del Rey; es natural que qualquier suxeto que su Majestad elija [sic] del pezo y circunstancias de estos, se manejen en la misma forma que ellos lo hicieron, porque ninguno viene a perder su buena reputación, y sin la espectativa de hacer méritos para ser acreedor a mayores empleos, y acentado esto, y que se hace elección de persona de conocida conducta, parece que se aparta de la regularidad hacer desconfianza de sus providencias, suxetándolo a las que forman los Tribunales a quienes mueven otros motivos dibersos que al que govierna y a de responder del modo en que lo hace, pues a no ser así, sería por demás escojer persona capaz de desempeñar el encargo, qualquiera sería al propócito para hacerlo, haviendo de ceñirse a las dispociciones del virrey, dictadas por el acesor, por el fiscal y por los Tribunales de Quentas y del Acuerdo. Todavía pasaré a una supocición que rara vez se verificará, y es que el que se nombre de governador faltando a las obligaciones de su cargo, se abandone al interés y dexe de celar las cosas de son de su cargo, la peor resulta que se puede seguir es que sea un hombre como lo fue don Pablo de la Vega. En este no sirvió de nada para corregir los desbaratos en que incurrió la total dependencia que tenía del virrey que le havía nombrado y de los Tribunales; al contrario, en Lima se le hacía espaldas para continuarlos con más libertad que si hubiera estado independiente porque teniéndolos de su parte, y con la seguridad de que no havía de bolver a España a dar rasón de su persona, tenía salvoconducto para todo, con que a lo sumo, y me persuado que jamás se verá otro caso igual con persona que conosca el honor, será un governador malo como aquel, y puesto que el virrey y los tribunales no lo corrigieron, estando tan cerca y no careciendo de noticias del mal estado en que corría todo, no se puede arriesgar más en que el governador nombrado por su Majestad esté tan inibido que por ningún motibo tengan que intervenir en asumptos de superintendencia el virrey y los Tribunales, y se adelanta mucho en que los que llenasen el cargo de una regular conducta, celen con el amor y desvelo que se requiere lo que interesa al Rey y al público, sin que los motivos que mueben las protecciones de Lima se lo estorben, como está succediendo.

N.º 22

Que si en los tribunales de Lima se examinasen los negocios con la formalidad que se requiere, sería acertado que se tratasen allá los negocios de superintendencia para resolverse

Estoy muy distante de pretender en lo que dejo dicho en el número antecedente, que un ministro solo como el governador de Guancavelica pueda determinar los asumptos graves con más acierto que los Tribunales, que se componen de varias personas instruidas, pero esto es quando se ceparen los motivos de protección por los aijados, quando se vaya derecho a buscar el acierto y quando los que han de resolver empesando por el virrey, que es quien govierna los Tribunales con su vos, no prefieran las recomendaciones de sus propios lacayos a los informes serios del que embía el Rey para governar, como está succediendo, y quando lean las consultas y se instruyan radicalmente en los negocios esto no se hace, con que mal se puede formar opinión en una materia que no se entiende, no pretendo tampoco que la attención del virrey se haiga de entregar a leer el cúmulo de cartas, de memoriales, de representaciones, y de consultas que se le hacen, porque este travajo impertinente, además de ser impocible, aumentaría la confución con la abundancia de especies; pero ay asumptos que son principales en un reyno, y estos debería, a mi juicio, no solamente leerlos, sino es estudiarlos para poder resolver con acierto quando llegase la ocación: los excelentísimos que ocupan el Ministerio de España, aún siendo mucho más lo que abrasa que el govierno del Perú a lo que tienen que atender lo hacen assí;

y de esto nace que las providencias que se dan, salen acertadas y son concequentes a la necesidad. Los monarcas, en toda la soveranía de sus personas reales, leen y se imponen en los asumptos graves de sus reynos, cuya práctica siendo tan necesaria, no sé que se observe entre los virreyes, y tengo tantos fundamentos para creer lo contrario, que de quantas consultas y informes he hecho, unos pedidos y otros en consequencia de mi obligación, ninguno se ha leído por el virrey como lo acreditan los casos que tengo experimentados en concequencia de mi buen celo, y no porque en los goviernos anteriores hubiese práctica de ello, mandé a fines del año de 61, quando se cumplía el tersero de mi govierno, que los oficiales reales formasen una quenta general de los tres años comprehendiendo en azogues y caudales toda la entrada y salida que tenía la Caxa de Guancavelica, cuyo testimonio después de estar concluido, lo pasé por duplicado a la Corte, y haviendo pasado a Lima en Febrero del año de 62, llevé una copia authorizada de él, que entregué al virrey, explicándole de boca lo que contenía este instrumento, parece que no dejaba nada que desear y que una quenta general de una Caja de este tráfico es un asumpto que no se debía olvidar; con fecha 15 de enero de 63 me pidió el virrei una quenta general del azogue que se les ha remitido a las Cajas en el tiempo de mi govierno, de los caudales que tienen embiados a Guancavelica, y de todos los gastos y costos que se han impendido, que son las mismas circunstancias que comprehende el legajo de quentas que le havía entregado el año antecedente. En aquella misma ocación se ofreció hacerle consulta sobre los débitos en que estaban varios mineros de la jurisdición de Caylloma; se impacientó mucho con esta noticia; parecióme que la cosa iba de veras y que se havía llegado el término de que se reformasen abusos contra la Hacienda Real; yo, llevado de esta persuación y buen celo aceleré mi viaje para no perder la coyuntura del chasqui immediato, y llegado a Yscuchaca, 10 leguas de Guancavelica, dispuse autos generales para todas las Cajas, con otros además particulares para las de Caylloma, Potosí y Chucuito, previniéndoles, que para la carta-quenta que estaba próxima havían de venir satisfechos los débitos de los años antecedentes. Pasé al virrey testimonio de estos autos, como lo he hecho de todos los demás que miran al mismo asumpto, para que se hallase impuesto en la naturalesa y cantidad de los débitos y en la necesidad de sostener estas providencias; las cartas-quentas vinieron sin darse cumplimiento a lo mandado, y la única providencia que ha havido, a sido en fines del año de 62, nombrarse un vicitador para la Caja de Caylloma, cuyo adbitrio es muy bueno para que corra el tiempo y se demore la paga de más de 80 mill pesos en cantidades que son executivas, porque consisten en azogues que se dieron fiados a mineros y no se han pagado.

Luego que recebí las cartas-quentas de aquel año y que vi el descubierto en que quedaban las Caxas de Potosí en los 38.480 pesos 4 ½ reales; la de Carangas de 7.487 pesos 4 reales; la de Chucuito de 30.365 pesos 3 ¾ reales y otras, despaché nuebos autos para que se procediese a la cobransa executivamente; bolví a embiar testimonios de ellos al virrey y de las mismas cartas-quentas, donde se manifestaban los débitos. De Lima no se dio providencia alguna, ni aun se me contextó el recibo; los oficiales reales de Carangas con menos fortuna que los otros, por la más exactitud de aquel correjidor, hubieron de integrar su débito, pero las concequencias fueron hacer recurzo a Lima, reclamar contra mi providencia diciendo ser violentas porque no se les havían oydo los descargos; y ponerse en términos el negocio que faltó poco para mandar que se les debolviese el dinero. El virrey debía estar instruido con anticipación por los testimonios de autos proveídos por mí y de la quenta que ellos mismos se havían formado, por donde constaba la legitimidad de la deuda, pero todo esto estaba, a lo que conjecturo, arrinconado, puesto que causó gran novedad el que les hubiese obligado a reponer el dinero; a cada carta que escribían, se me pedía un informe, hasta la hora de esta, que es el mes de febrero de 63, ya son tres los que he hecho y no está terminado todavía el asumpto.

Entre los encargos que se le hicieron al oydor don Cristóval Mecía fue uno el de examinar la ley del mineral, por ser el asumto de mayor importancia en la ocación; esto nació de no haverse querido dar crédito a las rasones que le presenté al virrey sobre ello, cuyas copias tengo igualmente pasadas a la Corte; en junio y julio se practicaron los ensayos correspondientes con quanta proligidad es posible; immediatamente los remitió. En noviembre me havisó el virrey que procurase alentar a los mineros para que acrecentasen las entradas de azogues a fin de que hubiese abundancia de este metal; en Diciembre le respondí que en mí no havía facultad para ello, porque no tenía caudales suficientes, haviéndose desmembrado los de las cartas-cuentas últimas con la paga de los alcanses en ves de haverse remitido de Lima, más de 100 mill pesos que debía aquélla a la de Guancavelica, y porque la ley del mineral se hallaba tan decadente, que se perdían los mineros en el azogue que sacaban; que el medio era examinar el punto por los ensayos practicados de su orden, y con su vista tomar la resolución que pareciese más combeniente, hasta este recuerdo no se havían visto los autos que trataban de la materia, ni aun por modo de curiosidad, y supe que aviéndose buscado la instrucción que se le havía dado al oydor en las oficinas, no se halló copia alguna de ella pero aun más que este descuido es el que aviéndosele mandado pasar al oydor Mecía todos los quadernos de autos sobre lo que havía actuado en Guancavelica para que los cordinase y dar curzo a las materias que contenían, unos se encontraron con mucha dificultad, otros desmembrados sin poderse completar y otros se desparecieron enteramente, siendo de este número los obrados sobre la falsa denuncia de Cañas, los que justificaban los delitos del minero Gomes, sobre que queda hecha relación en el Primer Punto de Govierno; y otros sobre una compañía propuesta por el correjidor de Guamanga, Platsaert. En esta forma me lo havisó el mismo oydor Mecía con fecha 27 de febrero añadiendo que él havía procurado amarrar su dedo, haciendo confesar que se havían recevido todos en la secretaría de Cámara del virrey con distinción y indibidualidad. Por este thenor han sido quantas consultas he hecho sobre Cajas y sobre azoguez, de modo que estando la corte tan distante, y siendo las ocaciones de escrivir tan largas por las respuestas que he recivido del ministerio entiendo haverse leído y comprehendido quanto tengo informado sobre todos asumptos; y en Lima donde las consultas, representaciones y cartas son frequentes, no corresponden las providencias a lo que piden aquellos documentos, pues quando más favorable a venido ha resultar hacerse pleito contencioso, entre el governador de Guancavelica y los oficiales reales, a quienes apremia sobre lo que es interés de su Majestad, en donde el primero obra como juez y no como parte.

N.º 23

Que es ocupación mui arresgada la superintendencia de azoguez de qualquier modo que se obtenga

Si es ocupación peligrosa y arresgada el govierno y superintendencia de Guancavelica quando los negocios se llevan al virrey y Tribunales de

Lima para resolverse, no lo es menos en el caso de estar independiente el governador, porque aunque su conducta sea la más arreglada y justa, su celo el más desinteresado, su aplicación y su intelixencia los más completos, no bastará esto para que todo lo desfiguren las partes que se concideran agraviadas con sus maliciosas calumnias; las quales hallando apoyo en el govierno de Lima y en sus Tribunales donde se reciben los escritos con quantas libertades se les antoja a aquellos poner, sin guardar decoro a los ministros del Rey; las buenas qualidades del que govierna se obscurecen enteramente y no se duda aun de aquellas cosas que se deponen y son más repugnantes a la rasón; estos mismos documentos pasados a su Majestad y al Ministerio, no pueden dejar de mirarse con aceptación porque los recomienda el informe de un virrey y los pareceres de los tribunales, resultando que el sujeto que en España se tenía conocido por bueno, y que en la realidad no ha mudado en cosa alguna, deba perder todo el concepto que se tenía formado de él, y que con innocencia por su parte padesca su estimación, tanto más quanto fuere más celoso y procediere con mayor integridad, porque al equibalente de esta deja en los súbditos menos campo para cometer sus fraudes, y crece en estos el despecho para la vengansa. Don Gerónimo de Sola padeció no poco porque no llegasen a salir al público las maldades que se premeditaron contra la notoriedad de su honor, siéndole preciso hacer la vista gorda y condescender en algunas cosas que no hubiera hecho en otra cituación para contener la mordacidad de los émulos; y no le bastó esto para que no se hiciesen tales informes que se le mandase estar subordinado a las órdenes del virrey, y que los intereses del ramo de azogues estubiesen igualmente a su dispocición, de modo que los caudales que reusó franquearle por necesitarlos para el fin más urgente que hay en el reyno y de más importancia, se tomaron por asumpto para informar contra él, y como en la gran distancia que hai de Guancavelica a la Corte, no es fácil dar interpretaciones de todo a medida que lo requieren los recursos que se hacen de contrario, fue preciso que prebaleciesen los del virrey contra la justa causa que havía havido para negarlos. Don Gaspar de la Cerda, en más de 70 años que contaba de edad, no padeció tanto en todos ellos como en poco más de quatro que governó en Guancavelica. De mí no diré nada, porque esto ha sido continuo y las Caxas más retiradas, como Potosí, Oruro, Chucuito, Carangas y Pasco, cada una a su turno, quando se han visto estrechadas, an acudido al despique general de representar a Lima varias quejas contra mí, suponiendo unas veces que los cargos que les hacía eran injustos, siendo así que estaban patentes en sus quentas debajo de las firmas de sus oficiales reales; otras que los atropellava sin oírlos, y hasta llegar a suponer que les negaba los azogues, que havía escacés de ellos, que se arruinaban las minas y el Rey perdía sus reales diesmos; todo para buscar medios para entrampar el tiempo y no pagar, como lo conciguieron los de Pasco; verificándose todo lo contrario porque al fin del año se halló por certificación de los oficiales reales una buena porción de azogues que les havía sobrado, sin havérseles embiado alguno desde que hicieron su recurso, pero no se halló que reintegrasen más de 50 mill pesos que entonces debían, ni hasta la hora de ésta han completado la paga de ellos, resultando de esto que en Lima se abandona el asumpto porque el governador estrecha a los oficiales reales, y se sigue el que siniestramente informan ellos contra el governador, pero no ai cosa que más bien pueda persuadir el estravío con que en aquella ciudad se goviernan semejantes negocios, que lo succedido con don Pablo de la Vega. Este sujeto que fue singular entre quantos governadores malos puede haver, en tanto que él tenía en Guancavelica tres o quatro lonjas donde públicamente compraba el azogue, que los remitía fraudulentamente para que vendiese en los minerales por su quenta, que disponía del thesoro real como quería, de que resultó alcance contra él de cerca de 30 mill pesos sólo en una partida; que concluyó una fundición, pagando a los que tenían alcances y dejando descubierto al Rey en todos los que quedaron alcansados; que dejó en un total abandono la Caxa de Guancavelica y todas las otras del reino, como lo acreditan las resultas y los autos que se han seguido, en tanto que él se governaba y lo governaba todo con este desbarato, el virrey conde de Superunda, supongo que ignorante de tales excesos, porque procurarían ocultárselos los que le estavan más immediatos, informaba al Rey ventajosamente, intercediendo para que en consequencia de los méritos que hacía en Guancavelica, se le concediese el sueldo entero de oydor de la Audiencia de Chuquisaca, donde no gosaba más que medio, y su Magestad vino en ello porque su real intelixencia no podía dejar de dar por cierto un informe tan recomendado; y el mismo virrey imbuido de los que le hacían aquellos que le rodeaban, tenía un alto concepto del governador que havía elejido, hasta que a poco tiempo de haver yo empesado a governar, fue preciso imponerle en los descubiertos que tenía en la Caja Real por reciduo de las cartas-quentas de que se havía valido para sus fines particulares. Este suxeto havía sido elexido por el virrey; estaba enteramente subordinado a sus órdenes, como ya queda dicho, y con la mayor dependencia de los Tribunales, no se pudo decir que el desorden general que hubo procedió de haver governado con independencia, ni que el virrey padeció engaño sobre su conducta por no haver tenido intervención en el ramo de azogues, pero lo que hay de cierto es que procedía con buena fe en fuersa de lo que le persuadían y que el governador havía tenido adbitrios para ganar a los que podían hacer que sus operaciones no pareciesen lo que eran, sino es lo contrario. Esto mismo succede por el lado opuesto, quando el que govierna en Guancavelica no se granjea un partido con los sirvientes de palacio de Lima y con los que componen los tribunales que lo sostenga, y el servicio del Rey baya como fuere, nadie se embarasa en él que es la causa de que el que procediere con integridad, no podrá esperar buenas resultas, y al contrario, sólo un medio me parece que hay para que el Rey esté bien servido, y es que la elección de governador, recayendo en sujeto de madurés ,experimentado, que aspire a empleos de honor y no a los que son puramente de interés, y sostenido quantas facultades son necesarias, se le deje el mando sin dependencia alguna del virrey ni de tribunales, despreciándose y dándose por ciniestros quantos informes se hagan que desdigan de lo que se tiene experimentado en él, y que cumplidos los cinco años, le releve otro sujeto igual. A mi juicio, y por la experiencia que he adquirido, creo que siempre se acertará; y en esto no me muebe ningún interés, porque yo he pasado ya mi buena crujida, estoy al fin de mi carrera y no bolvería a empesar en ninguna conformidad, pues más bien me sacrificaría, a servir a su Majestad, sin ningunos honores ni distinción, en qualquier paraje donde se me destinase, que en Guancavelica en los mayores que la real liberalidad puede conceder a los vasallos mas favorecidos.

N.º 24

Sobre los extravíos que ay en el derecho del Real dinero de la plata que producen las minas

Sin haver practicado directamente diligencia alguna, vine por incidencia a comprehender que se le desfraudaba al Rey mucha parte de los derechos del diesmo de la plata que le producen los minerales, y fue el caso que instruido de los fraudes que se cometían por los oficiales reales en la venta de azogue, y quedan referidos en su lugar, mandé a todas las Caxas por orden general, que me diesen rasón de lo que diesmaba cada minero para ver si se distribuía aquél entre los que verdaderamente lo consumían en sus minas o se daban a los que no lo necesitaban para volverlo a vender. Nunca fue posible conceguir esta razón y con excusas que en ningún modo satisfacían, se disculparon para no dar cumplimiento; pero los oficiales reales de Xauxa claramente vinieron diciendo que no la podían embiar porque ninguno de los que sacaban azogues fundía plata a proporción de los que llevaba. El superintendente de Potosí, don Ventura de Santelices instruido en este fraude y movido de su notorio celo cuidó por espacio de dos años de embiarme en todos los correos las certificaciones del rescate de marcos que se hacía en el Banco de aquella villa, la qual no correspondía al azogue que se le havía dado a cada minero; pero lo que más me confirmó en esto fue lo que experimenté en la Caxa de Guancavelica, donde en ningún año a correspondido lo que se ha diesmado al azogue que se ha vendido; siendo de adbertir que aunque se ha extinguido aquel grande estravío que se hacía con este metal en los tiempos pasados, y que se repittió con el mayor escándalo en el govierno anterior al mío, no dexará de subsistir en algunos quintales, lo qual es innevitable. Al tiempo de estar haciendo esta relación salió el contador interino don Francisco del Barco a hacer la vicita de los minerales del distrito y en el término de 5 años que han pasado desde la última, se encuentra que pasa de 90 mill pesos lo que se le debe al Rey de los derechos de diezmos respecto del azogue que se ha ministrado por la Caxa; esto es computando a 12 onsas de azogue de consumo por cada marco de plata. Y si esto succede en una Caxa cuyo consumo no pasa de 300 quintales cada año, qué será en las que gastan desde 600 hasta 1.700. En la consulta del mes de agosto del año de 1760 que queda citada, traté de este punto, y aunque en el auto del Real Acuerdo se aprobó el reglamento sobre distribución de azogues, donde uno de los artículos era que se me debía embiar certificación de los marcos que fundiese y diesmase cada suxeto, no ha bastado esto para que se cumpla, ni ha tenido observancia el que fundan los mineros o sus aviadores en la misma cayana donde reciben los azogues. Yo no he puesto empeño en celar este punto, sin embargo de ser uno de los que contienen las cédulas de los antepasados, por tenerlo recerbado en sí los virreyes y no havérseme hecho encargo particular de ello, como también porque el de azogues solamente me ha dado bastante que hacer para no desear entrar en mayores cuidados.

N.º 25
Dispoción para que en Guancavelica se forme carta-quenta todos los años

No hera práctica antes de mi tiempo que la Caxa de Guancavelica formase quenta de los azogues que se vendían y de la cobransa de su importe todos los años; yo mandé por auto de 11 de enero de 1762 que se hiciese en la misma forma que lo practican todas las otras y que incluyan en ella las cobransas que se hacen de los débitos atrasados. Este entable me costó bastante dificultades, porque no querían sujetarse y con particularidad el contador interino don Juan de Sierra, alegando no haver sido costumbre; pero hera porque traía contra ellos la concequencia de verificarse si havían cobrado o no el importe del vendido en el año y de poder confrontar con las planillas de las semanas assí las partidas que se havían vendido en concequencia de autos míos, como la observancia de no usar de azogues ni de caudales a su adbitrio, de modo que esta providencia les hera muy contraria para poder cometer ninguna suerte de fraude, salbando qualquier manejo clandestino al tiempo de cesar yo en el govierno y que entre el succesor, porque no estando aseguradas las partidas en carta-quenta formal, les hera fácil suponer que las que havían sido inteligencias de ellos heran débitos contrahídos en mi tiempo, lo que queda evitado con las cartas-quentas, donde es preciso que citen el auto por donde dieron el azogue al fiador, el plaso y la cobransa de el importe, fuera de las que constan por este instrumento qualquiera otra que quieran introducir es fraudulenta y deben pagarla.

N.º 26
Estados sobre todo lo que pertenece al ramo de azoguez

No he tenido noticia de que aiga sido práctica antes de mi tiempo formar estados de todo lo que pertenece a la superintendencia de azogues, y a mi juicio no hay cosa más importante para que su Majestad y el Ministerio se puedan instruir. Yo no pude formarlos con toda exactitud en el primer año, porque esta Caja no llebava regularidad en sus quentas, y las que embiaban las otras, heran, por el mismo tenor; pero desde el segundo los dispuse, y después a costa de bastante travajo puntualisé los del primero. En estos estados se comprehende el azogue que el Gremio de Mineros a entrado en los almacenes mensualmente; el que se ha remitido en el año a cada caja, el que dan por consumido, el que les queda de resto para el año siguiente; el importe del vendido, lo que remiten líquido, lo que descuentan por fletes y otros gastos; lo que les queda en deudas; lo pagado a los mineros de Guancavelica por socorros ordinarios, por extraordinarios, por gastos de obras de la mina con el nombre de Ratas y Desmontes y los demás pagamentos de salarios, sínodos de curas y penciones que tiene este ramo. Estos estados dispuestos en dos pliegos cada año, los he remitido por duplicado a su Majestad, y en el año de 1762, quando se cumplió el quarto de mi govierno, aumenté uno más en otra oja, que comprehende el resumen de los quatro años, pero para disponerlos es necesario que el governador se tome el travajo de llevar una quenta formal de todo, como yo lo e hecho, porque si espera a que se la subministren de la Caja Real, nunca lo podrá conceguir, o a lo menos necesitaría de muchos meses para que se la apronten.

El contenido de este tercer mapa de los quatro años que corrieron desde 4 de noviembre de 1758 hasta 3 de noviembre de 1762, es como se sigue en resumen:

Azogues recevidos en los almacenes de Guancavelica
26.672 quintales 20.6

Azogues remitidos a las Caxas del reyno del Perú
25.318 quintales 97.8

Azogues consumidos en las Caxas
20.593 quintales 90.10

Azogues que quedaron debiendo las Caxas
5.049 quintales 66.9

Total de azogue que les quedó de cargo para el 5º año
9.935 quintales 74.1
Ymporte en dinero del total de azogue que tenían las Caxas
911.390 pesos 5 ½ reales

Débitos de azogues liquidadas las cartas-quentas
112.639 pesos 4 ¼ reales

Ymporte total de las cartas-quentas
2.096.692 pesos 3 reales

Descuento por fletes y otros costos
225.932 pesos 2 reales

Líquido de remición a Guancavelica
1.916.843 pesos 3 reales

Socorros hordinarios dados a los mineros de Guancavelica
1.184.833 pesos 4 3/4 reales

Socorros extraordinarios dados a los mismos mineros
281.531 pesos 2 3/4 reales

Gastos de obras de la mina con nombre de Ratas y Desmontes
258.040 pesos 7 reales

Salarios del governador, oficiales reales y balansario
49.878 pesos 1 reales

Sínodos de los quatro curas
19.604 reales

Pagamentos al acentista conductor de azogues por sus fletes
104.493 reales 7 pesos

Limosnas a San Francisco de Guamanga y de Guancavelica
3.168 pesos

Asignación al hospital de Guancavelica para su subsistencia
15.333 pesos 1 ½ reales

Gastos extraordinarios de la Caxa y paga de suplementos hechos de otros ramos
21.268 pesos

A esto se agregan otras rasones y notas que comprehende el mismo mapa sobre caudales recevidos por auxilios dados por el virrey Conde de Superunda, y quentas sobre el importe del azogue almesanado con el Gremio de Mineros, con otras varias que para expresarlas sería necesario trasumptar todo el mapa. Esta obra siempre que se pueda continuar será muy importante, porque con ella se informa a su Majestad annualmente del estado de la Superintendencia, el Ministerio se halla instruido y los oficiales reales de Guancavelica intelixenciados de que el governador lleba quenta prolixa de todo, no incurren en la livertad de manejar a su adbitrio los caudales y el azogue.

Guancavelica y marzo 7 de 1763.
[firmado y rubricado: Antonio Ulloa]

QUARTO PUNTO DE GOVIERNO

EL CIVÍL Y POLÍTICO DE LA VILLA DE GUANCAVELICA POR EL CAPITÁN DE NAVÍO DE LA REAL ARMADA DON ANTONIO DE ULLOA

Aviendo concluido en los tres puntos antecedentes lo perteneciente a superintendencia de mina, Gremio de Mineros y administración de azoguez y de caudales que tocan a su Majestad, corresponde aora dar noticia del modo en que me he gobernado en quanto a los negocios de administración de justicia y en assumptos que miran a la política de la villa de Guancavelica, cuya carga no es menos laboriosa que las otras de que queda hecha mención, porque a proporción que las costumbres se hallan más corrompidas entre las jentes, dan más que hacer a los que los ha de dirigir, sugetándose dificultosamente a lo que pide la razón y la Justicia. Mi govierno se anunció desde los principios lleno de afanes y de disgustos, en cuya forma a seguido después, porque mi estreno fue en el año de 1759 por una carestía de pan de mucha aflicción; aún no se havía comvalecido de este mal quando sobrevino una epidemia de enfermedades que reinó generalmente en todo el reyno y en Guancavelica causó bastante mortandad en la gente. Pero antes de estos dos accidentes avía precedido el de una innundación o lloclla, según llaman, que dio el mayor cuidado; en el mes de febrero del año de 61 succedió arruinar el río con una gran avenida el Puente de Piedra, cuyos arcos estavan sentidos, pero aunque estos males fueron tan cencibles en Guancavelica, no puede haver mayor aflicción que el descaecimiento de la mina en la ley de su mineral, la qual comprehende a todo el vecindario, y no ay descanzo para verlo gemir en fuerza de la miseria que los oprime, sin tener adbitrio para alibiarles en la nececidad. En medio de haver sido todo el curzo de mi tiempo lleno de angustias y de pesares, estos han recaído solamente sobre mí, sin participar el vecindario de otros desabrimientos que aquéllos que por precición los debe ocacionar la pobresa, pudiendo decir que e sido afortunado en que el temor más que el castigo aya sido quien a contenido los desórdenes, porque en los quatro años y meses que ha que govierno, no se an visto dentro de la villa más que dos o tres muertes violentas, y éstas an procedido más de la embriaguez que del atrevimiento o de los efectos de la ira, un robo de concideración que hubo, se tuvo la fortuna de encontrarlo sin que el dueño perdiese cosa alguna; en los de raterías son raros los que no se aigan recuperado. No se an visto castigos que horrerisen ni que denoten haver sido necessario contener con los que compadecen, porque a excepción del de algunos días de prición, destierros de la villa y su jurisdicción a los mal entretenidos y pena de grillete en la Real Mina a los ladrones quatreros, no a avido otros. Pero al mismo tiempo no he abandonado el cuidado de perseguir los delitos, procurando que los delinquentes queden escarmentados con estas moderadas penas, que el medio de que se contengan, porque viendo que el juez no se desentiende y que ha de aver corrección en los que incurren, se contienen sólo con el temor, que es el modo de que sin que el rigor tenga sobre qué obrar, sirva de freno el miedo por la certesa que ay de que no se ha de dispensar nada. Los juegos, que es un motivo de grandes desastres, los he perseguido sin perdonar a ninguno, y aunque es imposible a un juez extinguir los vicios en el todo, se llegan a moderar con la constancia de perseguirlos, y son pocos los que a avido, succediendo esto de tarde en tarde quando me han contemplado descuidado, pero a medida que an intentado bolverlos a entablar, an experimentado el mismo tezón que en los principios. El conceguirse que aiga quietud en el vecindario y que vivan sin el peligro que acarrea la livertad, depende del cuidado en el que manda, y de administrar la justicia con tal aplicación y desinteréz, que no se postergue nada de un día para el otro, y que el pobre y miserable sea tan atendido en sus demandas, como el que hace la primer figura, porque quando se miran con dispariedad los derechos entre las partes, se levanta de punto el orgullo en los unos y crece el abatimiento en los otros, cuyas concequencias son perderse el respecto el que govierna, en los primeros por las licencias que se toman, y en los segundos por el ajamiento que an experimentado viéndose desatendidos. En mi govierno no ha avido castigos donde se manifieste el rigor porque no a sido necesario llegar a estos extremos; no se a visto por las calles ningún azotado, ni en las plasas a llegado el cazo de que horrorisen los suplicios; no se ha entendido que los particulares se constituyan comitres crueles de los yndios que les sirven, como estava en práctica, y si alguno fuera de la villa lo ha intentado, ha sido reprimido immediatamente. Por este medio todos an vivido con la seguridad de que no han de experimentar insultos, y que el atrevimiento de los malos no se a de propasar a ofenderles. En Guancavelica no deja de ser difícil el conceguir esta regularidad, porque con motivo de correr el dinero más que en otras partes, acuden de todas los que tienen la ocupación de comerciar, y los que sin tenerla se abandonan al juego, al latrocinio, y otros vicios perniciosos; de suerte que es un lugar de tráfico donde continuamente entra gente, y sale; pero hecho el entable en el governador y vigilando continuamente sobre auyentar a los que se conoce no ser buenos, llega a conceguirse que vivan todos con regularidad y que se muden a otras partes los que vinieron con dañadas intenciones; pero es necesario para llegar a este punto, que no haiga descuido y que en los principios no se dispense nada.

N.º 1
Sobre la administración de Justicia

El govierno de Guancavelica, por muchas rasones, combendría que recayese en juez Letrado, porque son muchos los pleitos que se subcitan y aunque no fuera más que los que se ofrecen en las Caxas por dependencias del Rey, bastarían éstos para que no estuviese bien en hombre político, mucho menos en militar, cuya criansa y costumbres no se avienen bien con los negocios embrollados que se subcitan por las partes en sus litigios, mayormente en un pays donde esto es muy común, y que nunca se ofrece coyuntura de exercitar lo militar, porque ni está en frontera de yndios ni ay por qué acordarse de los rudimentos de la milicia. En mi govierno no ha havido hora determinada para dar audiencia; desde las 6 ½ de la mañana hasta las 10 de la noche, an estado aviertas las puertas de mi vivienda para toda suerte de jentes, y a la hora que cada uno a acudido, a entrado sin pedir licencia a nadie, ni ser necesario avisar, a dar su querella, oyéndosele y dando providencia immediatamente, según la exigencia de los casos. El yndio no a tenido menos privilegios que el mestiso o que el español; y el párbulo a sido tan oydo como el hombre de mayor recomendación. Desde las 11 del día hasta la 1ª, an sido por lo común oras destinadas a leer las peticiones y dictar los autos que se han de poner en ellas, en cuya distribución no a avido embarazo que la interrumpa, de tal modo que ni los despachos para la Corte, ni los de correos, ni las providencias de oficio, que han sido bastantes, an servido de estorvo para que las partes entren a todas horas a hacer sus recursos. Del mismo modo he tenido cuidado de que el escrivano corra las diligencias asta el siguiente día en que se an estendido los autos, porque en esto avía gran descuido, siguiéndose de esta promptitud en el despacho, averse aumentado en tanto punto los recurzos de las partes, que a veses a faltado tiempo para oírlos a todos y para providenciar lo que corresponde. Es también de advertir que en este gran número de aquéllas ay muchas que son impertinentes, porque se reducen al valor de dos reales o a alguna dicención de poca monta, pero yo he oydo estas de poco momento del mismo modo que las de entidad, haciéndome cargo que para un pobre son de tanta concequencia dos reales como para otro pueden serlo cien pessos, y que oydos aquéllos de una discordia leve, se evita que pasen a mayores excesos con el fin de tomar la venganza del agravio por sí propios.

N.º 2
Sobre los litigios de interesses

No es poco lo que hai que hacer en litigios de intereses, porque la jente, sobre ser de poquícima fee en sus tratos, propende mucho a pleitear y assí se ve que demandas terminadas en el govierno de don Gerónimo de Sola, y aún de más antiguedad, y en cosa de poca monta, se subcitan de nuevo, particularmente siempre que entra nuevo governador; en ellas es necesario governarse con gran tiento, sirviendo para no errarlo más que la theórica, la práctica y el conocimiento de la gente que sólo con el tiempo se puede adquirir; porque aquellos asumptos que parecen repugnantes a toda buena razón, es precizo seguirlos por sus términos, de lo contrario formarían artículos graves contra el que govierna y pasarían a dar con ellos a Lima, abultándolos de quantas falacias y maldades se les antojan. Ni se puede aser aprecio de los informes verbales, ni dar entero crédito a lo que expresan en los escritos, porque son naturalmente inclinados a la mentira y a la mayor dificultad para determinar conciste en hacerlo sin incurrir en engaño.

Llevado yo de un buen fin en los principios del govierno procuraba inclinar a las partes en los pleitos de poca monta a que se compuciesen amistosamente, determinándolos como me parecía de rasón después de averlas oído; pero bien presto me fue precizo dexar este medio escarmentado de las malas concequencias que tenía, porque la parte que salía condenada iba publicando que no avía justicia, que la condenación avía sido sin atender a sus disculpas, y aun sin quererlas oyr; que el primer informe que se me hacía era el que me imprecionava, con otras livertades por este tenor, y al siguiente día me las davan en rostro, en un escrito en que reclamavan de lo que avía determinado. Vista esta desemboltura y poca sugeción, huve de avenirme, aunque con bastante repugnancia, a que todo se trate por medio de escritos, y como la justicia se ha de administrar de modo que las partes queden satisfechas y combencidas del modo en que se procede, no he escrupulisado en ello; pero aún todavía pasa a más la tenacidad de las jentes de Guancavelica en este particular, porque después de aver oydo la sentencia por el governador, dexan pasar unos días y van a poner la demanda ante el theniente, y al contrario en aquellas que fueron sentenciados por éste, persuadiéndose a que han de tener mexor despacho, y si huviera muchos jueces no quedarían satisfechos hasta averlos recorrido todos.

N.º 3
De los delitos más comunes en Guancavelica

Aunque en todo el mundo es general cometerse delitos, parece que ai paraxes en donde succede esto con más descaro y desemboltura que en otros; de veinte o treinta peticiones que se presentan muchos días y de varias querellas verbales que ay además, las tres quartas partes son de robos y concubinasgos. El marido no tiene rubor de acusar a la mujer ni ésta al marido; la madre al hixo, y el hixo al padre, y he visto casos en que me an dejado escandecido, como es el acusar la madre a dos hixos lexítimos suyos, uno con otro, cuyas circunstancias y desemboltura ofenden el pudor aun sólo de imaginarlo.

Los robos de ratería son frequentes, porque en este arte son sutilícimos, la frequencia con que se oye estas dos especies de delitos me a hecho decir algunas veces que se necesitavan dos jueces que no entendiesen en otros asumptos más que en los de esta especie; es incapaz que quanta aplicación se pueda dar en el juez modere semexantes vicios, porque parese que todo el vecindario incurre particularmente en la impudicidad, y assí, vista la generalidad de él, mi cuidado ha sido castigar y corregir lo más escandaloso, los adúlteros, y otros por este tenor, que no me an ocacionado pocas desasones, porque ordinariamente a resultado interesarse en favor de los delinquentes las primeras personas del lugar y a sido necesario no condescender en su interceción para no quede impune la culpa y sin corrección el escándalo, siendo de suponer que esta segunda parte no la hay, ni cauza novedad. Esto es por lo que toca a españoles, unos blancos y otros mestizos, porque entre los yndios, es tan ordinario, que ya no se hace cazo ni ellos dan quenta de los adulterios de sus mugeres sino es quando por otros motivos quieren tomar venganza de ellas. En este particular es necesario también manejarse con mucho tiento, porque sabiendo ellos que semejante delito se castiga por los jueces, suelen acudir a denunciarlas sin que en la ocación sea cierta la acusación; y otras veces las aporrean a su satisfacción y con crueldad, dando por disculpa haverlas encontrado en adulterio, no siendo assí.

La ratería y el robo de ganados es cosa tan común que si se huviera de castigar no havría cárceles ni suplicios para todos los que incurren; esto en general en toda suerte de jentes, y lo más que se hace es obligar al que hurtó a que buelva la cosa, o su valor, sin aplicarle otra pena. Con el motivo de aver en Guancavelica más tráfico y comercio que en las provincias circunvecinas, acuden de todas ellas los bagamundos, y estos son por lo ordinario los que hacen los robos de las casas. El modo que he tenido para minorarlos a sido, de tiempo en tiempo, desterrar a aquellos que se reconoce no ser vecinos y que no tienen oficio; para esto y para la limpiesa de las calles, y aún de las casas nombré desde los principios del govierno diputados de barrios, por auto de 30 de octubre de 1759 y 16 de febrero de 1760, encargándoles el cuidado de averiguar los forasteros que llegasen a vivir en ellos, y que me diesen quenta para tomar providencia, y que siempre que succediese algún robo en su distrito, hiciesen immediatamente la primera pesquiza y asegurasen a los que se hallaban sindicados para embarasar que hiciesen fuga. Con esto se logró que no huviese tantos, pero no extinguirlos, cuya empresa es mui difícil.

N.° 4
Sobre los juegos

Entre los vicios que en Guancavelica priban con excezo es el juego; éste es común, más que en otras partes, en los minerales, contribuyendo a ello la ociocidad que el exercicio trae consigo y el concurzo de la gente forastera. En otros tiempos en que la mina se hallava en opulencia eran, a lo que tengo oydo, con mucho excezo, pero desde que descaeció y que los mineros están pobres, subsiste el vicio, aunque las pérdidas no son tan quantiosas. Yo los prohiví por auto de 11 de enero de 1759 y aunque impuse la pena de 200 pesos de multas y un mes de prición a los que incurriesen, me pareció combeniente desde el principio suprimir la multa en el todo y castigar el delito con la prición; assí, aunque algunos an querido indultarse de la mortificación con alguna pena pecuniaria, no se lo he admitido, fundándome en dos rasones, la primera no desacreditar la justicia y que se diga que he celado los vicios por el interéz, aunque nunca el de las multas debía resultar en beneficio mío, y lo segundo, porque esta pena no sirve de escarmiento. Quando los jugadores han sido forasteros, los he desterrado de la villa después de algún tiempo de prición, porque no aviendo pensado en establecer utilidades a costa de los viciosos, ni concentido que los ministros de justicia las tengan e tirado a estirpar de una vez lo malo quitando la ocasión de que se propague este cuidado, que a sido igual durante mi govierno, no a bastado para que dexen de incurrir algunos, pero creo que no avrán sido tantos como si huviera faltado, y a lo menos no he tenido noticia de ningunos a quienes no haiga perseguido, siguiéndose de ello que el desorden quando lo a avido, a sido recatándolo, de modo que no llegue a mi noticia, que no es poco conceguirse en donde se cometía con el mayor desembarazo.

N.º 5
De las Rondas

Las ocupaciones del día an pedido en mí algún descanzo en la noche, porque aunque antes de llegar a Guancavelica me decían los que avían conocido el govierno en otros tiempos ser empleo de mucho descanzo, para mí a sido pezadíssimo, de tal modo que me ha faltado tiempo muchas veces para evacuar lo corriente del día, y assí no me ha sido posible frequentar mucho las rondas, pero tampoco he dexado de hacerlas quando determinadamente se ha ofrecido qué corregir. Los dos thenientes generales que he tenido tampoco han sido hombres rondadores, procedido de que aunque pobres, han sido hombres de pundonor, desinteresados y que quando hallasen delitos que emmendar, no havían de tomar este pretexto para pringarse en multas, en lo qual importa mucho el exemplo del que manda; no he permitido que el alguacil mayor ronde ni que vicite casa alguna con ningún pretexto, si no son aquellas que determinadamente yo le he mandado por evitar que cometa extorciones, y si alguna vez lo ha practicado, a sido sin que llegue a mi conocimiento, pero la ronda que se hace por los vecinos no ha faltado noche alguna, para esto a estado la lista de ellos en mi poder, formándola en el principio del año; yo les he dado la orden a los cavos y al día siguiente, de mañana, an venido a darme quenta. El orden general a sido que no entren en ninguna casa, a menos de que oigan ruido en ellas y sea necesario hacerlo para apasiguar; que desde las 10 de la noche en adelante no dexen jente por las calles a excepción de las personas conocidas o que van con alguna urgencia, que ronden cinco o seis veces la Caxa Real y la cárcel, por ser los dos paraxes de cuidado que ay, poniendo un hombre de guardia en cada uno y mudándolo cada dos horas, con los de la parroquia que les acompañan, y que recojan en la cárcel a los yndios borrachos y jente desconocida que se encuentra pasada la hora. Desde el principio prohibí los *aycupacos*, que estaban en costumbre y consisten en juntarse de noche tropa de yndios y mestizos con tambor manteniéndose lo más de la noche dansando por las calles y embriagándose. Esto se hacía en las novenas de todas las festividades, que son bastantes, y de una embriaguez a deshoras, se dexa entender los desórdenes que se seguirían; de día no los e estorvado porque entonces no dan cuidado, pero por la noche son peligrosos y mantienen al que manda en continuo sobresalto, no pudiendo discernir si es diverción o alboroto el estrépito que se siente. Las más de las rondas que he hecho, han sido para rondar a las mismas rondas y ver si cumplían el orden que les daba, con estas providencias a estado el lugar en la mayor quietud y no ha havido ni robos, ni pendencias, ni desastres durante la noche, de suerte que lo que se ha experimentado de esto a sido de día lo más regular entre yndios procedido de embriaguez.

N.º 6
De la embriagués en los Domingos y días de fiesta

Los domingos y días clácicos de fiesta, con el motibo de cerrarse la mina, baxan a Guancavelica todos los que travajan en ella y reciviendo la paga de lo que tienen travajado en la semana, imbierten lo más de ella en la vebida del aguardiente, a la qual son muy propensos, y la única que les gusta, assí a mestisos y españoles como a yndios; de aquí resulta la embriaguez, que es entre semejante gente poco menos que general, las roturas de cavesa, y aporrearse, con que estos días son los que ay más que hacer. Las mestisas y las yndias no son menos viciosas en esto que los hombres, pero haciéndose cargo que los ofendidos y los ofensores están igualmente fuera de su juicio; lo que he echo a sido que los pongan a todos en la cárcel y al día siguiente quando les a pasado la borrachera, mandarlos soltar, sin permitir que les lleven cosa alguna por carcelage, sobre lo qual es necesario que el que govierna tenga gran cuidado, porque ai en ello no pocas maldades. De estas embriagueses resultan querellas para toda la semana, en unos por el dinero que perdieron en los debates y lo suponen hurtado, y en otros por la ropa que en la realidad les hurtan otros que no están tan privados como ellos. Con que esta lidia dura todo el año.

N.º 7
De las multas

Durante mi govierno se puede decir que no a avido multas, porque aunque en los principios de él con motibo de perceguir a los tahúres y casas de juego se les impuzo la pena de 200 pesos y un mes de cárcel, la commuté immediatamente en quatro meses de cárcel por el todo, pero viendo que en la cárcel no avía ningunas priciones y que en esta forma faltava seguridad con aquellos reos de delitos graves, ni adbitrio de donde poderlas hacer, dispuse commutar la mitad del tiempo de la prición en 20 pesos de multa; esto se practicó y haviéndose satisfecho lo que importaron algunos grillos y grilletes, que montaron 125 pesos, cesaron enteramente las multas sin pasar a más que a esta cantidad, assí, desde el año de 1759 en adelante no a avido ninguna.

Con el motivo también de haver prohivido el aguardiente aquel año, por causar mucha mortandad en los yndios durante el tiempo de la epidemia, lo prohibí por auto de 2 de julio, y aunque se impuzo multa de 20 pesos a los que lo introdugesen o vendiesen, y perdición del género, no llegó el caso de que se les sacase, pero aviendo sido prescizo para contener el desorden que avía en ello con menos precio del bando publicado, nombrar un ministro que cuidase de su observancia y vicitase las pulperías; se le señalaron 4 pesos por sus derechos a costa de los contraventores, dándole facultad al mismo tiempo para que hiciese pedazos las redomas y otras bacijas en que tenían aguardiente de venta, y assí que vieron que la cosa iba de veras, se abstuvieron de venderlo y no huvo sobre qué recayese la pena que avían de pagar al ministro. Esta prohibición duró sólo hasta octubre, que aviendo cesado la epidemia y mortandad de gente, corrió como antes la venta del aguardiente.

Durante mi governo no a avido otras penas pecuniarias más que las que quedan referidas, ni he permitido, como llevo dicho, que los demás ministros de justicia las impongan por sí; y si acazo alguno lo ha hecho, a sido sin que llegue a mi noticia.

N.º 8

Sobre derechos de firmas

En el tiempo de don Gerónimo de Sola no se les llevó a las partes cosa alguna por razón de firmas en los escritos que presentan; no sé con certeza lo que se practicó en los dos goviernos siguientes, aunque creo que en el de don Gaspar de la Cerda se observó lo mismo, pero en el mío no han sido pencionados en esta contribución; todo el mundo a tenido la livertad de presentar quantos escritos se le han ofrecido sin pagar cosa alguna por ocurrir a pedir justicia. Quando las demandas an sido de poca monta o de jente pobre, les he hecho poner los decretos correspondientes sin que el escrivano los autorize, para excusar a las partes que tengan que pagarle derechos; y esta exemción se ha guardado con los recurzos de los yndios de la provincia en providencias sobre tributos y sobre todo lo que toca a servicio personal, a cuyo fin se les an librado los despachos, autos y decretos que an solicitado en toda forma, sin tener que contribuir cosa alguna, porque tales asumptos aunque son a pedimento de partes, tocan a cosa de oficio.

N.º 9
Derechos de prición y ministros de Justicia

En Guancavelica no ay ministros de justicia que causen respecto para hacer las priciones, porque a excepción del alguacil mayor, los demás son yndios, y estos unas veces por la embriaguez a que se dan y otras por su ninguna formalidad, o los atropellan los reos a quienes van a prender o ellos por el interés de un real para aguardiente les dan suelta. Visto este desorden, y que no avía medio de conceguir que hubiese subordinación, determiné en principios del año de 1759 que se pagasen las priciones con proporción a la distancia a donde se van a hacer, porque muchas de ellas es precizo hir más de una legua fuera de la villa; y que estas diligencias quando se hubiesen de actuar contra españoles o mestizos, fuesen a hacerlas el alcalde mayor que mantiene el Gremio de Mineros para lo que pertenece a sus negocios, el regidor que se nombra del tambo u otra persona de quien no se hiciese irrición, como succede con los yndios; y aunque a sido mui murmurada esta providencia en fuersa de la malignidad que reina en el vecindario y de que por este medio no tienen lugar de burlarse de los alcaldes de yndios como lo hacían antes la he llevado adelante, assí por ser práctica en todas partes pagarse la diligencia de la prición, como por no aver otro medio para que se mantengan los ministros de justicia. También dispuse por el mismo auto que además de los derechos de carcelaje, pagasen los españoles y mestizos 2 reales de grillos, y los yndios un real para que el alguacil mayor o su theniente los mantengan completos y puedan costear aquellos que se rompen o que se hurtan, que también succede esto.

N.º 10
Casas de depósitos para las muxeres

No hai en Guancavelica lugar destinado en donde poder tener con recojimiento a las muxeres escandalosas o que incurren en algún delito, y aunque la cárcel oy está mui mejorada de lo que a sido, a costa de mi cuidado y desvelo, reinando con extremo en este lugar la disolución y desemboltura núnca es combeniente ponerlas allí; lo ordinario es embiarlas a alguna de las casas que son panaderías; allí las aplican al amacijo, y por este travaxo las mantienen sin mayor gravamen de los dueños, procurando tenerlas encerradas; pero no es tanto el cuidado que ay con ellas que no acontesca muchas vezces huirse. Quando las muxeres que se an de castigar son de alguna más forma que lo común, se depocitan en casas decentes, y esto es de mucha pención para los dueños, porque además de averlas de mantener, es imponerles un cuidado y un rexistro mui molestoso. Este es un travaxo que tiene la administración de justicia en Guancavelica por falta de alguna casa de reclución, mayormente siendo tan frequente el que aiga que castigar mujeres, que son pocos los días en que dexe de ofrecerse hacerlo.

N.º 11
El governador no tiene gages ni derechos algunos en la Villa

Con ningún asumpto ni motivo tiene el governador ni las demás justicias gajes ni derechos algunos, porque aunque no deja de aver aquéllos que son correspondientes a ynbentarios y almonedas, estos los actúa el theniente general, siendo todo el usufructo que gosa por la administración de justicia y el engorro de oír los pleitos y quimeras de todo el año; pero aun estos motivos de tener alguna utilidad son tan pocos, que an sido mui contados los que se han ofrecido en todo el tiempo que e governado y no sé que lleguen a seis los que se an actuado.

N.º 12

De los abintestatos y Juzgado de Bienes de Difuntos

Un abintestato es el que a avido en todo el tiempo de mi govierno; en este me pareció comveniente no fiar la diligencia del theniente general, no por faltarme confiansa de su proceder, sino es por evitar que se dixese avía imitado a don Pablo de la Vega en la livertad de substraer los bienes del difunto; immediatamente que se me dio avizo hize llamar al escribano y a uno de los primeros vecinos en caudal y en buena reputación; se pucieron llaves, que se entregaron a este suxeto a quien nombré de depocitario, y al escribano y guardias, además, asta que se le dio sepultura al cuerpo y se inbentarió lo que avía. Luego que lo estuvo se embiaron testimonios de ello al Jusgado de Bienes de Difuntos de Lima y se dio avizo a los parientes que recidían en el Tucumán, los que aviendo ocurrido recibieron quanto avía sin gravárseles en cosa alguna, ni aún en los derechos que correspondían de ynbentarios, que devían acender algo, por ser el difunto hombre de manexo y que tenía en papeles un caudal crecido.

El Tribunal de Bienes de Difuntos de Lima pretendió que yo huviese de sacar despachos de comisario de aquel jusgado, pero no combiné en ello porque mis graves ocupaciones no permitían de encargarme de estas más, que para otro pudiera ser de algún provecho y para mí sólo hera de acrecentar el travaxo; y assí se dispuzo que recayese la comisaría en el theniente general y que él corriese con estos asumptos, como que no tenía los embarazos que yo. A los fines del govierno de don Pablo de la Vega murió el cura de la parrochia de San Antonio don Luiz Fríaz; hera hombre de combeniencias, y no testó; el governador hizo con esta ocación de las que solía, y fue opinión corriente que se constituyó heredero a puerta cerrada. Los ynventarios los hizo por sí, procurando que no assistiese el escrivano ni el alguacil mayor, para lo qual halló opinión, como la tenía para quanto quería, de plata labrada, de dinero y de alhajas de pedrería, como de librería, que era buena, y muebles; no huvo más depócito que recoxerlo todo en su poder, y quando el Tribunal de Difuntos ocurrió pidiendo los ynventarios, que fue ya en mi govierno, no se encontraron, ni más razón que la de aver arrastrado con todo el governador; pero contra éste no se siguió diligencia alguna, que sería, naturalmente o por ser esta la práctica corriente del paíz, o porque siendo ministro de toga no se tendría por combeniente hacerlo. Los que conocían al difunto aseguraban que pasaban de 40 mill pesos los que dexó en plata y alhajas preciosas.

N.º 13
Del theniente general de Guancavelica

Los governadores nombran un theniente general, el qual se elige entre el número de los vecinos; éste es necesario procurar que sea hombre pacífico, desinteresado y de buena conciencia, para que en los recurzos que se ponen ante él, no se convierta la justicia en estafas, ni se dé audiencia a las partes por el interez. Yo, quando entré, no teniendo conocimiento de las personas para poder elegir con acierto, continúe al que estava, que era don Alonzo del Pino, y aunque éste lo hizo bien, siendo de edad bien abanzada y achacoso, nombré un año después a don Miguel de Sierralta, hombre pacífico, de buena índole y nada propenzo al interéz, de tal modo que ni uno ni otro han llevado derechos de firmas ni an sido estafadores, que es a lo que se deve mirar ante todas cosas, ninguno de los dos me a ayudado mucho en el travaxo de la administración de justicia, no por falta de voluntad en ellos, sino es porque las partes, aunque sea sobre cosas nimias, no acuden a otro si no es al governador, y es precizo oírlas, sin remitirlas al theniente quando voluntariamente no se inclinan a él.

N.º 14
Del alguacil mayor

Ay un alguacil mayor, y a esto se reducen todas las personas de justicia, porque ni ai cavildo de regidores, ni alcaldes, y assí todo el govierno pende del governador y de su theniente, y en ellos y el alguacil mayor consiste el respecto de la justicia; con este, como ya queda explicado, e procurado que ni ronde por sí ni se exceda en aquellos derechos que le pertenecen. Algunas quexas e tenido contra él como contra el escrivano, pero venido a averiguar se han hallado ser sin fundamento, procedidas de que al paso que por inclinación es la gente quimerista y pleiteante, no se avienen a pagarles los derechos de las diligencias que se actúan a su pedimento, y de aquí proceden las quejas, porque quicieran que uno y otro les sirviesen de balde. En esta intelixencia dispuse que las actuaciones se hubiesen de satisfacer de contado y que no practicándose así, se mantuviesen los autos en el oficio asta que apromptasen la paga.

N.º 15
Del escrivano

Antes de mi govierno se pasaban los días enteros sin abrirse el oficio de escrivano público y quando se hacía era de las 11 a las 12 del día, a imitación de lo que succedía en la Caxa Real, resultando de esta obmición no darse curzo a los expedientes y litigios entre partes; por esto avía muchos pleitos resagados, pues según queda dicho en otra parte, todo aquello que no rendía utilidades al governador, se dexava rendir, digo dormir. Yo entablé que a las 9 del día se abriese el oficio y que no se cerrase hasta las 12, y que por las tardes se bolviese a abrir y lo estuviese a lo menos dos horas. Con esto a avido más regularidad en la administración de Justicia.

No hai más que un escrivano en la villa, que es público de Caxa Real, de Cavildo y del Gremio de Mineros, el qual no puede dar a basto a todo lo que ocurre, y muchas veces succede postergar unas diligencias por atender a otras que instan más, pero aún assí se mantiene estrechamente, procedido de que las más de las diligencias que actúa y de los derechos que le corresponden por los autos de litigios entre partes, no se los satisfacen, siendo al mismo tiempo de su obligación servir en quanto se ofrece de Caxa Real y de Superintendencia de Azoguez, sin llevar cosa alguna, conque, aunque combendría para el buen despacho que hubiese dos, no son competentes los derechos que se pagan para que se mantengan, y se hace forzoso dicimular muchas veces las faltas de expedición en las diligencias de justicia.

El actual secretario don Fernando de Arana, es hombre limitado en asumptos de su oficio, pero en correspondiencia de esta cortedad de luces, es de buena fee y de legalidad, circunstancia mui del caso en tal ocupación. El peszo del oficio durante mi tiempo, lo a llevado el oficial mayor don Hermenegildo Candioti, que tiene bastante práctica en manexo de providencias de justicia, y es assimismo de buena índole y fidelidad, bien que los proveídos de los escritos, autos y providencias de alguna entidad, los e dictado yo todo el tiempo de mi govierno, haciéndolos escrivir a mi vista en borrador, cuyo travaxo es precizo que lo haga qualquiera que governare para proceder con más seguridad.

N.º 16
De abogados y acesor

Si es perjudizial que en las poblaciones donde no ai establecimiento de tribunales abunden los juristas, por los litigios y pleitos que se promueven a su abrigo, o por los influxos con que alientan a las partes para que los emprendan, no lo es menos el que falten enteramente porque de ello se sigue lo que está experimentándose en Guancavelica; primeramente, el que govierna no tiene hombre de letras con quien acesorarse, ni a quien consultar en los casos que piden no proceder por sí. Las partes no tienen quien las diriga con sugeción al derecho de la justicia y a las leyes, y quien les aconseje lo que les está bien. Las acesorías es necesario que vayan a Lima y buelvan de allí, lo qual retarda la conclución de los litigios mucho tiempo y los hace más costosos; en las competencias de jurisdición no ay de quien valerse para seguirlas con la formalidad que piden y no es este el caso que se ofrece menos, pero lo más sencible y que pasa a ser escandaloso, es que por falta de abogados de profeción en suxetos seglares, se inclinan las partes a los clérigos y religiosos, unos de los que están avecindados en Guancavelica, otros de los que andan traficando, y persuadidos a que estos, mediante el estado sacerdotal que profesan no pueden errar, se ponen en sus manos para que los defiendan; pero ellos al abrigo de la immunidad y con la ignorancia de que están poseídos en la materia, imbierten lo que avía de ser derecho en libertades y desvergüensas abominables, faltando al respeto al jues a quien se presentan, y no pocas veces quando no conciguen lo que intentan, buelven contra el mismo jues las amenasas, llenándole de baldones y de belipendios; ellos quedan mui ufanos y las partes muy satisfechas de que pueden concequir a fuersa de tales maldades lo que no deben esperar en buena justicia. Los ecleciásticos que en esta forma hacen de abogados, al abrigo del carácter y de la seguridad de que en ningún caso puede resultarles perjuicio, sueltan la rienda a la mordacidad, y no se puede comprehender hasta dónde llegan las insolencias. De este número an sido en mi tiempo más señaladamente que otros: el cura de San Sebastián don Juan Joseph de Aguirre; hombre tan reboltoso y descomedido, que aviendo sido cura antes en la provincia de Lucanas, salió de allí desterrado por las inquietudes que promobió contra el corregidor don Lorenzo Phelipe de la Torre. Apenas entró en Guancavelica quando sintió don Gerónimo de Sola, que entonces governaba, los efectos de su malignidad; y desde entonces acá a estado siempre hecho cavesa de partido contra los governadores, abrigando con sus altiveses y escritos denigrativos a quantos reos se an intentado contener por la justicia en sus desórdenes; don Urbano Rodríguez, jesuita expulso de la Compañía, es igual al antecedente en este modo livertino; un padre Agustino, fray Joseph de Orrego, tratante en Guancavelica, lo mismo y en mi tiempo, se a visto lo que no se puede entender sin que haga repugnancia a la rasón; y es que asta el rector de la Compañía a hecho de abogado para dictar los puntos de los escritos con la misma livertad que los suxetos anteriores. Déxase comprehender ser este un embaraso formidable para poder administrar justicia y providenciar el governador en los negocios que están a su cargo, porque sonrroxado de semejante modo, no ai quien quiera exponer su estimación a semejantes lances, mayormente quando el fin de las partes, o de los que les hacen los escritos, no es sólo el abochornarlo, sino el pedir testimonio de los autos quando no consiguen lo que intentan y pasarlos a Lima; allí se recibe todo lo que mancha al que govierna favorablemente con que antes de llegar a este caso, es preciso desentenderse de los delitos, que en todo el mundo claman por la justicia, abriendo las puertas de la cárcel para que el aleboso, el ladrón, el fullero, el escandaloso y otros salgan libres. De todos estos lances he tenido no uno si no es muchos, y quando en los principios del govierno intenté poner aquellas penas moderadas que me parecieron regulares, vi venir de Lima un aleboso a quien yo perseguía por el hecho de este delito, absuelto de culpa y pena; de Guamanga, al cura de una de las parrochias que escandalosamente avía substraído del poder de su madre a una mujer soltera, con tantas satisfacciones como absuelto del delito, él y la concubina, y la madre que avía dado quexa sobre el agravio cometido con ella, en desdoro de su honor, penada en costas y mandada poner en reclución, cuyo castigo comprehendía a otra hija doncella, y de recoximiento, que no havía dado qué decir. Por este tenor he experimentado varios otros casos, que me an enseñado al fin, a desentenderme de aquellos delitos que pedían un prompto castigo, reduciendo la justicia a los yndios y gente más infelis, con aquella moderación que pide la circunstancia de que donde no se puede corregir con igualdad; tampoco es justo que los humildes lo sean con severidad, quedando los demás en iguales casos impunes.

Yo no afirmaré lo que sucederá sobre este particular en las demás partes del reyno, pero lo que no tiene duda es que en Guancavelica es cosa superflua pretender contener los desórdenes, ni aser autos sobre los delitos que se cometten. Porque todo se absuelve en Lima, al punto que las partes acuden allá, y assí tengo a fortuna grande que en algún modo no haya avido mayores desastres en el tiempo de mi govierno, y en parte se debe a aver seguido las causas principiadas con algún tesón sin atender a las amenasas que traían los escritos y al estilo satírico y libre que usan en ellos. Este impedimento para la administración de justicia procede, como dejo dicho, del método que se observa en Lima, donde combiene que los delinquentes ocurran allí, porque este es medio de que ellos y los jueces contra quienes deponen contribuyan, resultando ser una contribución perpetua en la que están unos y otros, de que nace que los correxidores y demás personas que tienen alguna authoridad de mando, procuran por su parte olvidarse de las obligaciones y de la conciencia porque se acuerdan de lo que an de pechar quando proceden con christiandad. De aquí procede el concepto que tengo formado de que combendría en Guancavelica governador letrado, como lo a avido siempre, porque la reprecentación de la toga, contiene mucho en los súbditos, y los ministros de los tribunales de Lima miran por su respecto; lo que no hacen por el de un militar; pero el medio para cortar enteramente un abuso tan pernicioso, sería el no permitirse que en los lugares fuera de tribunales, los eclesiásticos interviniesen en hacer escritos, y mucho menos que abandonadas las obligaciones del estado con el mayor escándalo, como succede, se mesclasen en los asumptos de govierno y de justicia, pero siempre era mui combeniente que en Guancavelica governase togado.

N.º 17

Que un Juez militar en Guancavelica no puede tener acierto en las cosas de Justicia

Quantos litigios se ofresen en Guancavelica, de qualquier naturalesa que sean, se hacen contenciosos, porque nunca les falta que alegar a aquellos contra quienes se procede en contra de lo que se ordena; las escrituras de plazo cumplido en las demandas de intereses no están libres de exempción; los delitos más notorios tienen disculpa, y es el primer paso que dan los delinquentes pedir razón al juez de la causa de la prición y hacerle cargo de que procede por odio y mala voluntad; las execuciones tienen tantos alegatos en contra, que es raro el que se lleven a efecto, y siendo mucho lo que ocurre de cada clase, dan estos asumptos bastante motivo de ocupación. En estos términos, siendo el governador hombre que no está versado en la judicatura, como me succede a mí, y que carece de suxeto ávil y de buena conciencia con quién acesorarse, no es pocible que aunque la intención sea la más sana, y el fin hacer justicia, dexe cometer muchos yerros, mayormente quando las partes en sus escritos, al paso que les falta instrucción para deducir su derecho con claridad, les sobra malicia para probocar al jues a que en lo que provee incurra en irregularidades; me parece que al que no es de una profección y que ni la a versado, ni menos a pensado en ello, no se le puede pedir que la desempeñe con acierto; el hombre sano y a quien no domina el interés, procura ir por aquel rumbo que le parece más justo, y en esto mismo se cometen los absurdos sin conocerlos, porque se falta a las formalidades que pide el derecho de aquí se sigue que su justicia no está arreglada a lo que se debe, y que le resulten cargos por no haver manejado la facultad que no entendía; a mí me ha succedido entre una infinidad de casos, sentenciar un pleito de poca monta quando estava en estado por escusarles a las partes los gastos de embiarlo por acesoría, que importavan más que el valor de lo que se litigava, y salir la parte condenada diciendo de nulidad por ser punto de derecho y no poderlo sentenciar el que no era jurista, decretar que fuese por acesoría y salir ambas partes repugnándolo; nombrar hasta tres acesores, y recursarlos; nombrar quarto acesor recervado y salir igualmente diciendo de nulidad y haciéndome cargos para la recidencia; esto, el recusarme desde la segunda providencia, y el no conformarse en lo executivo con lo que se ordena, a sido muy común, y no es posible en tales circunstancias saber qué rumbo seguro se deva elegir en el que ignora la facultad por donde se debiera dirigir. Estas mismas dificultades succeden en los negocios que pertenecen a intereses reales, con que por todos títulos el que governare en Guancavelica, si no es de la profeción, está perdido, y obrando bien le resultarán tantos cargos, que no será fácil desenrredarse de ellos, sin aver incurrido en culpa. Esta sola concequencia, quando no tubiera el govierno tantos otros motivos de cuidado, sería bastante para aborrecerlo quando una vez se llegan a conoser los peligros.

N.º 18

De la provición de alimentos y carestía de pan en el primer año de govierno

Como el dinero abunda en Guancavelica con motivo de la mina más que en las otras provincias circumbecinas, se conduce de ellas mucha parte de los comestibles; el carnero y baca no entra de fuera, siendo la misma provincia de los Angaraez quien los abastece; la baca no se consume otra más que la que hurtan los yndios carniceros, como queda dicho en el primer punto de esta Relación, y aunque este uso es mui pernicioso, es antiguo y no hay medio de reformarlo. Las mieces que produce la provincia de los Angaraez, aunque no son escasas, no bastarían para el consumo de la villa de Guancavelica y su mina si la provincia de la ysla de Tayacaxa, Guanta, y más que todas Xauxa, no conduxesen continuamente sus cosechas para abasteverla. De estas se trae maíz, papas, arinas y puerco; de las quebradas, cuyo temperamento es cálido, y también de la costa se abastece de todo jénero de frutas y de pezcado que en tiempo de yelos llega fresco; y ay ocasiones en que abunda tanto, que no ai quien lo apetesca; pero el renglón que arrastra la mayor parte del caudal que se distribuye en Guancavelica, es el aguardiente, que se conduce de Yca, el qual se regula que importara cada año más de 80 mill pesos.

En años de cosecha regular no tienen venta las arinas de Angaraez, o es poca, porque las de Xauxa se consiguen por un precio más bajo, quando los otros cosecheros no pueden darlas por el mismo, procedido de que allá les acude más. Quando empesé a governar ignoraba el modo de abastecerse, y repentinamente en el mes de marzo de 1759, a los quatro meses de haver empesado, se me dio avizo de que en las tiendas o pulperías no tenían pan, que en las panaderías no avía arinas, ni esperansa de que las tubiesen; que la mina estava desproveída de este alimento, a lo qual era concequente abandonar el trabajo y esparcirse los travajadores, que una vez succedido, no seria fácil bolverlos a juntar en tres meses. Mi primer diligencia fue averiguar el orijen repentino de esta carestía, y supe aver procedido de que el año antecedente avía sido mui escasa la cosecha en Xauxa, pero que la causa de faltar el pan no procedía tanto de esto como de que entre el cura de la parroquia de San Antonio don Manuel Joseph de Villalta, que antes lo avía sido del pueblo principal de Angaraez, Acobamba, y otro clérigo de allí, don Fernando Delgadillo, avían comprado unas porciones grandes de trigo, y reconociendo que avía escacés, se avían combenido con el rector de la Compañía, el prior de San Juan de Dios que tenían porciones de sus cosechas, sobre levantarle el precio y siendo lo corriente quando está menos abundante, de 5 ½ pesos a 6 cada fanega, de rrepente lo avían subido a 7 ½ y 8 pesos, ofreciendo a los compradores hirlo levantando de punto, con lo qual se retiraron las panaderas y faltó el pan de un día al otro. No será fácil que semexante exceso se crea y que los que por rasón del estado y ministerio en que estavan devían portarse con más miramiento, tratasen de tiranisar el vecindario para adelantar sus utilidades. Con esta noticia bien comprobada providencié lo que era correspondiente; abastecí la villa y la mina hasta la cosecha immediata, pero quedé tan escarmentado de ello, que creo que si viese perecer al vecindario, no bolvería a practicarlo en igual necesidad.

N.º 19

Providencias para el abasto de pan en la carestía de él

Ynstruido de que no avía esperansas de que las provincias de Xauja y ysla de Tallacaxa pudiesen contribuir con arinas a Guancavelica, y que la falta del pan procedía de lo que queda dicho, cuyo descomedimiento llegó a tanto exceso que en un día no hubo poco ni mucho para el abasto del pueblo, probeí auto en 13 de marso del mismo año de 59 mandando que no se pudiesen vender a más precio que el de 5 pesos 4 reales las de mediana calidad y 6 pesos las sobresalientes, siendo la fanega de 6 arrobas y 6 libras, que es el que deven tener. Y estos precios, los más altos en tiempos de carestía; que todas las que entrasen se llevasen a vender a la plasa pública por sus dueños y que no las pudiesen retirar a sus casas asta después de aver estado expuestas allí un día entero para que se proveyesen de ellas las panaderías, imponiendo varias penas a los que no lo executasen assí. Esta intimación y mandamiento no sirvió de nada porque los que avían levantado el precio se mantuvieron en no baxar de él, y como eran eclesiásticos no se les podía apremiar por otro modo, pero la necesidad crecía de tal suerte que en todo el lugar no se pudo encontrar un pan para que yo cenase aquella noche, y desde las 3 de la mañana el día siguiente acudió el vezindario a golpear las puertas de mi casa pidiendo pan; y assí, al amanecer, se hallaba todo él ocupando la plasa principal y las calles immediatas, a cuyo tumulto y clamores parece que se endurecía más la tenacidad del cura Villalta y de los demás eclesiásticos que tenían abarrotadas sus casas de harinas. Vista la necesidad de dar socorro al pueblo, hice llamar al theniente general de la villa, al procurador general de ella, al alguacil mayor y al escribano, y proveyendo otro auto con fecha del día 14, mandé que estos mismos fuesen vicitando todas las casas de seglares en donde se decía haver algunas guardadas, y sin dilación las hiciesen conducir a la plasa, no extendiéndose el orden a las de eclesiásticos, que hera donde más bien correspondía la providencia y donde estaban retenidas las grandes porciones que avían dado motibo a tan imprevista novedad, porque en semexantes paíces es cosa muy peligrosa, y de averlo intentado, huviera pasado el alboroto por distinto modo a mayor conflicto. Con esta diligencia se juntaron 51 fanegas que se repartieron entre las panaderas, al precio establecido, cuyo importe recivieron sus dueños de contado; y aunque la mitad de el lugar quedó desproveído, se socorrió en parte la necesidad. En aquel mismo día puse hombres en los caminos para que quantas arinas entrasen las trujesen en dererucha a mi casa, lo mismo las que perteneciesen a eclesiásticos que a seglares, y despaché al alguacil mayor a los pueblos y haciendas de la provincia para que hiciese embargo de los granos que encontrase, con orden de que decerraxase las troxes cuyos dueños no pareciesen para abrirlas voluntariamente, que formase la rasón de las que hallase en cada paraje y me la embiase; que havilitase los molinos y dispuciese que se llevasen a moler, dándoles guías a los dueños, o a los harrieros para que viniesen a entregar las que tenían suyas propias, o recevían en fuersa del embargo, y no las extraviasen o entrasen con ellas a deshoras y las descargasen en las casas de los eclesiásticos, señalándole dos reales en fanega de todas las que remitiese, así por los gastos que debía de impender en vicitar todos los pueblos y haciendas de la provincia, como por su travajo y el de la jente que le havía de acompañar en la diligencia y para que los dueños no quedasen gravados en estos dos reales, se les aumentó de precio estableciéndose las unas en 5 pesos, 6 reales, y las otras en 6 pesos, 2 reales. Con esta dispocición se conciguió que no faltase el abasto, sacando las porciones de trigo que tenían recerbadas con el fin de tiranisar al público y hacerse de un crecido caudal a su costa.

N.º 20

Abuso que se introduxo en el Repartimiento de arinas y nuevas providencias

Hasta principios de mayo duró el travajo de repartirse las arinas con mi asistencia, la del theniente general, procurador general y escrivano, lo que se executaba en los portales de la Caxa Real; allí acudían los dueños y los compradores que siempre eran muchos, siendo esta faena por donde empesava desde bien temprano el travajo del día, pero abusando las panaderas de la providencia después de pasada la primer necesidad, y también el vecindario, cayeron en dos desórdenes: el uno hera bolver a rebender las mismas arinas dándolas a otras personas por más precio que el que las compravan, resagándolas en sus casas sin amasarlas para lograr por necesidad el aumento del precio y hacer los panes tan pequeños que los reducían a la mitad de lo que devían tener; pero visto que ninguna pena era suficiente para contenerlo, dispuse por otro auto de 2 de mayo, que sólo hubiese 8 panaderas a quienes se les entregasen todas las arinas, señalándole a cada una un sello para que lo puciese en el pan y que cada uno del que se venden dos por medio, huviese de tener después de cosido siette onsas, dándose por perdido y aplicado a los pobres el que estubiese falto; que las mismas panaderas lo vendiesen a quantos fuesen a comprarlo, sin que pasase a las pulperías, porque éstas obligaban a que se les hubiesen de comprar otras cosas para dar pan, y señalé al mismo tiempo las comunidades que avía de asistir cada panadera; con esto se cortó el daño y estuvo proveída la villa y la mina con regularidad hasta el mes de julio que empesaron a conducirse las de la nueva cosecha del valle de Xauxa, bolviendo a quedar en livertad este comercio, y bajaron al precio regular de 3 ½ pesos ó 4.

N.° 21
De otra providencia sobre el mismo fin

Recelando que el trigo que se avía imventariado en la provincia de Angaraez no bastase para el abasto preciso hasta cogerse la cosecha, avía despachado a Guanta y Guamanga un sujeto diligente para que viese el modo de comprar alguna porción, y la hiciese conducir sin dilación, pero no tuvo efecto la diligencia, porque allí avía la misma escacés que en Jauja y Tallacaxa, con que fue forsoso reducirse a lo que avía en Angaraez, y con el orden que se tubo, no sólo hubo suficiente para los cinco meses, sino es que sobró bastante, resultando alguna pérdida al cura Villalta, porque no aviendo querido vender el que tenía retenido en su casa a los precios que establecí, huvo de darlo después por menos.

Los sonrrojos y desaires que experimenté de los eclesiásticos en esta ocasión, fueron excesivos; el rector de la Compañía se sujetó buenamente a que sus arinas se vendiesen en la conformidad que las de seglares, pero el cura Villalta y el prior de San Juan de Dios, se extremaron en las más horribles livertades, hasta llegar con osado atrevimiento a decirme en la publicidad del concurso, al tiempo de repartirlas, que yo y los demás que interveníamos éramos unos ladrones, que estábamos excomulgados por aver extendido la jurisdición a los bienes eclesiásticos, que se les quitaba la acción de usar de ellos a su voluntad, con otras cosas por este tenor, siendo assí que ninguno de los que asistíamos a este repartimiento y a la buena distribución, para que todo el vecindario participase, tenía en ello más utilidad que mirar por el bien del vecindario, y aún el escrivano, que concurría como los otros desde las 6 ½ de la mañana hasta las 9 del día, el mayor alibio que tuvo fue llebar una o otra vez una fanega de arina para el gasto de su familia al mismo precio que los demás; y esto hera quando la avía de sobra.

Estos vituperios y malignidades se escrivieron asta las provincias más distantes, imprecionando que yo era un governador codicioso, violento, que hasta en las cosas de los eclesiásticos quería introducirme a tener utilidades, y era el caso que aviéndoles prohibido de las que en aquel año se prometían con la tiranía que intentavan establecer, no les quedaba otro despique que el blasfemar contra mí para encubrir al mismo tiempo su propio delito, cosa muy usada en Guancavelica y que en qualquier otro pays donde se viba con regularidad hera digna de haverse castigado severamente, porque los perjuicios que se seguían de los depravados fines de esta codicia, extra de la miseria en que constituían al vesindario en la mina y su continuo laboreo, heran grandes, pero ésta es la costumbre del pays y el premio que da a los que más se exmeran en mirar por el alivio de todos.

N.º 22
De la epidemia de enfermedades que se padeció en todo el reino y en particular en Guancavelica

Apenas se empesaban a combalecer en Guancavelica de la falta de alimentos en el pan, quando sobrevino una epidemia de enfermedades, que fue segundo conflito, porque llegó a succeder no verse en las calles mas que perros tendidos y en las casas fue tan general, que en las más de ellas faltava quien asistiese a los enfermos, y aún quien abriese las puertas de la calle, como esta epidemia comprehendía a toda suerte de jentes, yndios, mestisos y españoles, no avía quien proveyese la plaza de las carnes necesarias para que aquellos que estavan menos peligrosos en la enfermedad, o a quienes no aviéndoles todavía acometido pudiesen disponer algún alimento para los que estavan de más gravedad. En mi casa, pasando de veinte personas las que avía, llegó a no aver en pie más que yo, porque aunque no me libré enteramente del mal, fue sólo un amago lo que tuve, y a los dos días pude acudir a la asistencia de los demás. Assí, dentro de mi propia casa como fuera de ella, mis providencias en este lamentable accidente con aquellas pocas gentes que podían mantenerse en pie fueron disponer que se proveyese la plaza de carnero, que en mi casa se hiciesen tres grandes calderos de sustancia diariamente para que de ellos se proveyese a todas horas a quantos viniesen, sin distincción del rico al pobre, cuyo cuidado duró por espacio de un mes, que fue lo que permaneció lo rigoroso de la epidemia. Con este adbitrio, aún de las casas más acomodadas acudían a recevir lo que necesitaban por no tener quién se lo pudiese disponer. La mortandad de jente que hubo fue grande y se reconoció mayor en los yndios que en los españoles; muchos de ellos morían arroxando sangre por la boca, y aviéndose observado que el excesivo uso del aguardiente causaba más peligro en los que lo acostumbraban, prohibí su venta por auto de 2 de julio del mismo año de 59, lo que duró asta primero de agosto, que aviendo cesado la mortandad, y siendo eficacíssimas las instancias de los que se hallaban con porciones crecidas de este licor, bolví por nuevo auto a levantar la prohibición, pero no fue sin la circunstancia de consultar antes al virrey Conde de Superunda, haciéndole presente los perjuicios que traía en todos tiempos la immoderación de esta vebida contra la vida de los yndios, que sensiblemente se disminuían por su causa, a lo qual no se me respondió cosa alguna, ni yo repetí instancia en ello conociendo que no se pensaba en reformar un vicio tan pernicioso; ya fuese por el corto estipendio de las alcavalas que reditúa, o por la utilidad que resulta de su venta a las comunidades religiosas, que son dueñas del mayor número de haciendas de viñería del valle de Yca.

N.º 23
Del procurador general y gastos que se costean de los propios

Anualmente se elige en Guancavelica un procurador general; la principal y una ocupación de estos tiempos en que entiende, es el cuidado de las festividades que costea la villa de sus propios, y cuidar en sus tiempos que se pongan corrientes las sequias por donde desagua el agua de las lluvias; que la fuente de la plasa principal esté corriente, y que el taxamar del río y el puente de la villa se reparen, como también los puentecillos que ai en la misma villa y en sus arrabales, y el puente del Acho, que dista quatro leguas río arriva, siendo por donde trafican los arrieros que van a Lima, y buelven.

Las festividades de yglecia que se hacen son el día de la Purificación, toda la cera bendita que se reparte en el Cavildo; en los Cavildos de yndios de las quatro parroquias y cinco annexos de ellas, en el Gremio de Mineros, y en toda la clerecía de la villa; las palmas benditas del

Domingo de Ramos que igualmente se reparten en los mismos; la festividad de Nuestra Señora de las Nieves, que es jurada y patrona de la villa, y las missas de gracias en los días del rey, reyna y príncipe de Asturias nuestros señores, que celebran con la mayor ostentación. En el tiempo de mi govierno se han costeado de los mismos propios tres excequias reales por las reynas y rey nuestros señores doña María Bárbara de Portugal, doña María Amelia de Saxonia y por el señor don Fernando el 6º; y la jura por su Majestad, que Dios guarde y actualmente nos govierna, el señor don Carlos 3º; cuyas funciones se procuraron desempeñar con todo el explendor y lucimiento que correspondía a la magestad del asumpto.

Además de estos gastos, se han hecho con los propios los de levantar la cárcel quasi toda ella de nuevo, sacar una cañería cerrada del manantial que llaman Castilla Puquio, la qual tiene cosa de un quarto de legua de largo; avilitar el puente de Sexsechaca y hacer por dos veces los estrivos del puente principal de la villa, de cuyas obras diré lo combeniente en su lugar.

N.º 24

De los propios de Guancavelica y su administración

Los propios que tiene Guancavelica concisten en el derecho del mojonasgo, impuesto sobre el aguardiente y vino que se consume, y la piedra que llaman del Agua Caliente, pero ésta es poquícimo lo que reditúa en los tiempos presentes, reduciéndose a 100 pesos por lo más en cada año; el mojonazgo es un peso por cada carga de aguardiente y quatro reales por la de vino, que en un año con otro importará cosa de 2 mill pesos, porque aunque el número de las cargas que entran puede llegar a 3 mill con corta diferencia, se introduce mucho por alto y otro tanto menos el que contribuye este derecho; de estos 2 mill pessos se paga a los celadores que están en los caminos cuidando de la entrada, al recaudador y al que administra, y vendrán a quedar cosa de 1.500 ó 1.600 pesos cada año para costear los gastos de villa que quedan explicados. En los goviernos antecedentes al mío, venía a ser gaje de los governadores este mojonasgo y la Piedra del Agua Caliente, pagando con ello el dependiente que les servía de secretario, porque aplicándoselo al que tenía este cargo, tenía obligación de hacer las festividades que son de tabla, tener corrientes la cañería de la fuente, las sequías de desagüe; reparar el puente de la villa y el del Acho y el taxamar, siendo provecho suyo lo demás que quedaba; y quando se ofrecía alguna función pública u obra particular, se costeaba por el Gremio de Mineros en derrama que se les hacía, o de las multas que se imponían. Ni uno ni otro a succedido en mi tiempo, y me persuado que en ninguno se an hecho obras de tanta concideración; en el govierno del Marquez de Casa Concha se hizo la fuente que está en la plasa, y para ello dio el Gremio de Mineros 10 mill pesos; en el del Conde de las Torrez se arruinó uno de los dos arcos del puente y dio el mismo gremio 8 mil pessos para la reedificación de aquel solo arco; en el de don Gerónimo de Sola costeó el gremio todos los gastos de jura del señor don Fernando 6º, se concluyó la yglecia de San Francisco y se doró el retablo del altar mayor con limosnas de azogue que contribuyó el gremio por el fervor y devoción del governador; en el de don Gaspar de la Cerda se hizo la esplanada o plasa que está delante del puente por el lado de la villa, y alguno de los puentecillos que están sobre las quebradas que la atraviesan, cuyo costo se hizo con el importe de varias multas; en el de don Pablo de la Vega no se hizo cosa alguna ni del producto de los propios ni de lo que rindieron las multas, ni derramas. Esta práctica que havía sido corriente en el manejo de propios, la reformé enteramente, disponiendo que se administrasen con economía y que se costeasen de ellos las funciones extraordinarias que se ofreciesen y las obras que fuesen necesarias, sin gravar al gremio con derramas ni al vecindario con multas, de modo que, a no haver advitrado varios medios, no se hubiera podido conceguir que alcasasen a todo lo que se ha hecho en la forma que se a logrado.

N.º 25
De la cárcel

La cárcel estava amenasando ruina en sus principales paredes, la una que baja de la plasa principal y la otra que corresponde a la plasa del mercado, que llaman el Gato, de tal suerte que por la calle no se podía trancitar sin mucho peligro, y en el mercado lo havía igual para los vendedores; además de esto, no tenía más que tres piesas mui incómodas y malas donde estar los presos, siendo preciso, por esta causa, que hombres y mujeres estuviesen juntos, y la gente de alguna forma mesclada con los indios y otra chusma. La primer obra que emprendí luego que empesé a governar fue levantar de nuevo dos paredes desde los cimientos, fabricándolas de piedra; hacer tres quartos más de los que avía, cómodos y decentes con un corredor techado por delante para el desaogo de los presos en tiempo de aguas. La tribuna por donde oyen missa estaba igualmente en ruina: se fabricó de nuevo, dándole más capacidad de la que tenía; se abrieron canales para el desagüe y que tubiesen salida las inmundicias y se fabricó cosina, que no la avía. Estas obras se hicieron por los mismos yndios presos, dándoles a cada uno de los que travajaban medio real en pan y uno en platta, con que sólo ganaron jornal entero los maestros de albañil y carpinteros. Los presos cortaron la piedra, la acarrearon y sirvieron de peones en la obra, siendo el mayor costo que tubo las maderas, clavasón, texa, ladrillo, cal y las manos de los maestros, logrando, al mismo tiempo, los indios presos, la combeniencia de tener con qué alimentarse todo el tiempo que duró la obra; la qual se principió en el año de 59 y se concluyó en el de 61.

N.º 26
Cañería de Castilla Puquio

En el mismo año de 59 haviendo experimentado durante el ynvierno que el agua de la fuente viene mui turbia por causa de las avenidas que trae entonces el arroyo de Sacsamarca, de donde se toma, y que en esta forma no es de provecho para el vecindario, resolví traer por cañería la de Castilla Puquio, que es un ojo de agua christalina en todo tiempo y mui saludable, que sale de la falda de un cerro cosa de un quarto de legua de la villa. En aquél se puso por obra y en el siguiente de 60 se concluyó quasi todo lo que es cañería, la qual se formó con botijas por falta de caños, pero debiendo pasar por encima del puente para venir a dar a una fuente que se debe aser en la esplanada que está del lado de la villa, sobrevino la ruina de éste con una furiosa avenida en 27 de febrero del año de 1761 y fue preciso que quedase suspensa la obra, pero está cortada y lavrada la piedra para el albercón de la fuente, y luego que se logre concluir el puente, pasará el agua y se finalizará la fuente. Esta obra se ha hecho con faenas de los barrios, dándoseles ración, que es un real y medio a cada uno, porque aunque la práctica ha sido que la ración sea sólo de un real, esto se entiende en aquellas obras que son de establecimiento y siendo extraordinaria la de la cañería mandé que se les adelantase medio real más.

N.° 27

Empedrados en toda la villa

Las calles de la villa y de sus arrabales se ponían intratables durante el invierno, porque siendo continuas las aguas desde diziembre hasta todo abril, hacían hoyos, charcos y mucho lodo en todas ellas, no concurriendo menos este defecto en las principales que en las que están retiradas de la plasa; y los pocos empedrados que havía, heran a retasos y malos, de lo qual resultaba grande incomodidad para trancitarlas de día y ser quaci imposible hacer las rondas de noche. En esta supocición mandé, por auto de 30 de octubre de 59, que los dueños de casas empedrasen toda la pertenencia de ellas hasta la corriente, y que quando estos no diesen providencia, lo executasen los arrendatarios a cuenta de los arrendamientos; esta obra costó bastante dificultad el conceguirse, y que todas las tardes vicitase yo los barrios y calles, persuadiendo a ello a los que estaban remisos, pero con el adbitrio de cerrarles las puertas de tiendas y de casas a los que absolutamente no querían obedecer, dejando a los dueños en la precición de hir a advergarse a las de los vecinos o amigos, se logró el fin sin que huviese havido multa ni otro castigo alguno; assí oy está empedrada toda la villa, asta los barrios más retirados, y luego que acaba de llover se puede andar sin suecos, que era el medio que se tenía para salvar los lodasales. Cada dueño o arrendador costeó su empedrado, sin que hubiese derrama y buscó el modo más cómodo de hacerlo para que le costase poco. Después de concluida esta obra y de quitados varios muladares que tenían totalmente ciegas algunas de las calles más estrechas, proveí otro auto en 16 de febrero de 1760 ordenando lo combeniente para la comservación de empedrados y limpiesa; el qual he hecho que se publique de nuevo todos los años, y por este medio se a conceguido que continúe uno y otro con alguna regularidad.

N.º 28

De la ruina del puente de la villa

El puente de la villa se componía de dos ojos; cada uno de ellos tenía ocho varas de diámetro, o poco menos; el terreno sobre que estava fundado era, y es, de arena y sahorra, en cuya forma éste es por más de dos varas de profundidad, y como el río corre encañonado sin poderle dar salida por otra parte más que su propia madre, avían fundado los estrivos sobre aquel endeble suelo de lo qual resultaba que con las avenidas del ynbierno los socababa y era necesario recalsarlo todos los años quando bajaban las aguas; en las oquedades que hacía debaxo de los estrivos se metieron en el año de 59 peñascos que se necesitaba de 12 ó 15 hombres para moverlos, y quando por el tamaño de ellos y la formalidad con que se hizo la obra parecía que avía de durar mucho tiempo, en las avenidas del año de 60 se halló averlas arrastrado como si fueran mui ligeras; para esto es de suponer que el cause tiene mucha pendiente natural y que en las avenidas crece el río dos varas, y algo más respecto del estado regular. En el año de 60 bolvió a recalsarse, procurando hacerlo con quanta solidés era posible; en principios del año de 1761 huvo varias avenidas bien grandes, pero no excedieron a lo que succedía en los demás años. En el mes de febrero succedió aver estado nevando sin cesar los días 25 y 26, y su noche; al siguiente 27 cesó la nevada, que ya tenía bien cubierta la cerranía, y salió el sol con fuersa; esto fue causa de que se derritiesen con promptitud, y con la misma creció el río tan desmesuradamente, que el agua inundó la plasa que está antes del puente, rebalsando por encima de sus pretiles; los ojos del puente se taparon, sin quedarles más claro que como cosa de media vara por la clave. El esfuerso de el agua contra el masiso de los arcos y la poca salida que tenía, con otras causas que igualmente concurrieron, fue motivo para que a las 5 ¾ de la tarde se arruinase, cayendo primero el arco que corresponde al lado de la villa, y cosa de dos minutos después, el de la banda de la Acención. Avía cien años justos que se construyó, en el de 1.660, según lo explicaba una lápida que tenía; a la primer noticia que tube, estando reconociendo la avenida con todo el vecindario, de que se havía sentido algún movimiento en él, pasé por encima de uno de los pretiles, mojándome algo, y acompañado del minero don Joseph Soldevilla a reconoserlo, y aunque descubrí un sentimiento por el pie del pretil, era sólo un pelo mui delgado que corría lo largo de su suelo; estando en esto me avisó el minero que se hallava fuera del puente, que fuese a donde él estava, vería que graneaba; el tiempo que yo tardé en andar 12 ó 15 pasos para salir de encima del arco, fue el que tardó en caer, porque no bien avía llegado quando lo vi arruinarse, levantándose poco menos que entero el arco desde los cimientos; y esto mismo succedió con el segundo, cuya circunstancia no dexó duda en que desde las avenidas primeras avía hido flanqueando el recalce, como succedía todos los años. Contribuyó a más de esto, en primer lugar, aver traído la avenida dos peñascos disformes que vinieron de bastante distancia río arriva, los quales chocando contra el estrivo en medio, arrancaron parte de él, porque a cosa de 100 varas más abajo del puente quedaron detenidos y acuñados con los pedasos de estrivo, en cuya forma se concervan, sin que las avenidas de los años siguientes, que an sido bien conciderables, los haigan movido. Esto y el averse quasi tapado los ojos con la mucha agua, fue la principal causa de que se arruinase; los arcos tenían, además, varias rajaduras que los atravesaban enteramente, procedidas, de lo que se dice, de que en el govierno de don Gaspar de la Cerda, para hacer la esplanada o plasa que está antes de él, hizo arrastrar peñascos gruesos por encima, que se traían de la otra banda, y esto sobre ser ellos endebles, los maltrató. En la compocisión que mandé hacer en el año de 59 se avían asegurado con grampas de hierro que abrasaban las rajaduras, y en esta parte avían quedado asegurados, de modo que la ruina no puede atribuirse a otra causa más que a la disformidad de la avenida y a los dos peñascos que quedan dichos, pues los hombres más ancianos del lugar aseguraron no tener noticia de otra igual.

N.º 29
Puente de Secsechaca y puente de Cuerdas

Con la ruina del puente quedó cortada la communicación entre los dos varrios de San Cristóbal y la Acención, que están de la otra banda y la villa, y también la de la doctrina de Conaica, de la ysla de Tallacaxa y provincia de Xauxa, que son las que contribuyen sus cosechas para abastecer a Guancavelica, pero además de esto, ai acientos de mineros de extraer azogue de la otra banda que son en número de 9 ó 10, y no avía por dónde conducir el mineral; en estas circunstancias, y la mucha falta que hacía el puente para todos asumptos, dispuse que se avilitase un puente de madera que está río abajo en un paraje nombrado Secsechaca, el qual dista cosa de un quarto de legua del varrio de Santa Anna, y se hallava quaci enteramente arruinado. Para ello se abrió de nuevo el camino que baja al paraje, formándole pretiles por el un lado, que es un despeñadero; se avilitó el puente y se ensanchó lo suficiente para que pudiesen pasar cargas sin riesgo, formándole igualmente pretiles por los dos lados, y quedó corriente en término de 15 días este tráncito, tanto para conducir el mineral a los asientos, como para el comercio de las provincias que caen a la otra parte del río. Este puente permite ser de madera porque el río corre en aquella parte por entre dos barrancos escarpados y de mucha profundidad, el qual se estrecha en donde él está con dos peñascos que se abansan uno a otro en forma de arco con que sin precisión de que las vigas sean de mucho largo alcansan de un lado a otro y no hacen mucho cimbre; como el puente de Seccachaca era de mucho estravío para la gente de a pie por la distancia que ai desde él a los dos arrabales que están del otro lado, dispuse que se hiciese uno de cuerdas en el paraje donde avía estado el antiguo, que era el único citio donde avía proporción para ello; y sirvieron mui a punto para esto unas maromas que en el año de 1759 havía echo conducir de Lima para el travajo de la mina de Ticllacocha, donde no sirvieron por no aver tenido subsistencia; con esto quedó establesido de nuevo el comercio interinariamente.

N.° 30

Diligencias para hacer nuevo puente, y primeros estrivos

Como el suelo en donde avía estado el puente arruinado hera falzo, se hizo preciso ver si en lo que ocupa de largo la villa se hallaba algún paraje donde se pudiese establecer con mejor firmesa, pero reconocido de la parte de abaxo y de la de arriba de la ruina, no se halló ninguno que tubiese proporción, lo qual obligó a no pensar en otro lugar más que en el antiguo, pero aviendo conciderado que un estrivo en el medio del cause y sobre terreno falso hera obra sin subsistencia, determiné que se hiciese de un sólo ojo, y por que los dos del antiguo formaban un claro de 15 varas, por ser cada uno de 7 ½ determiné que el que se hiciese fuera de 12 varas, que es el doble de lo que se apartan los peñascos que forman el de Secsechaca, y que los estrivos se hiciesen sobre pilotages para que tubiese firmesa el cimiento.

En julio, que es quando del todo cesan las aguas y el río está baxo, se dio principio a esta obra y por ser la piedra del Agua Caliente summamente floxa y ligera a manera de piedra pomes, que con la mano suele desmoronarse y no aver otra piedra de cantería en las cercanías de Guancavelica ni canteros que la sepan sacar, determiné que se hiciese de piedra braba pesada y de bastante corpulencia, con buenas lechadas de cal; assí se ejecutó y parecía que la obra quedaría con quanta solidés se podía apetecer, pero succedió que en aquel año, que fue el mismo de 61, no huvo verano con formalidad, porque desde agosto se experimentaron aguaceros y en septiembre se vieron las primeras avenidas bastante crecidas, quando lo regular es no empesar hasta diciembre, con que no tuvo tiempo de macisar lo que se havía fabricado, y haviendo continuado las avenidas hasta diciembre, sin dejar de experimentarse una o dos en cada mes, arruinaron parte de lo que se avía travajado, sin más causa que la de estar la cal tan húmeda como se avía puesto. Quién podrá persuadirse a que el cura Aguirre de la parroquia de San Sebastián y sus parciales, de quienes he dicho algo en el primer punto de esta relación, para lograr sus intentos entre las muchas acusasaciones [sic] que hicieron contra mí ante el virrey me puciesen la de que el puente se avía arruinado por culpa mía, y que los estrivos que se avían hecho aquel año los avía destruido el río por mi mala dispocición, siendo así que el asumpto de que se trataba era la causa de veedores de la mina. Las insolencias del mismo cura, su defensor y de los demás de su partido que no avían conceguido vibir a su libertad y ser despóticos en Guancavelica, en su mina, en Angaraes, en azoguez y en el thesoro real, y quando aunque fuese cierto como decían de aver desecho el río los estrivos, y no hubiese havido tanto motivo para ello, ni estos mismos suxetos, ni el vecindario, ni el gremio de mineros avía gastado nada en ello, como succedía en otros tiempos, pero lo más estraño es que el virrei apartase la attención con esta noticia, sugerida por su acesor, de los principales asumptos para dedicarla enteramente a la ruina del puente que avía succedido más de un año antes; el caso es que se buscaban motibos por donde ver si se podía introducir alguna aparente rasón que desacreditase mi conducta y no se reparaba en la naturalesa dél ni en la formalidad que pudiese tener.

N.º 31

Segundos estrivos para el nuevo puente

Aviendo observado en las avenidas que hubo desde septiembre del año de 61 hasta enero del de 62 lo mucho que levantaba el agua con un solo ojo de 12 varas de ancho, y que no havía otro modo de quitarles la fuersa si no hera avriéndole mayor cause que el que avía tenido antes de la ruina, determiné que se hiciese de tres ojos con 8 varas de diámetro cada uno; para esto hice cortar un pedaso de la esplanada, y en agosto de 62 se empesaron a formar los quatro estrivos, demoliendo primero los dos que se havían hecho en el año antecedente, y que se levantasen sobre pilotage, porque se reconoció que la fuersa del agua no havía causado ningún daño en los cimientos de los dos. En este último año se retardaron las lluvias tanto quanto se avían adelantado en el antecedente, no empesando hasta el mes de enero de 63, y assí tuvo lo obrado que se hizo asta vara y quarta más arriva del arranque de los arcos, suficiente tiempo para secar, y sobre ellos se puso un puente de madera con vigas, evitándose el de cuerdas, que fue el que sirvió en los dos años anteriores. Hasta el presente, que es mediados de marso, han sobrevenido 13 avenidas desde mediados de enero, cosa que ningún año succede, porque lo común es aver quatro o cinco. De éstas a avido dos tan conciderables, como la del año de 61 que arruinó el puente y no se ha conocido que aigan hecho operación en los estrivos ni tampoco en los pavimentos de los arcos, siendo así que de antes los descomponía enteramente cada año. Esta obra se ha hecho por faenas de indios de las parroquias, pagándosele a cada uno dos reales por día, que es el jornal que ganan en todo travajo fuera de la mina. Para ella y para la fábrica del conbento de San Francisco se an fabricado dos hornos de cal, lo qual a sido de mucho ahorro, pues a no haverse tomado este adbitrio no huviera havido con solo lo que importa el mojonasgo para costear este material. Al presente está lavrada la piedra para dos arcos y se va continuando con la del tercero; ésta se ha sacado en el paraje nombrado Santa Ynés, que es junto a Secsechaca, porque aunque es de agua caliente, tiene más duresa que la de los cortes o canteras que están dentro de la villa; y porque el acarreo haría crecer excecibamente su costo, ordené que cada mula de las que entran con aguardiente, o con otros efectos, condusga dos piedras, en cuya forma sólo se costea su saca y el labrarla.

N.º 32
Del Hospital de San Juan de Dios

El hospital de San Juan de Dios es uno de los cuidados de los governadores de Guancavelica, como patronos que son de él; su subsistencia conciste en quatro mill pesos que le tiene asignados su Majestad sobre el ramo de azogues, y un tomín que pagan los yndios tributarios cada año, comprehendiéndose no sólo los de Angaraez, sino es también los de otras provincias dependientes de la Caxa Real. Quando empesé a governar estava en el mayor desastre, los yndios más míseros y más destituidos de auxilios, no avía modo de reducirlos a que fuessen a curarse, y los que llebaban a él, era quando ya no tenían deliberación, sólo para que los enterrasen, las dos únicas salas que avía, una para mujeres y otra para hombres, no se podían ver de asquerocidad y de immundicia; no havía colchones ni la demás ropa de camas, pero tampoco se necesitaba; la yglecia era una indecencia; la sacristía, mucho más. No havía ni botica ni medicinas, y la asignación de los quatro mill pessos, con el tomín de hospital, no bastaban para los gastos que se suponían, como lo acreditó el que a poco tiempo después de aver empesado a governar, acudieron los diputados que corrían con él a pedirme que librase medio año de la asignación, faltando entonces dos meses para completarse el tiempo correspondiente al dinero que antecedentemente tenían recevido, el qual no havía alcansado a los gastos de él. El governador antecesor avía dejado la administración y cuidado del hospital al contador de la Real Caxa don Francisco Ysidro Fernández de Texada; éste tenía puesto por mayordomo a un dependiente suyo, y entre los dos y el prior que entonces hera, se entendían, siendo frace corriente de éste que el enfermo que moría dexaba algo en la poca y mala ropa que tenía, y en lo que se hacía pagar por el entierro, pero que el que salía se lo llevaba todo el cirujano que asistía a la curación de aquellos pocos moribundos que llevaban; proveía los medicamentos y al cabo del mes formaba una quenta de ellos adbitraria.

Luego que me impuse en este desorden mandé al procurador general de la villa, don Pedro Garcés, que asistiese de continuo al cuidado de los enfermos, para ver la comida que se les daba, el modo de asistirlos en la curación y lo que se gastaba en uno y en otro; pero aviendo reconocido en pocas semanas que la bondad de su jenio no era adequada al intento, porque las cosas no mejoraban de cómo avían estado, lo ceparé de la imcumbencia y nombré a don Ygnacio de Elisalde por diputado entregándole el dinero correspondiente a quatro meses de asignación. Éste, con un celo mui caritativo, se dedicó lo primero a que los alimentos fuesen substanciosos y buenos; di providencia para que se estableciese botica, trayéndose los medicamentos de Lima, y que se hiciesen algunos colchones, que era lo que más urjía. Concluidos los primeros quatro meses, se vio que avía sobrado dinero, no obstante los gastos particulares que se havían ofrevido y el número de enfermos que se havían recevido, porque luego que reconocieron la distinta asistencia que tenían y que se les recebía para curarlos, no para abandonarlos a la enfermedad, se empezó a llenar de enfermos, tal que quando sobrevino la epidemia no havía ya donde ponerlos. Desde entonces rara ves bajan de 30 y muchas suven a 70; las camas tienen cada una su colchón, cavesal, sábanas y manta, que antes concistían en los pellejos que cada uno llevava; aquéllas en donde muere alguno de mal contagioso, se queman con la mucha o poca ropa que tienen. Annualmente, en el día de San Juan de Dios, se estrenan de nuebo las que están maltratadas y se remudan todas con las del año antecedente que se tienen para este fin compuestas, las salas y los nichos o alcobas se limpian y se blanquean de nuevo con yezo; la botica que se estableció está bien proveída, y se renuevan de tiempo en tiempo los medicamentos que se consumen, para lo qual tienen cuidado el padre boticario de avisarlo al diputado, y éste de hacerlos conducir de Lima; no solamente se subministran a los enfermos del hospital, si no es que se dan gratis a los enfermos pobres de afuera, en concequencia de la receta que llevan del médico, certificada de ser pobre y no tener con qué pagarlo; y el alimento diario es competente, substancioso y aseado, según lo pide el estado de cada enfermo.

N.° 33
De las obras que se han hecho en el Hospital de San Juan de Dios

Después que la jente pobre reconoció la buena asistencia que tenían en el hospital, que se les tratava con caridad y que no carecían de nada, no solamente acudieron a cuidar a los yndios y gente mestisa, sino es muchos europeos y ecleciásticos pobres, así seglares como religiosos. Esto me dio asumpto para que se hiciese otra sala más con el destino a gente de alguna decencia; el terreno no permitió que fuese mui grande, y assí, se pusieron en ella seis alcobas, dándole el nombre San Antonio. En el año de 62, día de San Juan de Dios se extrenó, y desde entonces no han faltado en ella enfermos de alguna más forma que lo regular, como mercaderes europeos y ecleciásticos, u otra gente blanca del pays; a nadie se le recibe cosa alguna con pretexto de curación o asistencia.

La yglecia se enladrillo en todo lo que coge el presviterio; la sacristía, enteramente, y se compucieron poniéndolas decentes y aseadas. La botica también se estableció de nuevo, como se ha dicho, poniéndola en buen orden, con ventana a la calle, para que a qualquier hora puedan de afuera acudir por medicamentos, en cuya forma no falta cosa alguna. Los difuntos no tenían lugar destinado donde ponerse, y ordinariamente se depocitaban en el tráncito de las salas, acudiendo allí los parientes a velarlos; esto se corrigió fabricando una capilla en el campo santo, la qual puede servir de yglecia según su capacidad, y allí se llevan los cuerpos hasta que se les da sepultura. Esta capilla se estrenó el día de los difuntos en el año pasado de 1762.

N.º 34
Sobre la administración de las rentas del Hospital

Con los quatro mill pesos que su Majestad tiene asignados en el ramo de azogues para la subsistencia de este hospital, no solamente ay sufiziente para mantener los enfermos y curarlos, sino es que con la administración que se a tenido en estos quatro años, se han costeado camas, botica y las obras que quedan dichas, con otras más, como algunas paredes que se han levantado, el empedrado de toda la calle, a donde corresponde la enfermería de mujeres, por la acera que le pertenece, la losa en que se sirve la comida y quanto se ha necesitado para el servicio de los pobres, experimentándose que no solamente a avido suficiente para esto, sino es que siempre, por muchos enfermos que aiga avido, a sobrado dinero, que es lo que me alentó a que se hiciesen las obras que quedan explicadas, y aora tengo ordenado que se emprenda el fabricarse otra sala más, con divición de hombres y de mujeres, para males contagiosos.

El celo del diputado pretendió, quando lo nombré, que el tomín de hospital que pagan los yndios, se hubiese de administrar del mismo modo que los quatro mill pesos, fundado en que esta conceción se hizo igualmente por su Majestad para la curación de los enfermos y en ningún modo para que resultase en beneficio de los religiosos, pero no tube por combeniente condescender en ello, assí porque la comunidad aunque es corta es necesario que también tenga de donde mantenerse y con qué pagar las cargas que les imponen los prelados superiores annualmente, como por no ponerlos en tanto aprieto, bastando por entonces pribarlos de las utilidades que participaban de los quatro mill pessos, pero siempre que se quiera ay bastante fundamento para ello, con tal que se les señale un tanto en cada año para su subsistencia. Yo señalé además 12 pesos al padre boticario, con cargo de llevar quenta de los medicamentos que se venden para el público, cuyo importe se le entriega al diputado en el fin de cada quatro meses, y 20 pesos que se le dan de gratificación al capellán, lo qual no es de obligación, pero conciderando que es mui pobre y que asiste continuamente en las enfermerías ayudando sin cesar a los que están en agonía, me pareció señalarle por vía de limosna este estipendio en correspondencia del cuidado con que se esmera en lo que es de su cargo. A fin de cada quatro meses me presenta el diputado la quenta de lo que se ha gastado, sacándola del libro de gastos de hospital, en donde firman las partidas el prior y él; yo la reconosco, y a su pie pongo la aprovación y decreto para que los oficiales reales le entreguen los 1.333 pesos 2 ½ reales correspondientes a los quatro meses siguientes, quedando en la Caja Real estas quentas.

El cuidado del hospital y de la buena administración de sus rentas pide en el governador una attención particular, porque además de ser un asumpto a que como patrón está obligado, siendo del mayor agrado de Dios por el alivio que en él deben esperar los pobres, es responsable al mismo Dios, quando no lo fuese al Rey, de los extravíos que hubiese en ello; y ya queda visto a todo lo que alcansan las rentas destinadas para su subsistencia.

El mejor pan que se amasa en la villa y el mejor carnero que se vende en su plasa, es el que se ha consumido en mi tiempo; la comida ordinaria an sido dos platos al medio día y otros dos a la tarde, fuera de ciertos días en el año, en que se les sirve extraordinariamente de regalo. Esto mismo se puede hacer siempre que el que manejare el caudal no lo imbierta en provecho propio, y esta obra es entre quantos beneficios haga el govierno a los vecinos, la única que le será bien correspondida, por ser Dios quien se la ha de premiar, y los pobres los que se la han de agradecer.

N.º 35
Del Convento de San Francisco y su fábrica

Ya queda apuntado que governando don Gerónimo de Sola, y por efecto del ánimo piadoso de este buen cavallero, se concluyó la yglecia de San Francisco y se doró el retablo del altar mayor con limosnas que pidió en el Gremio de Mineros. Es de suponer que esta religión ha tenido dos fundaciones en Guancavelica; en la primera, que fue de las primeras que huvo, estuvo en donde aora es convento de Santo Domingo, y haviéndola vicitado un comisario general, la reformó haciéndola retirar con el motivo de que la rigidés del clima no permitía que observasen la regla. Después de bastantes años de esta reforma, pidió el Gremio de Mineros que se bolbiesse a traer, y estuvieron primero en el arrabal de Yananaco, en la plasuela que concerba todavía el nombre de San Francisco, de donde se transfirió después al paraje en donde aora está, en la plasa de San Sevastián, por hallarse mui retirados el primer paraje.

Don Gerónimo de Sola en las buenas obras que hiso por esta religión, no le faltaron desabrimientos, porque los guardianes al exemplo de los demás prelados y curas, han aspirado siempre a aprovecharse del caudal de las limosnas, no al adelantamiento del convento, y haviendo experimentado que la mayor parte de las que se juntaban se inbertían en utilidades de aquellos sin lograrse los fines para que se pedían quando determinó que se dorase el retablo destinó personas de su satisfacción en quienes entrase el dinero y que corriesen con la obra, sin que el síndico ni el guardián tubiesen ninguna intervención o manexo; de que resultó que el segundo no quedase gustoso de esta providencia y soltase la lengua en vengansa de los intereses que contaba por suyos y no de la Yglecia hablando desembueltamente contra el governador que con tanto celo miraba por el adelantamiento de su religión; pero a costa de esta mordacidad se hizo la obra, que no se hubiera conceguido sin tanto mérito.

Después en el govierno de don Gaspar de la Cerda se juntó limosna por tres o quatro meses para hacer las puertas de la yglecia, y nunca se conceguía porque los guardianes la apropiaban a su bolsillo, hasta que entre algunos vecinos devotos se juntaron y las costearon. Esto digo porque se comprehenda la dificultad que ay por estas partes para que se concigan sin contradición aún las obras que por sí son santas, qué podrá esperarse de las que no son de esta naturalesa.

N.º 36
Del estado que tenía el Convento de San Francisco y representaciones que me hizo su Guardián

Aunque después de la aplicación debota de don Gerónimo de Sola y de los desabrimientos que tubo con él uno de los guardianes, se hizo la yglecia de San Francisco, que es oy la más hermosa y proporcionada de quantas ay en la villa, quedó la communidad sin comvento, los religiosos vivían en una especie de covertiso cerrado y tan incómodos, que en lo más claro del día nececsitavan de luz artificial; fuera de este reducido alvergue, que además que amenasaba ruina no tenían paraje en donde tomar algún desaogo con resguardo de la lluvia o de los soles, porque todo el resto hera un gran campo o corralón donde se havía discurrido fabricar el comvento sin que llegase el caso de ponerlo por obra, el guardián que estava quando empezó mi govierno, Fr. Mariano Yáñez, hombre bueno, verdaderamente religioso y aplicado a los adelantamientos de su comunidad entre los que le avían precedido codiciosos, al tiempo de irle a corresponder la vicita que me hizo de bien llegado, me manifestó la incomodidad con que bibían y la impocibilidad en que estaban de poder por sí mejorar de avitación, a menos de que el que governaba se interesase en ello como lo havía hecho en la yglecia don Gerónimo de Sola. Esta misma conversación subcitó en otras ocaciones, añadiendo que el vecindario, por cuyas instancias avían venido, no se mobían a dar limosnas, siendo assí que los religiosos de Ocopa, que están en la provincia de Jauxa, sacaban cada año de Guancavelica de dos a tres mill pesos. Haviendo conciderado estas incinuaciones, resolví hacerles combento, y para ello, instruido de lo que avía succedido en el govierno de don Gerónimo de Sola y en el de don Gaspar de la Cerda, dixe al mismo padre, que actualmente es provincial de su religión, que se daría principio a la fábrica, pero que havía de ser con dos calidades: la primera, que ni él ni sus succesores avían de tener intervención ni manexo en las limosnas que se juntasen para este fin, ni en cosa alguna de la obra; y lo segundo, que en ningún tiempo avían de pretender tener derecho a que se continuasen estas limosnas porque sólo avían de ser para fabricarles combento, y una vez conceguido, cesarían enteramente. Combino en ello por sí y por sus succesores, y con esta seguridad se empesaron a abrir los cimientos en el día 14 de enero de 1760 y se fue continuando el uno de los liensos, que cae al Poniente, lográndose que estubiese enteramente concluido con su claustro en el mes de noviembre del año de 61, y el mismo padre Fr. Mariano Yañes, haviendo llegado de vicita a Guancavelica, siendo ya provincial, en el día 17 de diciembre, estrenó con sus compañeros las quatro celdas que tiene aquel lienzo. Al presente se halla ya concluido el segundo, que contiene tres, también con su claustro, y se travaja aora en correr el tercer claustro que es el del lado de la yglecia. Esta obra es desde el suelo hasta la altura de dos varas de piedra tosca, en mampostería concertada y mescla de cal, desde las dos varas para arriva es de piedra del Agua Caliente y la misma mescla, aviéndolo dispuesto assí para que no tengan humedad, porque la piedra del Agua Caliente es mui porosa y la percibe fácilmente; cada celda consta de 10 varas de largo, en que ay una alcoba de 3 varas quedando 7 a la sala, y 5 de ancho, con una buena alacena y una ventana puerta que corresponde al campo de la espalda del patio, de suerte que este combento, aun sin estar acabado, es oy la embidia de las demás comunidades.

N.º 37
De los fondos y adbitrios para la fábrica del Comvento de San Francisco

Para poder emprender la fábrica del comvento, me hize cargo de que la religión de San Francisco avía sido establecida en Guancavelica a solicitud del gremio y del vecindario y que ninguno lleva a su casa un huéspede que a proporción de sus posibles no le dé un quarto cómodo en que vibir; que por su instituto no puede tener fundo, aviéndose de mantener de la Providencia, y que el Gremio de Mineros que en otros tiempos costeaba todas las obras y gastos de concideración que se ofrecían no estaba en la ocación en estado de hacerlo; con estos antecedentes dispuse que se recogiese una limosna todas las semanas de los empleados en la mina con el exercicio de ratas y desmontes, la qual voluntariamente asignaron, y fue los veedores de 2 reales cada uno, los obligados de la cal, piedra, arena y velas, de 4 reales y los yndios rosas y parroquias, de medio real, que en dos pessos y medio o tres que reciben, no les sirve de gravamen el medio real; los oficiales de albañilería y sobrestantes, un real. Esto monta cada semana de 12 a 13 pesos; en segundo lugar que los vecinos pidiesen limosna para la fabrica por semanas. Ésta se practicó en el primer año, juntándose de ella otros 10 ó 12 pesos, pero en el segundo año fue preciso dexar de pedirla porque no avía quien contribuyese y quedó reducida a la de los empleados en la mina, en que no se comprehende los travaxadores de los mineros. Nombré al procurador del gremio don Ygnacio de la Barreda para que percibiese estas limosnas y al minero don Francisco de Bergara para que corriese con todos los gastos y fuese librando contra el otro los que se causasen, ambos suxetos de buena conciencia y que tienen caudal propio para no necesitar valerse de este dinero para nada. Dispuse que los presos de la cárcel fuesen a travaxar de peones, dándoseles por cada jornal dos reales en dinero, que es lo común que ganan fuera de Guancavelica, y además, medio real en pan; que se hiciese un horno de cal, y para ahorrar el costo que éste avía de tener, que se vendiese de ella al publico al precio corriente y se abasteciese la mina en las ocaciones que el obligado dexase de conducir toda la necesaria. De esto encargué al minero don Fernando de Segura, y assí se han podido costear todos los materiales y poner la obra en el estado que se halla, bien que por lo que toca a la cal se debe todavía mucha parte de su costo.

N.° 38
Lloclla o avenidas en Guancavelica

Llaman en Guancavelica llocllas a las innundaciones que proceden de los torrentes de agua que bajan precipitados en tiempo de yvierno de los cerros que hacen espaldas a la población; para evitarlo se tiene cuidado en el verano de hacer comparticiones para que baxen divididas por quatro o cinco quebradas que decienden de lo alto de ellos hasta las primeras casas, porque quando se juntan todas en una, causan innundación y muchos estragos; en el verano antecedente a mi entrada parece que havía faltado esta precaución y repentinamente sin saver yo nada, en el día 17 de diciembre de 1758 decendió tanta cantidad de agua, que innundó la plasa principal y varias calles, terraplenó aquéllas por donde hizo curzo al lado de la parroquia de San Antonio, cubierta de cascaxo y arena hasta llegar a tapar parte de las puertas de las calles, cuyos embarasos costaron después bastante tiempo y trabaxo para quitarlos; pero lo más peligroso en estos casos es el daño que causa en aquellas casas donde la innundación da el primer golpe, porque siendo fabricadas todas las de Guancavelica con barro o lodo en lugar de mescla de cal, al punto que se umedecen, están en peligro de arruinarse.

En el govierno de don Gerónimo de Sola huvo otra innundación de esta especie, que igualmente le causó el mayor cuidado, y debe serlo para el que govierne por las concequencias que trae semexante accidente.

N.° 39
De las cachuas o fandangos

En toda la cierra es mui común los bayles o fandangos, que llaman cachuas. Si el asumpto no pasase de una regular diverción, podría tolerarse y no havría motivo para prohivirlos, pero succede al contrario, porque con el pretexto de unas harpas mal tocadas y de un bayle que parece se imventó para que sobresalga la desemboltura, todo quanto ai en ellos es desorden y desolución, lo qual se acrecienta con el aguardiente, que bebido por hombres y mujeres sin medida, produce en los concurrentes quanto se pueda imajinar de malo y de perverso, yo prohibí y rondé en los principios de mi govierno estos perniciosos entretenimientos, hasta intimar penas a los harperos y demás músicos que concurriesen a ellas, siendo esto mi cuidado desde entonces hasta el presente; y en efecto algunas harpas y harperos han dormido en la cárcel quando se les a encontrado; pero esto no ha bastado para que dexen de repetirse valiéndose del adbitrio de ir a los varrios más retirados y mudando de unos a otros para tenerlas con livertad. Estos entretenimientos no pueden ser mas perniciosos y malos, pero es un mal innevitable y assí quanto se puede hacer en el asumpto es cuidar de contener para que no se repitan y que el vecindario cepa que se cela y se castiga la desemboltura.

N.° 40
Sobre el estado ecleciástico de Guancavelica

El modo de manejarse el estado ecleciástico en Guancavelica es un punto que no se devía tocar, por que no es pocible dar acenso a lo que se experimenta por los que no lo han manejado immediatamente, y causa horror llegar a explicar el pie en que está, la livertad con que vibe y el poco respecto con que mira al juez real; no dudo que en todos tiempos haya sido escandaloso en su conducta, pero al presente pasa esto de raya, y no pudiera succeder de otro modo en concequencia de la franquesa con que el obispo de Guamanga, don Phelipe Manrrique, ya difunto, concedió las órdenes a toda suerte de jentes, mestisos, yndios y de otras castas, sin instrucción, sin talentos y sin decencia para entrar en un estado tan venerable como el sacerdosio, de suerte que la jente más vil y despreciable, como son harrieros, barberos y otros aun más baxos que estos se han acojido a las hórdenes aun sin saver hablar en castellano, mucho menos leerlo. De este desorden ha resultado llenarse la villa de gente que corresponde con atrevimientos a los privilegios de la exempción que gosan, apalear a los alcaldes yndios en los lugares más públicos; llenar de desvergüensas a los otros ministros de justicia de más reprecentación, y entrar osadamente sin guardar estilo ni cortesía con el governador, a provocarle es cosa muy corriente. Los excesos pasan mucho más allá de lo que se puede discurrir, y a proporción que se ven en alguna mayor colocación, son más osados. Éste es un padrastro de mucha gravedad para los governadores, y un estorvo que no tiene igual para la administración de justicia, de tal suerte que el estado ecleciástico, al punto que se le antoxa, capitula, acusa y está en dispoción de someter a su adbitrio al que govierna, siendo tanto su poderío que en no procurando cederles en todo y tenerlos de su partido, puede contar que an de dar con él en tierra sin quedarle recurso para vindicar su honor, como lo hirán manifestando los casos que yo he experimentado.

N.º 41
De algunos casos succedidos en Guancavelica con los ecleciásticos

No bolveré a repetir el caso de haverse estancado las harinas por los ecleciásticos, como ya dexo dicho, con el fin de tiranisar al pueblo, ni lo que blasfemaron contra mí por aver providenciado contra un proyecto tan depravado, y pasaré a otros casos que quedan ya anunciados acentando primero que viben en la poseción poco menos de no ser vasallos del Rey, luego que reciben las hórdenes sacras, y que no están obligados a guardar las leyes civiles del reyno, mucho menos a observar aquellas órdenes generales que se expiden por los governadores para el buen govierno de la república, para la quietud, sociego y seguridad de los vecinos, aunque disuena a la rasón referir los casos escandalosos de los ecleciásticos en su vida licenciosa, no deve causar escrúpulo por ser de tanta notoriedad, que no se maneja con más livertad el padre de familia con su mujer y hixos de la que usa qualquier ecleciástico con su concubina y es preciso referirlos para que se comprehenda el orijen que an tenido durante mi govierno las dicenciones escandalosas que los curas an promovido contra mí.

En los principios de mi govierno, en el año de 59, se presentó ante mí una señora, de las que en Guancavelica gosan los privilegios de tales y está tenida por ser de lo principal, como lo acredita el ser tía carnal del actual prior de San Agustín y de quatro o cinco mineros de los más recomendados y antiguos del gremio; ésta me hizo relación de que el cura de la parroquia de Santa Bárbara de la Real Mina, no contento con haverle profanado la casa con notable desacato y perdimiento de respeto, avía pasado últimamente al exceso de sustraerle una de dos hixas solteras que tenía en su compañía, avriendo para ello con llave falsa, la puerta de su casa, con otras circunstancias aún algo más agravantes, ya para quando vino a darme la querella no solamente era notorio el hecho, causando en el vecindario el mayor escándalo, porque habían pasado 10 o 12 días de la substracción, sino es que amenasaba algún tumulto y lance desgraciado, porque los parientes hacían empeño en que le avían de quitar a la mujer para restituirla a su madre, y él por su parte lo tenía en que no la sacasen de su poder, para cuyo fin estava preparado con algunas personas de su facción con ánimo de defenderla por fuersa. El desembaraso y la livertad llegava a tanto extremo que decía el cura sin la menor recerva que defendería el sagrado y privilegios de casa eclesiástica a palos contra el governador y contra las demás justicias, o qualesquiera otras personas que se atreviese a llegar a ella. Por primera y segunda vez resistí admitir la petición que se me presentó sobre esta querella, assí por conocer ser lance arriesgado en estas partes tener que hacer con ecleciásticos, como por no ser el suxeto de mi jurisdición. La querellante no pedía cosa alguna contra el cura, sino es que le entregase a su hixa y justamente algunas piesas de baxilla de plata que avían sacado al tiempo de substraerla. Mi primera determinación fue aconsexarle que pasase a dar la querella al cura vicario o al obispo de Guamanga, persuadiéndola a que no siendo posible remediar ya nada sobre la publicidad de lo succedido, hera lo más prudente manejarse con cordura, evitando que de un mal innevitable succediesen otros mucho más sencibles. A esto me respondió no ser proporcionado ninguno de los dos medios, porque el cura vicario don Joseph Manuel de Villalta hera compadre del otro cura Segura, en un hijo, que pocos días antes de la substracción avía parido su hixa, a cuyo parto avía asistido el tal vicario con una mujer de su confianza, que avía concurrido a la substracción, lo qual se havía hecho por el enojo que causó en ella de la libiandad de su hija, y por aver intentado negarle la entrada en adelante al cura substractor; que éste era familiar del obispo de Guamanga y que en esta atención tampoco podía esperar buena providencia del amo contra el delinquente. Por tercera vez repitió la instancia la señora agraviada acompañándola, como en las dos primeras, de llantos, de exclamaciones y de otras señales que mobían a compación; ya entonces me pareció que faltava a mi obligación si no la admitía el pedimento que trahía, y con él un papel del cura escrito a la mujer antes de la substracción por lo qual se calificaba la disolución de uno y de otro. Respondí a la señora que se retirase a su casa, que se daría providencia, aunque no podía ser en Guancavelica ni de prompto, y escriví carta al virrey Conde de Superunda con fecha de 20 de septiembre del mismo año de 59, acompañándole la petición y el papel que la madre avía presentado. El caso se vio con el escándalo que era correspondiente en el Real Acuerdo y se resolvió exhortar al obispo para que castigase al ecleciástico, disponiendo que siguiese la causa y diese cuenta de ello; aquí es necesario suspender la continuación de este caso y pasar a otro que hace relación con lo que el obispo determinó. Este prelado le havía conferido en aquel mismo año al mismo cura Segura la comición de visita de los curatos de la Ysla de Tayacaxa y otros, y haviéndola concluido, supo que de uno de ellos avía recibido, por cierta compocición, mill pesos, fuera de los derechos ordinarios, de los quales se avía aprovechado, sin incluirlos en la quenta de las demás partidas, y se decía que deseaba ocación en que obligarle a que los excibiese. Con esto, luego que recivió el exorto del virrey mandó poner en la reclución del convento de Ocopa al cura delinquente, nombró quadjutor para el curato y que se hiciese embargo de los bienes. Estas providencias que parecía traer aparejadas unas disposiciones eficaces de justicia, vinieron a parar en que el cura a los 6 ó 8 días salió de escapada del combento de Ocopa; haviéndosele hecho alto para ello, passó a Guamanga de oculto, excibió los mill pesos, con algunos más, y se templaron las órdenes que se havían dado. Restituyóse a Guancavelica, aunque sin entrar en el uzo del curato, ínterin que se seguía la causa. La concubina que avía sido llevada a Huamanga y depocitada en un combento, se le dio licencia para salir de él, y por último, concluida la causa con información recevida ante el vicario Villalta, se sentenció, mandándose que el cura delinquente Segura fuese restituido al curato con todos sus honores por no haverse hallado delito en él para ser penado; que la concubina saliese libre de Guamanga; que la madre, parte agraviada, pagase una multa que se le impuzo, los gastos del proceso y subsanase al cura Segura las pérdidas atrasos y perjuicios que se le havían causado, arreglándose a lo que dixese éste que montavan; que además fuese puesta en reclución en un combento a su costa, por cierto número de años por aver concentido en la perverción de su hixa, y que otra hija igualmente soltera, de quien núnca se avía hablado cosa alguna que desdorase su persona, se depocitase en casa de uno de los parientes para que cuidase de que en adelante no incurriese en las liviandades que su hermana. Discúrrase aora de esta sentencia, quál será el método de vida de los ecleciásticos de Guancavelica, debiéndose suponer que la madre pasaba entonces de 60 años, y quál el de la justicia ecleciástica en semejantes casos. Conque vino a castigarse la senectud y a dársele livertad para pecar a la liviandad.

N.º 42

Concequencias que se siguieron contra el governador de este caso anterior

Déxase entender que de aver sido yo como governador autor de que se amenasase al cura que havía incurrido en el delito con un castigo que no se verificó, y de la sentencia de absolución que tuvo, quáles serían las concequencias; lo de menos fue unirse entre sí los tres curas seculares, Villalta, de la parroquia de San Antonio, Segura de la Santa Bárbara, y don Juan Joseph Aguirre de la de San Sevastián, y empesar a cavilar contra mí aquellos delitos que sólo en ellos se pueden ver, dibulgarlos como cosa cierta y difamarme dentro y fuera de Guancavelica, llegando estos excesos a tanto punto, que aun el imajinarlo no es posible que succeda sino es en jentes tan abandonadas al vicio que no conocen religión ni temen a Dios, porque siguieron los escándalos de censuras contra mí y contra los ministros de justicia con el más horrible estrépito y alboroto del pueblo, el agavillarse acalorando discordias entre los súditos para que faltasen a la obediencia, el recojer firmas para calificar de ciertas sus perversas calumnias, el faltarme al respecto descaradamente murmurando en el pueblo de todas mis providencias, el sugerir especies entre los súbditos para que ocurran a Lima a reclamar contra mis disposiciones de govierno y de justicia, y el discurrir artículos para capitularme. Estos increíbles excesos son precisa concequencia de vivir con el más horrible desemfreno el estado eclesiástico, sin conocer leyes divinas ni humanas que los contenga, y, como dexo dicho, persuadidos a que el estado los exime enteramente de las leyes del vasallage: una jente que ni teme ni debe, en las costumbres la más corrompida que pueda haver, y en la sugección sin reconocer ninguna.

En Guancavelica se ven unos curas dotados con 1.250 pesos de sínodo al año y unos curatos que rinden desde 4 asta 7 mill pesos con el pie de altar, porque no ay más culto ni más pasto espiritual que el que produce interés quanto apetece la codicia del cura.

N.º 43
De las censuras leídas contra el governador y demás ministros de Justicia

Dispuesto el ánimo en estos ecleciásticos para vengarse cada uno de aquellos agravios que les parecía haver recevido de mí por averlos tirado a contener en las cosas que lo pedían, Villalta en la desmesurada ambición de tiranisar al pueblo con sus harinas, en averle ido a la mano sobre los derechos de entierros, particularmente en la jente pobre y yndios, como en no averle permitido que atropelle la jurisdición real en varios casos; Segura en el lance que queda referido y Aguirre en no averlo elegido por acesor, como pretendió para que ostilisase al vecindario, todas sus acciones an sido de vengansa y sostenidos al mismo tiempo del dominio que pretenden tener como ecleciásticos por estas partes en toda suerte de asumptos; sus operaciones han sido alborotos, perdimiento de respecto y atropellamientos sin haver havido medio de que se contengan, porque el virrey y la Audiencia que era a quien correspondía hirles a la mano, no lo han executado, no obstante los recursos que les hise con bastante repetición; el cura Aguirre, hombre de más pervertidas costumbres que lo que se puede explicar, de un jenio summamente altivo y reboltoso, displicente de que le contuve en las livertades que diré después, hiso empeño en defender a los veedores, que depuse de la mina, de cuyos delitos hise relación en el Primer Punto de la de mi govierno, y viendo que los reos estaban combictos por cuantas pruevas se podían hacer, y confesos en mucha parte, tiró a annular la causa por el modo más estraño que se aiga pensado: este fue sacar censuras del obispo de Guamanga para que los que supiesen declarasen que las confeciones de los reos eran nulas por averlas hecho violentados, suponiendo que los avía amenasado yo con el tormento, que aun dado caso que tal huviese succedido, avía bastante fundamento para ello porque las probansas estavan completas; pero no lo huvo ni se avía pensado en tal, ni fue necesario; que igualmente se les avía violentado a que firmasen las confeciones, repugnándolo ellos; que se avían escrito cosas distintas de lo que ellos decían y no se havía querido estender su dicho, que no se les avían vuelto a leer antes de firmarlas; que el escrivano no les avía hecho saver el auto de citación de prueba y avía estendido la diligencia usando de falcedad, con algunas otras cosas por este tenor; y para que no faltasen testigos que concurriesen a declarar, se avía valido el mismo Aguirre de la astucia de dibulgar entre los vecinos con publicidad estos asumptos, para darles luz de lo que intentaba que declarasen en fuersa de la intimación de las censuras; y el negocio estava tan bien dispuesto, que entre el cura Villalta y otros dos o tres clérigos de su satisfacción, devían recevir las declaraciones baxo la instrucción que avía formado Aguirre. Estas censuras se leyeron por la primera vez en el día Domingo de Ramos 15 de marso de 61 y en el domingo 29 del mismo mes se tocó a entredicho y apagaron candelas. No es pocible decir el estrépito con que se hizo esta demostración, porque toda ponderación es corta, y como el fin no era otro que aterrorisar al vecindario commobiéndolo contra mí, duró el toque de campanas de cinco yglecias con horrible desafuero más de media hora, de suerte que conciguieron ver las calles y plasas pobladas de gente pidiendo a Dios misericordia sin acertar a comprehender el mal que les amenasaba. Sólo la mano de Dios pudo contener en aquel día que hubiese en el lugar una traxedia lastimosa, y assí serenó el tumulto por las persuasiones de algunos hombres de juicio y se conciguió que se retirasen las gentes a sus casas, sin haver hecho más demostración que lo que producía el espanto. Immediatamente di cuenta al virrey Conde de Superunda, como lo avía echo antes de otros casos que avían precedido, y visto en el Acuerdo no se dio en ello más providencia que exhortar al obispo para que se recogiesen las censuras, pero sin reprehender al obispo por el atentado de averlas librado sin ninguna reflección, ni a los clérigos en quienes estuvo conocida la intención de sublebar al vecindario, poniendo la villa en estado de mayor desastre. Aquí se ve ya a los curas de Guancavelica mesclados en una causa criminal de la jurisdicción real, interrumpir el acuerdo de la justicia y hacer causa al jues real y al escribano público, siendo digno de adbertencia sobre este asumpto, que en la piesa donde se les habían tomado las confesiones a los reos, no avía mas que yo, el escrivano, el amanuense y el confecionante; ni en la cárcel en aquella immediación más que el theniente general de la villa y el carcelero, conque las censuras se dirigían a autorisar con los sagrados preceptos de la religión las falcedades maquinadas por el cura Aguirre y a causar una sublebación general en el pueblo. ¿Cómo será posible a vista de este despotismo y de la ninguna corrección que ay en ello, que el governador pueda llenar las obligaciones de su cargo, ni menos dar cumplimiento a las reales intenciones, teniendo contra sí un cuerpo tan poderoso como el de los ecleciásticos, contra quienes no tiene libertad para obrar y está subordinado a padecer y a ser jusgado por ellos como se les antoja?

N.° 44

De lo que experimentó D. Cristóbal Mecía oydor de Lima sobre el mismo asumpto

Después que estuvo en Guancavelica el oydor de Lima don Cristóbal Mecía entendiendo en los encargos de vicita de mina, y otros, todos ellos fulminados por la malignidad de Aguirre, fue uno de los que tubo que abrir por tercera ves la causa de los veedores y finalisarla ínterin que contendía particularmente en esto y que recebía las probansas del gremio y de los reos, recevía otra el cura Villalta a pedimento de estos últimos, y certificava el cura Segura a favor de ellos sobre cosas de govierno y mecanismo de la mina. Estas diligencias actuadas por ecleciásticos le irritaron lo bastante y huvo de incertarlas en los autos, aun siendo tan fuera de regularidad, para que se comprehendiese en los tribunales la desproporción con que se manejan los clérigos, y que necesitan de alguna providencia mui seria que los contenga.

N.° 45

De otras diligencias practicadas por el cura Aguirre para salir con sus intentos

Antes de las censuras havía procurado el cura Aguirre commover el vecindario contra mí por otros medios, persuadiendo, no solamente en las conversaciones privadas, sino es en las públicas, que mis providencias eran temerarias, que hacía padecer a los innocentes, que era cruel, que de semexantes circunstancias no podían esperar los hombres más sosegados y de buena vida sino es verse atropellados quando lo pensasen menos. Con estas persuaciones y el miedo que en ellas les infundía, avía conceguido que firmasen un papel que avía dispuesto, executándolo los más aun sin saber lo que contenía; pero les aseguraba que no avía cosa que fuese contra mí, y que los puntos que encerraba heran christianos y como corresponden a hombres que temen a Dios y aman al próximo, en cuya forma lo declararon después los mismos que firmaron, dando por disculpa de haverlo hecho, que no podían negar la firma a un ecleciástico, y cura, que se la pedía, ni menos se abían de persuadir a que pusiese en el papel cosa que fuese muy decente y regular, pero su contenido no era otro que declarar contra mí y contra mis providencias en punto de govierno quanto dexo dicho. Él se hiso caudillo de malcontentos, con quienes dispuso varios paseos en las cercanías de la villa, siendo el asumpto de la conversación conspirar contra mí, y el que se excedía más en la desemboltura era el que tenía mayores aplausos, de tal modo que al restituirse venían por las calles del lugar haciendo ostentación de las injurias con que me avían tratado; y no pocas veces pasaron los excesos de este ecleciástico hasta ir a provocar en la plasa pública al escrivano estando en el despacho de su oficio para que venida la quexa a mí, tomase alguna providencia como correspondía, y conceguir por este medio sus intentos. No traeré a concideración como cosa que era más corriente en su altivés publicar entre el vecindario que me avía de someter a quanto se le antojase, o de no conbenir en ello; tenía bien preparados los medios de mi perdición, y assí se verificó poco tiempo después de estos alborotos, porque visto que se havían falsificado quantas iniquidades avía premeditado su malicia, dispuso el capitularme y para ello formó segundo papel de capítulos, solicitando con igual estrataxema a los otros tres curas para que lo firmasen, con el ánimo de que después de tenerlo conceguido en ellos, practicar la misma diligencias con los prelados de religiones, y a su exemplo con las demás personas de algún respecto del lugar, pero tampoco logró el intento mediante la repugnancia que encontró en el cura de la parroquia de Santa Ana, fray Nicolás del Poso, religioso dominico, quien, sin aver profesado intimidad conmigo, respondió quando se le habló en la materia, que él no autorisaba las iniquidades que se premeditavan, ni decía bien con las obligaciones de ecleciásticos y de cura conspirar contra los governadores que el Rey nombraba para que le governasen sus dominios, sino es ser obedientes y pacíficos, contribuyendo con el buen exemplo y los concejos, a que hubiese paz y quietud en la república; y esto fue medio de que no tubiese efecto la capitulación intentada.

N.º 46

Del modo con que el cura Aguirre protexió y aconzexó la fuga de algunos de los mineros

Queda dicho antes que contuve al cura Aguirre en las livertades con que pretendía manejarse conmigo, y ya es tiempo de traerlas a consideración; para ello es de suponer que desde Cádis traía largas noticias de las propiedades de este clérigo y de los alborotos que avía promovido en los goviernos anteriores. Con esta advertencia, que en Lima quando llegué huvo muchos que me la confirmasen, rechacé la pretención que tuvo en el principio de mi govierno sobre que lo eligiese de acesor, y antes procuré vibir con alguna independencia de él, bien que sin negarle la entrada en mi casa, quando venía aun sin tener mayores motivos para ello. Es assimismo de suponer que corriendo parejas en el modo de manejarse con don Pablo de la Vega, se profesaban grande amistad y recíprocamente se hacían espaldas para los robos, él por rasón de cura en la exhorbitancia de los derechos de entierros, y el governador en los de inbentarios; aquél en el exercicio de abogado en los asumptos civiles, y éste otro en el de jues, de modo que entre los dos tenían al pueblo en la mayor opreción. Entre los dos, a quienes igualmente cesaban con mi venida las utilidades havían formado el proyecto de hacerme apear del govierno y que por combiene bolviese a recaer en Vega; para este intento hera mui del caso la aceptación que se avía granjeado en Lima por medio de los regalos que hacía al virrey y a otros ministros. En este proyecto era combeniente que entrase el veedor de la mina Campusano, el qual estando mui beneficiado del governador con quien iba a la parte, no avía dificultad en conceguirlo. El medio era que Campusano, por lo que tocaba a la mina, dejase cegar las calles, arruinase los empotrados, cegar las labores y aun destruir los estrivos, como lo empezó a hacer; y al mismo tiempo el cura Aguirre sugerir especies en los mineros para que abandonasen el exercicio, y una ves conceguido que la mina se impocibilitase y que el gremio de mineros se descompuciese, estaba logrado el intento. Así se empesó a verificar, porque al paso que Campusano hiba a toda diligencia desempeñando el encargo que correspondía a mina, el cura iba procurando la deserción de los mineros con aquellos que usaba de más confiansa, pues Gordillo y Ramíres fueron aconsejados por él, y el segundo salió de su casa proveído de quanto necesitó para el viaje; Sáenz también hizo la escapada a influxos del mismo cura, en cuyos asumptos se trata lo necesario en el Primero y Segundo Punto de esta relación.

Como este maligno proyecto no se me ocultava, y que mis diligencias no heran capaces de contener la rapidés con que uno y otro iba, me fue preciso no pasar adelante con dicimulación y advertirle a Aguirre lo que combenía, añadiéndole que no ignoraba los modos reboltosos con que se avía manejado en los goviernos anteriores, y que cumpliese con las obligaciones de su instituto, que no lo hacía, y se ceparase de entender ni aconsejar en los del govierno de la república, que directamente eran contra el servicio del Rey, absteniéndose de venirme a vicitar, cuyas demostraciones se dirigían a ver y saver lo que disponía yo para ir después a premeditar medios de que saliesen frustradas. En un hombre tan desmedido en soberbia como despreciable en la calidad del nacimiento como lo es éste, déxase entender el efecto que causaría la reprehención y por otra ver descubiertos sus malignos proyectos; y assí, desde aquel día sin ningún emboso hiso empeño de llevar adelante lo que antes promobía con algún jénero de simulación. Desde que penetré estas perniciosas ideas, que fue bien en los principios, hise repetidas instancias con el virrey Conde de Superunda para que hiciese salir de Guancavelica y su jurisdicción a don Pablo de la Vega, según queda dicho en otra parte; viniéndole varias órdenes para ello, tan urjentes, que en algunas sólo se le daba el término por horas, pero él las despreciaba de tal modo, que aun entregándosele unas por mi mano y otras intimándosele por el escrivano, ni aun contestaba su recibo al virrey; y por último, todo lo que se conciguió después de repetidas instancias, fue que se le dexase al cabo de dos años y medio hasta Guamanga, donde murió miserablemente, dexando hechos los muchos daños que causó en Guancavelica.

N.° 47

De la pesquisa actuada contra el cura Aguirre y modo en que se hizo

Como los excesos del cura Aguirre y su desemboltura crecían cada día más, me fue preciso, después de los repetidos recursos que avía hecho al Virrey sin ningún fruto, tomar otro partido, porque las cosas avían llegado a unos extremos de verdadera conspiración; para ello junté a los pocos cavildantes que forman el de Guancavelica y a aquellos vecinos de más madurés y representación en la villa; con éstos, aviéndose consultado el asumpto, quedó resuelto hacerle al virrey una representación pidiéndole que diese providencia para que saliese de la villa, y otra igual al obispo de Guamanga. Este último hizo poca demostración en ello; el Virrey llevó la otra al Acuerdo y se determinó que se exhortase al obispo para que hiciese retirar a Aguirre, proveyéndole en otro curato, que se averiguasen los hechos escandalosos y se diese Quenta, con autos. Con todo ello succedió lo mismo que con la causa del cura Segura, porque el acesor del Virrey en Lima y el secretario del obispo en Guamanga le dieron aviso con alguna anticipación de lo providenciado, y con esta noticia anticipó él la salida en 6 de septiembre de 1761 pasando a Lima, de suerte que quando llegó la orden jurídica del obispo, ya él se hallava distante de la villa; después nombró a un eclecíástico de fuera de Guancavelica para que actuase la pesquisa, que fue el cura de Lauricocha don Francisco Xavier Gallegos; éste llegó el día viernes 6 de noviembre sobre tarde; el sábado y domingo lo ocupó en recebir vicitas y pagarlas, y el lunes 9, mui de madrugada, ya se havía buelto a ausentar, conque aviendo pasado en este día a ora regular las personas que avían de deponer, y a quienes él mismo les avía dicho en los dos días antes que no avía recevido la instrucción de su obispo sobre el modo en que avía de actuar la pesquisa, se hallaron sin él , y que entre los curas Villalta y Segura, el que leyó las censuras a pedimento de los veedores, y otros por este tenor, avía formado una sumaria en que resultaba no averiguarse nada de los hechos escandalosos de este eclecíástico; ni cómo podía ser de otro modo quando se manejaba la averiguación por los mismos que eran cómplices y en la forma que Aguirre lo disponía desde Lima, que es el método corriente en el Jusgado eclecíástico, particularmente en Guamanga en aquel tiempo, y asta la muerte del obispo Manrrique. Vista esta irregularidad de proceder, y que la providencia avía degenerado en irrición de la Justicia, bolví a escrivir al obispo y al virrey, haciéndoles conocer quanto avía pasado, de lo qual resultó que en marzo de 62 bolvió a pasar otro eclecíástico a Guancavelica, ínterin que yo estava en Lima, el qual por el mismo tenor que el primero, practicó segunda averiguación, que se reduxo a vicitar a los prelados de las religiones y en forma de combersación preguntarles se el cura Aguirre directamente les avía pedido firmas para capitularme.

Estos respondieron en el mismo método que se les avía hecho la pregunta, pero el cura de Santa Ana añadió que aunque directamente no se la havía pedido, indirectamente por medio del cura Segura sí, y que para esclarecer este hecho pedía que se hiciese careo, compareciendo el otro, y le recombendría con ello. Sobre esto no se dio más paso, no se indagó nada sobre los muchos excesos y cediciones del cura Aguirre; no se extendieron declaraciones con formalidad, ni huvo otra diligencia. Enterado de ello, bolví a repetir instancia con el virrey luego que tuve el aviso de lo que avía pasado, incluyéndole instrumentos que comprobaban el modo irregular de averse hecho la persquisa, pero no se dio más providencia porque el acesor don Joseph Perfecto de Salas, antiguo amigo de Aguirre, propendía a protexerlo y no le tenían mala quenta los alborotos e inquietudes que promobía, que es, como queda dicho en otras partes, lo que se apetece.

N.º 48

Del despotismo de los curas en materia de jurisdicción

Aviendo dicho antes que no reconocen suxeción los ecleciásticos, y con particularidad los curas seculares, a las leyes de la Justicia, está explicado el modo libre de gobernarse y de pretender ser superiores al que hace de cabesa en la república. Esto se hizo más notable en la jura y proclamación del Rey nuestro señor, que Dios guarde, don Carlos 3º, porque en este acto de la mayor publicidad, no se les vio hacer a los curas seculares ninguna demostración que denotase la fidelidad y vasallage que es correspondiente en quantos la deven reconocer; y antes sí, todo lo contrario, de tal modo que no se vieron en los paraxes públicos donde se hizo la jura, y en ves de contribuir a la solemnidad de las fiestas que se dispusieron en celebridad de tan augusto asumpto, hicieron quanto estuvo de su parte para disminuir su lucimiento; cosa que sólo en unos paíces donde reina la torpesa y la ignorancia pudiera succeder.

Para solemnisar este acto de tan singular gusto para todos los vasallos de su Majestad, dispuse que la villa hiciese un día de fuegos y toros y otro de comedia; el Gremio de Mineros otros dos días en la misma forma, y la jente de la mina, otros dos. Para esto se nombraron dos diputados de fiesta en cada clace, y en la villa se eligieron a dos vecinos de los más acomodados, y buena conciencia, de modo que la contribución fue por reales en las gentes de oficio, no excediendo en los mercaderes de más fuste de 4 pesos, y muchos vecinos pobres sólo contribuyeron con el travajo personal, como succedió en los que se emplearon en disponer los teatros y sus decoraciones. Esta contribución del vecindario, aunque tan corta, se les recompensó en repartirles la plasa, sin que ninguno tuviese que pagar nada ni para las funciones de toros ni para las de comedias, quando siempre ha sido costumbre venderse, y que cada qual pague los acientos, aun después de aver contribuido aquello que le toca por derrama.

En Guancavelica hai un gremio, que así se puede llamar, considerable de múcicos, que tocan harpas y violines, estos van como succede en todo el mundo a donde los llaman, unas veces exercitan la profeción en las yglecias y otras en los bailes o cachuas y es establecimiento antiguo que concurran a la casa de los governadores siempre que en ella ay alguna función, como succede en los días de rey y reina y en los de santo del governador, en cuya concideración se les liberta de las rondas y otros servicios de la república que es de obligación del vecindario. En la derrama impuesta para las fiestas de la jura mandé que no se comprehendiesen a estos múcicos, pero que concurriesen, asistiendo a tocar a las comedias que hacían los tres gremios, pero habiéndose recistido a ello, pidiendo que se les pagase, ordené que se hiciese así, pero que se les sacase la derrama en la forma que a los demás vecinos; también rehusaron hacerlo, y haviéndome dado quenta los diputados a quien correspondía, mandé poner en la cárcel 6 u 8 de todo el número, aquellos que hacían cabesa. Al siguiente día de echa esta demostración me hiso un exorto el cura Villalta sobre que puciese en livertad a los múcicos porque tocando sus instrumentos en las yglecias gosaban de la immunidad ecleciástica y no tenia qué hacer con ellos; siendo de advertir que a los mismos músicos los havía tenido otras varias veces en la cárcel, unas por deudas, otras por amancebamientos y otras por averlos hallado en cachuas a desoras, y que una gente que viste el traje de seglar, casados y que sirven a la república del mismo modo que los de otros oficios, no havía sobre qué recayese el pretendido fuero; pero lo más notable del exorto era que después de hablar en él con los más intolerables ayres de superioridad, sin guardar aquella modestia y respecto que se debe siempre al que manda, concluía con la amenasa de decir que de no ponerles en livertad immediatamente, procedería contra mí por todo rigor de derecho, que en propios términos hera decir que me fixaría por excomulgado. Yo, por evitar escándalos y competencias, mayormente en paraje donde reina tanto la ignorancia, los mandé soltar immediatamente y di quenta al virrey Conde de Superunda, remitiéndole testimonio del exhorto y de lo que en él proveí. Allí se vio en el Aquerdo y se resolvió lo que nadie ignora, siendo que en tanto que los múcicos no anduviesen tonsurados, con ávitos de ecleciásticos y tuviesen títulos formales del obispo, no debían gosar immunidad, pero ni el Virrey ni el Aquerdo se dieron por entendidos de lo indecoroso del exhorto, de la livertad conque el cura atropellaba los respectos de un ministro del Rey; del desprecio con que trataba el carácter del governador, y más que todo esto, de aver sido en un asumpto en que los primeros prelados de las yglecias concurren gustosos a celebrar la exaltación al trono del soberano a quien reconocen. De este silencio y falta de corrección procedieron los atentados que sobrevinieron después, conciderándose los curas superiores al que gobierna por la circunstancia de ser ecleciásticos.

N.º 49

Alboroto sobrevenido con los yndios de Anchonga por la pretensción contra ellos del cura Villalta usando fueros de la jurisdición real

El cura Villalta unido con el otro cura Aguirre, queriendo usar de los fueros que sólo pertenecen a la jurisdicción real, pusieron el pueblo de Anchonga, en la provincia de los Angaraez, en términos de que hubiese una sublebación por su imprudencia. Estos indios estaban en poseción de unas tierras que lindan con una hacienda llamada Panpas, cuya poseción la an tenido desde mucho tiempo atrás. La hacienda de Pampas pertenece a una capellanía de las Ánimas de la parroquia de San Antonio y el cura es el capellán. Deseando Villalta acrecentar el estipendio de las misas, supuso que las tierras que ocupaban los yndios de Anchonga heran y pertenecían a la hacienda, y haviéndolo representado ante el obispo de Guamanga, nombró éste por juez al cura Aguirre de la parroquia de San Sebastián, ordenando que se lansase a los yndios de ellas, y que si tubiesen que pedir, acudiesen a su jusgado. Aguirre proveyó en concequencia el auto correspondiente, y Villalta con un notario y otros ecleciásticos, pasó al paraje, citó a los yndios y les embargaron las cementeras que tenían sembradas; al siguiente día quando pasaron a practicar la diligencia, encontraron en la campaña más de doscientos yndios dispuestos, no a concurrir al despojo, sino es a recistirlo por la fuersa. Los clérigos, visto el peligro, dieron por actuada la cosa, poniendo en poceción al que havía comprado la hacienda y se hicieron dueños de los sembrados que estavan en ellas; ymmediatamente acudieron los yndios a Guancavelica a pedir contra la violencia que se les hacía. Mi primer cuidado fue persuadirles a que se restituyesen a su pueblo, quedando solos dos o tres para hacer la demanda que les combiniese, y probeí auto de exhorto al cura vicario y contra los demás ecleciásticos cooperantes previniéndoles que se abstuviesen de incomodar a los yndios en tanto que justificaban pertenecer a la capellanía las tierras que poseían aquéllos, declarando, al mismo tiempo, no tocar a la jurisdición ecleciástica hacer deslindes ni lansar a los poseedores de buena fee seculares de las fincas que están poseyendo quieta y pacíficamente, y di quenta al virrey actual don Manuel de Amat para que declarase si estos actos pertenecen a la jurisdición real o ecleciástica. Desde entonces me han exhortado en dos ocaciones distintos jueces nombrados por el obispo de Guamanga, sobre que les auxilie contra los yndios de Anchonga, porque estos en vengansa del despojo que se les hizo, quemaron algunas casillas que el dueño de la hacienda havía fabricado y le arrasaron las cementeras. Siempre lo he recistido respondiendo que me hagan constar ser las tierras de la capellanía y no de los yndios, y entonces yo mismo los pondría en pocesión; otras tantas veces he repetido representar al virrey para que declarase sobre la primer consulta, y aunque respondió con vista del fiscal de lo criminal, don Diego de Holgado, fue en unos términos tan confusos y indiferentes, que no decide nada, y antes ponen el asumpto en mayor confusión. Tráigase aora a concideración solamente la justicia echa en el caso del cura Segura y el modo de justificar los echos escandalosos del cura Aguirre, y se vendrá en conocimiento, aun quando el jusgado ecleciástico tenga derecho para despojar a los poseedores de Anchonga y para tratar de deslindes, citando a las partes qué resoluciones favorables a su justicia pudieran prometerse los yndios en donde se atropellan los respectos mas recomendados y sólo se tira a confundir la verdad y a que lo que es clerecía dependiente de aquel tribunal, quede en todos asumptos triumphando con su inniquidad y haciendo irrición de la misma justicia si todos los vasallos del Rey deben por obligación vibir como tales, y por reconocimiento manifestarlo con la sumición a las leyes y a los preceptos de la soberanía; ningunos tienen más motivos que los curas para hacerlo así, porque estos están colmados de beneficios que disfructan de la real liberalidad en el sígnodo que se les tiene asignado, en las crecidas obenciones que más de lo que se les concede se les toleran, y en las prerrogativas y esenciones que gosan y se les guardan rigurosamente, parte por razón del estado y parte por las reales recomendaciones que así lo prebienen en una multitud de leyes y de cédulas reales; pero olvidados en las Yndias de lo que es obligación, y con ingratitud a lo que debe ser reconocimiento, se señalan entre todos los vasallos, faltando a lo uno y a lo otro; lo qual procede en gran parte de no irles a la mano los tribunales en las ocasiones que se exceden, haciéndoles conocer que tienen un rey, un señor natural, un soverano a quien deven estar suxetos y ovedientes, sometiéndose con la misma subordinación que los demás vasallos a sus reales dispociciones, y aun enseñando con el buen exemplo a todos los otros que no tienen tantas luces como ellos la sugeción que deven guardar a las leyes y a los que administran la justicia.

N.º 50

De los curas de Guancavelica y sus annexos

En Guancavelica ay 4 curatos, que reditúan des 4.000 pesos, el que menos asta 7 en que se avalúan el de San Antonio y el de San Sebastián cada año, y la gente de sus arrabales que están contiguos a la villa, sin más que el río que los divida se quedaban sin misa todo el año, a excepción de un día o dos en que se hace la fiesta del arrabal. Esto será increíble, porque en Madrid supongo quién se a de persuadir a que en Labapiés o en el Barquillo no se celebre misa más de una vez al año, quando los curas de las parroquias immediatas tienen una congrua de 7 mill pesos, pues lo malo es que así pasa y ay yglecias en los arrabales, pero no ay misas ni culto. Las parroquias de Guancavelica son San

Antonio, que está en el centro de la villa y es de españoles; San Sebastián, que está al un lado, Santa Ana, al otro lado, y Santa Bárbara que está en la mina; estas tres son de yndios. San Antonio tiene por annexo el arraval de San Cristóbal, que está del otro lado del río como queda dicho; San Sebastián a los de la Asención, también del otro lado del río, Yananaco, del mismo de la villa, y contiguo, y Sacsamarca que es un pueblo distante cosa de media legua. Santa Ana tiene por annexo un pueblo nombrado Guaylacucho, que dista una legua corta; y Santa Bárbara tiene a San Francisco y a Chacllatacana, que dista cada uno del pueblo principal como media legua. En estos annexos y arrabales, no ay culto ni misa en todo el año, como llevo dicho, y sólo se sabe que son christianos por el día en que el cura ba a hacer la fiesta, que es en el de aquel santo que tiene el pueblo por nombre. De poco tiempo a esta parte, y no haurá más que un año, a establecido misa en los días de domingo y fiestas de precepto para los yndios, el cura Villalta de San Antonio en el arrabal de San Cristóbal; y esto ha sido con algún recelo de tener malas resultas, porque aviendo incurrido en iguales excesos a los que quedan dichos quando fue cura de Acobamba en la provincia de los Angaraez llegó la noticia de ello a la real intelixencia, y que no les daba pasto espiritual a los feligreses, ni les decía misa más que el día de la fiesta del santo de cada pueblo, en cuya attención se expidió Real cédula con fecha de 24 de abril de 1757, en que se le ordenó al Conde de Superunda, virrey que era entonces, que hiciese averiguación de ello, aplicando el remedio comveniente, y que diese quenta de lo que resultase. Nada de esto se practicó, porque el cura pudo entonces trampearlo, pero receloso aora de que yo pase directamente la noticia a su Majestad, a establecido misa allí, bien que esto lo resarse sobresalientemente por otros medios que arbitra la codicia.

N.º 51

Sobre el establecimiento de los quatro curas de Guancavelica y assignación de su sígnodo

Si todos los curas de las Yndias tienen una particular obligación por rasón del Patronato Real de las Yglecias que recide en su Majestad, y de los sínnodos que se les pagan del herario real para ser fieles al monarcha, sumisos y obedientes, quando no por la obligación de vasallos, por el reconocimiento de agradecidos, en los de Guancavelica ai mayores motivos para esta correspondencia, y para deberse manejar con respeto al governador que su Majestad elige, propendiendo siempre a su mayor aire, como a la paz y quietud del vecindario, porque éstos son, según su primitiba erección capellanes de la Real Mina, dotados por el primer descubridor y poseedor de ella con el sínodo que gosan, y quando hizo cesión de ella a su Majestad, se combino en que continuasen los mismos capellanes curas, y que el sínodo se les pagase del Ramo de Azogues, como se practica de modo que en la cantidad y en el ramo son privilegiados, a los demás curas; pero ellos, y como llevo dicho, con particularidad los tres curas seculares, olvidados enteramente de esta circunstancia, no piensan en otra cosa que en ser absolutos en querer ser sobre los governadores y en conspirar contra ellos, haciendo un partido osado y atrevido con los delinquentes y gente malébola para atropellar al que hace cabesa en la república, desdorando sus operaciones, cuyas irregularidades no sólo se han experimentado desde el govierno de Sola acá, sino es que en los anteriores a succedido del mismo modo, causando con más o menos escándalo en unos que en otros, bastantes inquietudes y alborotos. En el de don Gerónimo de Sola, con motivo de aver prohibido este ministro las *guarmis chacras*, que eran unas yndias que se ponían a la puerta de la mina a rescatar el mineral que sacaban los cargadores, o carguiches, lo qual era propiamente hurtos que se les hacían en ello a los mineros, fomentó el cura Aguirre, que entonces lo era de Santa Bárbara, los mayores alborotos y disturbios contra el governador, asta subministrar especies de capitulaciones a los malcontentos para que pidiesen contra él; lo qual si no llegó a tener efecto fue porque lo principal del vecindario, conociendo la maldad, se opuso a ello y escrivió cartas al virrey y al obispo de Guamanga que era entonces, de cuyo modo se les cortó el curso; siendo de advertir que el principal de quien se valía el cura para estas maquinaciones era uno de los sirvientes que avía traído de España el governador, nombrado don Ignacio de Elisalde, hombre que no supo guardarle a su amo la fee que debía, lo qual succede, mui commúnmente por estas partes, donde la codicia y el interés atropellan todos los respectos.

N.º 52

De la conducta de los curas en sus yglecias y del modo de exigir utilidades de los yndios y otros feligreses

Dos cosas encontradas se an visto en Guancavelica entre el cura Villalta de la parrochia de San Antonio y el cura Aguirre de la de San Sebastián sobre el cumplimiento de su ministerio: el primero, si le hubiera sido permitido decir dos o tres misas todos los días, por aprovecharse del estipendio de la limosna, privando de él a los clérigos pobres, no lo huviera dexado de hacer; y el segundo no tengo noticia que permaneció en Guancavelica, perteneciente a mi govierno, aiga celebrado algún día, y si lo ha hecho, aurá sido mui rara vez. El de Santa Bárbara no sé en este particular la conducta que a guardado, pero el de Santa Ana, religioso dominico, fray Nicolás del Pozo, a guardado otro réximen mui diverso y como corresponde al cargo de almas que tiene. Éste ningún día ha dexado de celebrar en su yglecia, sin que preceda más estipendio que aquél de las capellanías que están fundadas en ella y de justicia le corresponden; las limosnas particulares y misas de entierros las ha distribuido entre el cura theniente que tiene y otro ecleciástico pobres, y aun siendo su curato solo de yndios, lo a tenido bien asistido en el culto divino y en pasto espiritual de sus feligreses sin hacer más fiestas ni novenas que las que son de establecimiento, quando los otros dos con el fin de acrecentar el pie de altar las han aumentado en tanto punto, que todo el año son festividades, con novenas, y éstas se reducen a las contribuciones que se les hacen, siendo lo que menos se atiende la devoción. Así no se be que estos piadosos actos se practiquen sin primero asegurar entre los feligreses el estipendio correspondiente a cada día, de lo qual se siguen no pocas concequencias: la primera es que la gente, yndios y mestisos, dados por inclinación a la decidia y a vibir en ociosidad, tienen este más motivo para no aplicarse al travajo; la segunda, que no aviendo función de yglecia ni día de nobena sin borrachera se repiten los desórdenes de el vicio a medida que se acrecientan las festividades; y éste es el motivo de los aicupacos que dejo dicho haver prohibido de noche, porque con ellos se combida al son de los tamborcillos y trompetas para que concurran con la limosna y a las casas de los alféreces o novenantes a la embriaguez; lo tercero, que siendo gente pobre que no gosa más caudal que lo que les rinde el trabajo personal, se arruinan, llenándose de débitos, y no pocas veces con las resultas de hurtar lo ageno para pagar lo que gastaron en una función de estas de cuyas concequencias ni se embarasan los curas, ni escrupulisan, porque su intento no es otro que recevir los derechos que tienen establecidos para que crescan las rentas, con la notable desconcideración de saver que para 20 pesos, por exemplo, que se empleen en la yglecia en gastos de cera, cantores, limosna de la misa y acompañados, el yndio o el mestiso que hace el día de novena, a de gastar más de 80 en la bebesona que tiene en su casa con los demás novenantes y concurrentes, y que sin que hubiese este desorden de embriaguez, no hauría fiesta. Así los curas que por rasón de su ministerio deverían ocuparse en persuadirles a que depuciesen el vicio y estorbarles las ocaciones de entregarse a él, son por el contrario los que les proporcionan las de que lo frequenten, porque este es el medio de que el curato rinda cada año 6 o 7 mill pesos.

Este modo de celebrar las festividades es general entre los yndios y mestizos en todos los curatos, pero en ninguno de la provincia de los Angaraez e visto que se aumenten con el motibo de novenas a los santos que se le antoja al cura sin ser el titular de la parrochia.

N.° 53
Sobre los alféreces en las Parrochias

Tienen por costumbre en Guancavelica, y lo mismo supongo que será en los demás curatos de esta parte de las Yndias, nombrar alféreces para las festividades que ay establecidas, o que los curas hallan modo de entablar de nuevo; y para cada festividad ai alféreces hombres y alferes muxer; estos son a exepción de los días de novenas, los que costean toda la fiesta de yglecia, y además de lo que contribuyen, se les agrega otro derecho, que es el de el estandarte, cuya insignia es la que los constituye alféreces, porque cada uno de los dos a de dar un tanto sólo por la circunstancia de llebarlo; y esto es lo mismo en la yglecia que en proceciones, sin exeptuarse de ello los de Semana Santa; de suerte que me han asegurado que en ciertas funciones, los que fueron alféreces un año quedan fundidos para el resto de su vida, porque les suben los gastos de 400 pesos. Esto en una pobre gente, sean yndios o mestizos, dexa comprehenderse lo que les atrasan para pagarlo, vendiendo los ganadillos, el que los tiene, y quedando esclavisados con el amo a quien sirve el que no tiene que vender; pero aunque todo es malo en este particular, lo principal en que se debe parar la consideración es que los ministros de Jesuchristo tomen por pretexto para llenar su codicia, el culto de la divinidad, y que con este motivo fomenten el vicio y la corrucción de costumbres que debieran corregir por obligación.

N.º 54
De los entierros y reforma de las pompas fúnebres

Succedía en Guancavelica quando entré, en punto de entierros y pompa fúnebre, lo que succede en todas las Yndias sobre toda suerte de leyes y pragmáticas reales que se reciben, que se dice que se obedecen, pero no se guarda ni se observa nada de quanto se previene. Los entierros de toda suerte de gente se hacían con la misma ostentación que se puede practicar con las personas reales; los túmulos se lebantaban asta querer competir con los techos de la yglecia, y ésta se iluminaba quanto lo permitía su capacidad, de suerte que el gasto de la cera en cirios, en arañas pendientes, y en iluminación de altares, hera todo una profanidad y de un costo tan excesivo, que quedaba arruinada la parentela aunque tubiese algunos posibles. Luego que vi este desorden, mandé por auto de 23 de enero de 1759 que se guardase la pragmática sobre funerales y lutos, pero en punto de derechos del cura, a distinción de los de la yglecia, quedaron sin novedad, porque el intentar reformar algo en este particular y que se arreglen a los aranceles, hubiera sido darles mayores motivos para declarar la conspiración; esto no obstante, alguna vez se excedió tanto el señor don Antonio Villalta, que fue precizo obligarle a que se moderase, bien que luego que tubo la noticia de haberse extendido un exhorto para hacérselo saber, rebaxó de 500 pesos que pedía por el entierro de un mercader tranceúnte, a 250, y no fue necesario practicar la diligencia.

El exceso mayor en este particular esta en los yndios y no hay medios de hacerles entrar en rasón. Si el difunto tiene bienes, el cura se constituye heredero, y si carece de ellos, suele estar sin enterrarse tres o quatro días hasta que los parientes pueden agenciar lo que les pide el cura para enterrarlo. Sobre esto se expidió en parte real cédula, que queda citada, y el mismo cura Villalta, contra quien hicieron el recurso a su Majestad los yndios de Acobamba que dio motivo a aquella cédula, ha repetido la inhumanidad en Guancavelica después de mi govierno señaladamente con un espadero en el barrio de San Agustín, cosa de tres meses antes de esta Relación, a quien desde el lunes que murió no quiso dar sepultura hasta el jueves, obligando por este medio a los parientes que vendiesen una pobre casa y única finca que tenía para que le pagasen los derechos que pretendió, sin traer a concideración otros iguales exemplares practicados antes de este tiempo; de modo que en este particular se puede dar crédito si escrúpulo a quanto se oye decir, porque la tiranía pasa más allá de lo que se puede ponderar.

N.º 55

Concequencias perniciosas contra el buen govierno que se siguen de la falta de corrección en los curas y de la mala conducta con que se manexan

En una clerecía tan desarreglada como la de Guancavelica, que al presente por lo mucho que se ha aumentado compone buena parte del vecindario, muchos sin rentas para mantenerse, otros, y no son pocos los de esta clase, sin documentos ni criansa que les infundan buenos pensamientos los más, por lo general abandonados a los vicios; los que pueden y están en colocación para ello, entregados al interez, sin rubor que los contengan, sin respectos que los estimulen, sin justicia que los corriga, sin castigos que los intimiden, con sobrados fueros para no guardar respecto a ley alguna, y con atrevimiento y descaro para emprender quanto se les antoxa qué se puede seguir sino es que esto compondrá una compañía de jente desembuelta en todas sus operaciones, reboltosa y llena del más osado atrevimiento, unas veces entregados a lo más vil y abominable de las acciones de los hombres y otros empleados en asumptos de rebolución y de inquietud, con proporción al estado de más o menos jerarquía que cada uno tiene, los mendigos se ven con frequencia escandalisando en amancebamientos, en robos, en las casas de juego y en los exercicios más despreciables, de tal modo que durante mi govierno se han repetido lo que no es ponderable las ocasiones de intimarle al vicario que contenga y ponga corrección en los de su jurisdición por estos excesos, y en la clerecía más acomodada, como son los curas, las cediciones, el abrigar a los delinquentes, el formar partido de discordias y el cabilar quantas maldades son imaginables contra el que gobierna, todo esto tiene tan poca ponderación que en el día de oy, 15 de abril, se está haciendo diligencia de prender a un ladrón que aurá cosa de 10 días que habiendo un forado, intentó robar la tienda de un mercader, y el compañero de este es uno de los clérigos que tiene otros hechos de esta naturalesa, cuyos autores se descubrieron por aver repetido en la noche pasada igual picardía en otra tienda, donde al pasar las ronda dio con ellos, y a título de ecleciástico, escaparon los dos. De estos casos se han experimentado varios y no corresponde otra cosa en donde el ordenarse sirve de efugio para la livertad de cometer toda suerte de maldades sin peligro de ser castigados.

El estado ecleciástico secular sigue bajo un mismo pie, el que dice misa es, en propios términos y con indesible escándalo de lo christiano, haciendo venta del sacrificio; y el pastor de almas no pone el cuidado en doctrinarlas si no es en ver el mayor uzufructo que puede sacar de ellas, en tiranisar bajo del pretexto especioso de derechos ecleciásticos, y en ser enemigos declarados del jues que govierna, constituyéndose protectores de la inniquidad y autores de la innobediencia. Todo esto es concequencia precisa del pie en que está el estado de la clerecía y de lo que se ha visto en su jusgado durante la vida del obispo don Felipe Manrique.

Guancavélica y abril 15 de 1763.
[Firmado y rubricado: Antonio de Ulloa]

QUINTO PUNTO

DE LA RELACIÓN DE GOVIERNO DE GUANCAVELICA POR EL QUE HA TENIDO EL CAPITÁN DE NAVÍO DE REAL ARMADA DON ANTONIO DE ULLOA DESDE EL DIA 4 DE NOVIEMBRE DE 1758 HASTA ABRIL DE 1763 POR LO PERTENECIENTE A LA PROVINCIA DE LOS ANGARAEZ Y SU CORREXIMIENTO

La provincia de los Angaraez ha sido dependiente del Govierno de Guancavelica desde el primitibo establecimiento, y sin duda fue suficiente motivo para ello el servicio de la real mina de azoguez, porque no solamente los yndios que componen sus poblaciones, sino es la demás jente, españoles y mestizos que habitan en ella, concurren a este tan importante servicio, unos con el trabaxo personal y otros haciendo el abasto de las maderas que se consumen en ella, como queda explicado en su lugar en el Primer Punto de esta relación, de modo que esta gente de Angaraez no solamente asiste con aquel número de travajadores que tiene obligación de dar, como las demás provincias que mitan a esta mina sino es con todo el más número que se necesita a proporción de lo que piden las urjencias, unas veces aumentado el de los yndios que llaman rosas y otras embiando ceparadamente de estos con el nombre de faenas, así la más regular ocupación de ellos es el servicio de la mina y el acarreo de las maderas; por esta razón está mandado que los yndios de Angaraez no puedan mitar en minas de plata ni de otra alguna especie que no sea en las de azogue, cuyo bien premeditado establecimiento se interrumpió atropelladamente en el Govierno de don Pablo de la Vega como succedió en todos los demás asumptos, y no podía la provincia de Angaraez ser menor que aquellos para no resentirse de los desórdenes del ministro, porque haviéndola entregado al contador que entonces era de esta Real Caxa, don Francisco Ysidoro Fernández de Texada, éste, con el motivo de haver emprendido trabajar en esta mina de plata que se halla dentro de la misma provincia, en el cerro que llaman de Julcani, aplicó los yndios a su mina, y por una parte se les duplicó el servicio, quando por otra se atendía con menos cuidado al de la mina real de azogue; pero si hubiese consistido en esto todo el desorden, aún se podría en algún modo perdonar; la ceguedad de que Julcani avía de producir grandes riquesas, hizo que se abandonase el cuidado de la recaudación de tributos y que no se pusiese aquel que es debido en que cumpliesen las demás obligaciones, de tal modo que con asistir los yndios a Julcani, avían cumplido todas las obligaciones, y fue para mí del mayor travaxo entablar que pagasen los tributos con regularidad y que con la misma asistiesen al servicio de la mina, porque viciados en el abandono en que se les havía dexado, se les hacía duro todo lo que no era continuar en aquella libertad.

El Governador disfrutaba con sobrada astucia las piñas que Julcani daba, lisongeando al contador con suponerle que por aquel medio havía de ser el hombre más poderoso que hubiese en las dos Américas. Éste, cuya vanidad era extremosa, se dexaba persuadir ligeramente a todo lo que propendía su genio, y sin ver señales de la riquesa que se prometía adelantaba las ideas a expensas de lo que le adulaban, sin reflexionar que cada marco de plata que sacaba de la mina, le costaba dos tantos el importe de su valor, o mucho más, y que compraba el engaño de los mismos que le persuadían a costa de su caudal, y de la provincia de los Angaraez; con esta preocupación tan mal fundada no se cuidaba de otra cosa más que de trabajar en Julcani, abandonando los demás cuidados de la provincia, porque se discurría que con lo que diese aquella mina avía suficiente para enriquecerse muchos, y los mayores desórdenes y descuidos que avía havido en los negocios pertenecientes a su Majestad se subsanarían sobresalientemente quando se verificase el thesoro que se pensaba hallar allí. Con esta seguridad el contador, después de haver consumido su caudal, que aseguran haverlo tenido muy competente, consumió parte de lo que se recaudaba de tributos, y hizo otros empeños, porque para que no cesase el travajo, era preciso que corriesen los gastos, y lo principal que era el servicio de la mina de Guancavelica era lo que menos se atendía.

N.º 1

De las doctrinas que componen la Provincia de los Angaraez y sus ríos

La provincia de los Angaraez se compone de cinco curatos, que llaman doctrinas, y son Acobamba, Conaica, Acoria, Lircay y Julcamarca; cada una de éstas constan de varios pueblos, como diré después. Por la parte de poniente linda con la provincia de Castro Virreyna, por la del noreste con Yauyos, por la del norte con Jauja, por la del este con la ysla de Tayacaxa y por la del sur con Guanta; todo su territorio es de cerranía entre los quales ay varias montañas cubiertas de niebe, porque está ocupando lo más alto de la cordillera real de los Andes, y sólo en el corto espacio que hacen las quebradas que median entre unas y otras montañas, que es por donde los ríos lleban su curso, se experimenta un clima algo benigno, siendo por lo regular el de los pueblos, que por lo común están como a media falda del desenso, que hacen los cerros, más fríos que cálidos. Corren varios ríos por esta provincia, y muchos de arroyos, como se dexa entender de ser toda ella de cerranía en gran parte cubierta de niebe, y no se puede decir que la bañan, porque son tan estrechas y tan profundas las quebradas que le sirven de madre, que son como canales dispuestos por la naturalesa únicamente para que las aguas tengan salida; el principal, por ser el más caudaloso, es el que se llama Yscuchaca, y éste, que ba a entrar en el Marañón después de un dilatado curso, es el que divide la provincia de Angaraez de la de Xauja y de la ysla de Tayacaxa. Este río se llama Yscuchaca con alución a un puente de piedra que tiene cerca del pueblo de Conaica, cuyo nombre en la lengua de los yndios quiere decir puente de cal, también le llaman Atummayo, que significa río grande; y Anguayaco, a este río van a dar el de Vilcabamba, que divide Angaraez por la parte del noroeste de la provincia de Yauyos, pasa por el pueblo de Moya y entra en él por los confines de Xauxa. Después, siguiendo el río grande en su corriente, recibe el de Guancavelica, que pasa también por el pueblo de Acoria; más abajo los ríos de Lircay y de Asto, que se unen en uno antes de llegar al río grande pasando el segundo antes de esta unión por entre los pueblos de Julcamarca y Congalla, y últimamente recibe el río de las Salinas, que es el que divide Angaraez, por la parte del sur, de la provincia de Guanta. Además de éstos, que son los principales, ai otros de menor concideración que entran en ellos, y assí para formar una regular idea de la provincia de los Angaraez, no ay más que figurarse un conjunto de montañas bien elevadas y ríos más o menos grandes que corren por entre ellas sin formar más planicie que la necesaria para su cauce, y por la parte que más cosa de un quarto de legua, como succede en la que está Guancavelica.

N.º 2
De los pueblos que contiene cada doctrina

Cada uno de los pueblos que da nombre a la doctrina tiene otros varios de su dependiencia, y tal vez son éstos mayores que el principal. Es de suponer también que los reyes yngas quando sojusgaron a los Angaras, aviendo encontrado en ellos mucha resistencia y poca, o ninguna sumición para sujetarse a vibir obedientes a las leyes de su ymperio, dispuso que al lado y immediato a cada pueblo de los que sojusgaba se fundase otro con yndios que hizo traer de otras provincias, y a estos les dio el nombre de mitmas, repartiéndoles tierras de las mismas que tenían los pueblos Angaras, y aun para que estos últimos viviesen más obedientes, les dexó la menor parte, dándoles a los recién poblados la mayor, y subordinándolos a estos mitmas; de aquí nace que ay varios pueblos juntos, el uno con el otro y sólo se distinguen en el sobrenombre de Angara o de mitma.

La doctrina de Acobamba es su pueblo principal el de este nombre, y contiguo a él está Santos, que es mitma; además, dos pueblos, que son Caxa Angara y Caxa Mitma, los quales están juntos y distan quatro leguas de Acobamba. Andabamba, distante 4 leguas, y Paucara 4.

La de Conayca consta del pueblo de este nombre, el de Yscuchaca, que está immediato al río, una legua apartado de aquél; Cuenca, distante 3 leguas; Moya, 6, Vilcabamba algo más, y Acobambilla, a que se agrega al annexo de Viñas, con otros de menos concideración.

La doctrina de Lircay consta del pueblo de este nombre, de Uchugaillay, distante de aquél media legua, Guayllay, una legua, Callammarca quatro leguas, Guanca Guanca, 6 leguas, y dos anexos, que son Guachocolpa distante 6 leguas y Anchonga, 2 leguas.

La de Julcamarca conciste en dos pueblos juntos del mismo nombre, Julcamarca Angara y Julcamarca Mitma, otros dos, Congalla Agara y Congalla Mitma; Pata, que dista 4 leguas, y Antaparco 3 ½ leguas.

La doctrina de Acoria, que es la quinta y última, aunque la más cercana de Guancavelica, se compone del pueblo del mismo nombre, del de Añancuci, que dista quatro leguas, de Pallalla, 5 leguas, de Chupaca, otras 5, de Guando, 4 y de Pallca otras 4. Acobamba es el pueblo principal de la provincia y en donde tienen su recidencia los thenientes generales, dista de Guancavelica 14 leguas acia la parte del sueste; Conaica dista 9 leguas acia la del norte, estendiendo sus territorios al poniente. Lircay dista 10 leguas al sudoeste, Julcamarca 20 leguas al sur, y Acoria 5½ leguas al lebante. Assí viene a estar Guancavelica como en el centro de la provincia de los Angaraez; la mayor distancia de ella del norte al sur es de 30 leguas, o algo más, y del oriente al occidente, cosa de 25 leguas, porque a la parte del poniente, lo que ay son punas.

N.° 3

De las calidades de jentes que pueblan la Provincia de los Angaraes y del número de familias que contienen

Los pueblos de la provincia de los Angaraes están habitados por tres claces de jentes, que son españoles blancos, españoles mestizos y yndios, si ay alguna de rasa de negros, es mui poca, y en la primera clace de españoles blancos se debe entender ser esto en lo que manifiesta la vista, porque será mui rara aquella que subiendo hasta la tercera generación, esto es en sus abuelos, no se halle sangre de yndio, porque aún en Guancavelica, sin oponerme a que ay algunas familias verdaderamente de españoles, otras de las que corren con este nombre participan de la misma mescla de sangre que en los pueblos. Ay otra quarta rasa de gente en los pueblos, que llaman cholos; ésta se entiende ser lo mismo que yndios que procede de la generación entre mestizo o mestiza y yndia o yndio, y assí están sujetos a tributos, sobre lo qual es necesario mucho cuidado en el que govierna quando se ofrece declarar a alguno libre de la contribución de tributos, lo que no se debe hacer sin oyr a la comunidad del pueblo a donde pertenece el pretendiente, ni hacer caso de lo que expresan las fees de baptismo, porque en ellas dan los curas a los

Pueblos de cada doctrina	Yndios reservados	Yndios tributarios	Españoles y mestisos capaces de tomar armas
San Juan de Acobamba	60	323	84
San Blas de Todos Santos	21	118	89
Espíritu Caxa Angara	6	42	10
Espíritu Caxa Quiguan	30	232	88
San Pedro de Andabamba	29	119	31
Natividad de Paucara	1	43	6
Conaica	24	129	15
Yscuchaca	3	22	36
Cuenca	14	75	19
Moya	19	96	11
Acombabilla	20	90	00
Viñas y Vilcabamba	18	88	00
San Juan de Lircay	23	163	42
San Francisco de Uchuiguaillai	4	22	00
Santiago de Atumguaillai	14	138	9
La Purísima Concepción de Guanca Gca*	23	106	3
Jesús Nasareno de Guachocolpa	3	26	00
Anchonga	6	90	00
San Juan de Julcamarca Angara	43	221	194
Julcamarca Mitma	8	98	00
San Pedro de Congalla Angara	13	71	8
Congalla Mitma	17	89	00
Santo Thomás de Pata	10	42	7
Santa Crus de Antaparco	2	48	00
San Lorenzo de Acoria	25	166	10
San Pedro de Añancuci	21	117	00
Espíritu Santo de Pallalla	22	67	16
Nuestra Señora del Carmen de Chupaca	19	69	17
Santísima Trinidad de Guando	26	149	00
Nuestra Señora de la Candelaria de Palca	20	109	4
	552	3252	707

que baptisan la calidad que les dicen tener los padres o padrinos, sin que también dexe de succeder que los mismos curas, por inclinación, les den la de mestizos, no siéndolo, para de este modo redimirlos del tributo y de las otras penciones que recaen sobre los yndios sin participar de ellas la demás jente. Ay algunos pueblos, entre los que quedan nombrados, en donde sus vecinos son todos yndios, o mui rara la familia de mestizos que avita en ellos; otros donde la gente de esta clace abunda más, y otros en donde son en mayor número que los yndios, lo qual es de mucho perjuicio, como diré después.

Con el motivo de haver mandado practicar una revicita y numeración de yndios luego que empesé a governar, dispuse que se numerasen también las familias de las otras dos rasas, y en el presente año de 1763 aviendo mandado con motibo de la guerra contra los yngleses y portugueses que se alistasen las milicias de toda la provincia, disponiendo que se formasen compañías de ellas, se vino a conocer igualmente el número de españoles y mestizos capaces de tomar armas que ay en cada doctrina. De estos documentos se saca aver en los pueblos el número de yndios tributarios, de yndios recerbados por vexes u otros impedimentos, y de españoles y mesthisos que se expecifican en la lista siguiente que vienen a ser otras tantas familias, porque los primeros quando llegan a edad de esta contribución, ya están casados por lo regular; y lo mismo viene a succeder con los mesthisos, aunque en los españoles no es tan regular.

Es de suponer que no avitan todos en los pueblos donde están avesindados, porque ay muchos que viben por las quebradas y en los cerros, unos donde tienen tierras para hacer sus sembrados, que llaman chácaras y otros guardando algunas manadas de obexas, y con este motibo hacen vida de pastores sin ir al pueblo, sino es mui de tarde en tarde, pero unos y otros están comprehendidos en la numeración de los pueblos en quanto se pudo conceguir que acudiesen a ellos para esta diligencia.

N.° 4

Del abuso que ai en quanto a bautisar y poner ólio a los muchachos

Es costumbre en quanto a bautismos en Guancavelica y toda la provincia de los Angaraez, y concidero que será lo mismo en todas las otras de esta parte de las Yndias, luego que nace la criatura, echarle el agua y ponerle el nombre; esto se hace por qualquier clérigo, unas veces en la misma casa donde nace y otras en la yglecia, y después de algunos meses, y aún algunas de años, les ponen el óleo y acientan la partida del bautismo, executándose esto no precisamente en aquella parroquia a donde nace, sino es en la que quieren los padres, de modo que los yndios y demás gentes nacidos en un pueblo o en la pertenencia de una parroquia, no consta en ella estar bautisados, sino es en otra mui diversa, y en muriendo los padres, no es fácil acertar a encontrar la fe de bautismo; de aquí procede en mucha parte ponerse a los que verdaderamente son yndios por mesthisos en las fees de bautismo, sin que el cura incurra por su parte en ninguna especie de ligeresa o de falcedad, porque él acienta en el libro lo que le dicen los padrinos o los padres, sin conocimiento de los sujetos; y también succede no acentar las partidas aún de los españoles de distincción, cuya obmición es bastante general, y así sólo se sabe que son christianos, pero no ay por dónde conste. Ésta es la rasón, como dexo dicho antes, porque en la pretención de algunos de que se les declare por mestisos, no se debe hacer el mayor aprecio de lo que consta de las fees de bautismo, y en tales casos ser combeniente dar traslado a la comunidad del pueblo a donde está avecindado y recebir información, que es el modo de aclarar la casta del pretendiente, en cuya forma no se hace agravio al rey por los tributos que debe pagar el suxeto, ni a la comunidad por el servicio personal que hacen los yndios, del qual están exemptos los que se declaran una ves por mestizos.

N.º 5

Que los mestizos son perjudiciales en los pueblos de los Yndios

Por leyes reales está mandado que en los pueblos de yndios no haiga mestizos, ni tampoco familias de españoles. Esta disposición se hizo con muy fundados motivos conociéndose desde aquellos primitibos tiempos los inconvenientes que tenía el que estubiesen mesclados dentro de unos mismos pueblos los de distintas castas, y aunque los incombenientes que se orijinan de ello se han confirmado en la succesión del tiempo con mayores experiencias, ni se ha observado lo dispuesto, ni se ha dado providencia alguna que corresponda a un asumpto de tanta importancia, pues aunque no fuera más que el disminuirse las familias de yndios por la mescla de ellos con españoles blancos, hera esto sobrado motivo para no permitirlo, y aún se devería mandar con este fin lo primero, que los curas no casasen yndios con gente de otras castas; que los hijos ilegítimos de yndias se reputasen por yndios, aunque sus padres se supiese ser españoles, y que los corregidores, en las vicitas que frequentemente hacen por los pueblos de su jurisdición, expulsasen a los españoles o mestisos que se estableciesen en ellos, reduciéndolos a vivir en el pueblo principal del corregimiento o en sus haciendas y chácaras los que las tubiesen.

En los pueblos son de mucha pención estos mestizos, porque, primeramente, nunca se llevan bien unos con otros, procedido de que recayendo las cargas sobre los yndios, no pueden sufrir éstos que los otros participen de los beneficios sin contribuir igualmente a las penciones. Los yndios pagan tributo, hacen mita en la mina de Guancavelica, en la de Potosí y en las otras de plata, según las provincias que les están asignadas a cada una; hacen otra mita para el servicio de los chasquis o correos; ellos cultivan las chacras o haciendas propias y las agenas de españoles, blancos y mestizos, mantienen la yglecia y hacen otras faenas de obligación en sus pueblos, como son cercas, compoción de caminos, puentes, cobran los tributos, son justicias y costean las festividades de su yglesia; de todo lo qual están exemptos los otros, y éstos que se hallan así libres de penciones, viben a expensas de los mismos yndios y aprovechándose de sus tierras, hurtándole los ganados y cometiendo otras extorciones, de que se originan continuos pleitos y quexas. Además de esto, establecidos distante de la capital y en donde no ay juez español que los contenga, viben con toda libertad atropellando a los alcaldes yndios y demás ministros de justicia, subsistando alborotos que algunas veces ponen en cuidado por las concequencias que de ello se orijinan.

El pueblo de Moya en la provincia de los Angaraes es uno de los que tienen tantas o más familias de mestisos que de yndios, y de continuo se experimentan inquietudes en él, las quales obligan a que de Guancavelica, que dista de 15 a 16 leguas, se embíen milicianos para que los apacigüen, siendo preciso practicar esta diligencia siempre que se necesita hacer alguna prición. Déxase entender qué dificultades no traerá esto, y que quando llega allá el que se nombra de juez, ya los reos han huido sin poderse remediar el desastre. Con este conocimiento y en la impocibilidad de transportar un conciderable número de familias sin expreso orden de su Majestad reduciéndolos a vibir en parajes donde estubiesen con mas sugeción, tomé el adbitrio de nombrar un justicia mayor en cada doctrina, subordinado al theniente general, como debe ser; y visto que éste no bastaba, nombré algún tiempo después un alguacil mayor español en cada pueblo donde ay abundancia de familias mestisas, según la instancia que me hicieron las justicias yndias de ellos, con lo qual se ha contenido algo la livertad, y a lo menos ai quien, en caso de qualquier alboroto, prenda a los causantes y dé avizo prontamente para tomar providencia en ello.

Como estas familias mestisas son ya en crecido número en los pueblos donde avitan, y que el modo de subsistir es labrando algunas tierras, bien sea de las que pertenesen a los yndios o de las que an adquirido, no sería ya proporcionado el obligarles a salir enteramente de aquel pays donde están establecidos, precisándolos a que pasen a vibir a los lugares principales de la provincia, y lo mismo en las demás del reyno, pero en lugar de esto, se podía disponer que todo lo que no fuese yndios, poblace a media legua, o poco más, del pueblo en donde aora hacen su recidencia, y que aunque estos por rasón de gosar el fuero de españoles no están sujetos a tributo y mitas, contribuyesen a las demás penciones de cercas, caminos y puentes, por obligación, porque si al presente lo hacen es sólo quando el Governador o el theniente general se hallan presentes; que eligiesen, ya establecidos en esta forma, alcaldes y demás ministros de justicia, del mismo modo que en los pueblos de yndios, y así reconocerían sujeción y unos y otros estarían mejor.

Para que se conosca a dónde llega el odio y aborrecimiento con que los yndios miran a los mestizos que viben en sus pueblos, diré lo que actualmente se acaba de experimentar en la provincia: Con motivo de la presente guerra y teniendo arregladas las milicias de Guancavelica, mandé a tres oficiales de ellas que fuesen a las doctrinas de la provincia a alistar la gente española y mestisa, y haviéndose practicado en las de Acobamba y Conaica, sus yndios en las juntas particulares que tienen trataron de que Dios miraba por ellos porque las compañías alistadas pasarían a la costa y una ves puestas allá, no volverían más a los pueblos y sería medio éste de que quedasen para en adelante libres de ellos. El orden que di para alistar esta gente, no comprehendía a los yndios, pero estos viendo al mismo tiempo que discurrían de aquel modo que no se les traía a concideración, se presentaron pidiendo que se les alistase, que ellos eran vasallos del rey como los demás y querían servir y dar pruebas de su lealtad. Supongo que esto nació de saver ellos que en Guancavelica havía formado compañías de todos los yndios de los barrios, tratándolos con la misma distincción que a los españoles, y para que mejor lo conociesen, mesclando alternativamente las de españoles con las de naturales. Esta noticia de ofreserse los yndios de la provincia, me fue de gran gusto, y immediatamente mandé a los mismos oficiales que los formasen en compañías, previniéndoles que el no haverlo hecho desde el principio avía sido por no apartarlos de su trabajo, de la labransa y otros en que se ocupan.

N.º 6

Sobre tierras de la pertenencia de cada pueblo

Por lo general son muchas las tierras que tiene cada pueblo pero la mayor parte de ellas son innútiles, por no ser adequadas para labrarse las que ocupan las montañas, en parte por lo rígido del clima y en parte por su escabrocidad; assí éstas lo regular que sirven es para pastear ganados mayor y de lana, y lo que admite labransa son aquellas llanadas cortas que forman las quebradas entre los cerros y las colinas que tienen pendiente con alguna suavidad, o menos perpendicular que en otras; aún de esta especie tienen más de las que pueden necesitar, pero la decidia de los yndios es tanta, y su peresa llega a tanto exceso, que quando más labran aquello preciso para mantenerse míseramente; las otras tierras están incultas y enteramente abandonadas, siendo al mismo tiempo de tan mala índole, que al punto que ven algún español o mestizo que se aplica a labrarlas, hacen opoción, ocurren al juez y hasta que lo lansan no paran, resultando que ni a ellos ni a los otros sirven y buelven a quedar incultas; por esto, aunque se les repartieron algunas tierras a los españoles de los pueblos que se formaron de ellos por comunidad, no se les haría agravio a los yndios, y tal vez por embidia más bien que por estimulación puede ser que se aplicasen a hacer más crecidas cementeras que las que acostumbran al presente, pues distando el un pueblo del otro media legua, o tres quartos, es distancia suficiente para que no se embarasasen sobrándoles tantas tierras, que son leguas enteras en cada pueblo, suelen arrendar algunas a los españoles, y siendo así que esto lo hacen de su propia voluntad, luego que tienen alguna discordia, suponen que se las han usurpado con otras mil arengas propias de una gente propensa a la mentira, y se repiten las querellas y los recursos a proporción de las dicenciones que sobrebienen entre sí.

En las juridiciones de los pueblos ai assimismo muchas haciendas pertenecientes a particulares y ya sea porque estos quieran estenderlas a las que verdaderamente son de la pertenencia de los yndios, o por que estos otros quieran introducirse en las de aquellos, es éste otro motibo de muchos pleitos entre unos y otros, siendo para determinarlos lo más dificultoso la confución con que están los linderos, que por lo regular señalan cerros mui grandes, que de falda a falda tienen algunas leguas y en esta distancia no es pocible determinar qué parajes con fixesa son los que pertenecen a cada parte.

N.º 7

Del modo de repartir los yndios las tierras entre sí

Las tierras que poseen los yndios son en dos maneras, unas que las tienen por herencia con dominio de propiedad, y otras por repartimiento que las hace su pueblo; las primeras pueden enagenarlas, y lo hacen assí, las segundas no, porque éstas pertenesen al pueblo, bien que las heredan de padres a hixos hasta que llega a faltar la succesión y entonces la communidad del pueblo las aplica a otro, aún siendo, como va dicho, muchas más las tierras que tienen que las que labran, no es extraño en ellos dexar las propias y introducirse en las de particulares, ya sea porque son de mejor calidad que las que les pertenecen, o por estar en mejor proporción para sus ciembras, y una vez apoderados no es cosa fácil lansarlos de ellas, porque se llaman a poceción y a tierras de communidad, y en estos casos todo el pueblo sigue la demanda.

N.º 8
De los frutos de la provincia de los Agaraez

Los frutos de la provincia de Angaraez concisten en trigo, cebada, maíz, habas, papas y algunas otras semillas; Acobamba y aquel territorio es abundante en trigo; en Julcamarca hai haciendas de caña de azúcar; la doctrina de Conaica es abundante en lanas que llaman de Castilla a distinción de la de vicuña. Las papas es raíz que se cultiva en todos los pueblos porque viene a ser como el pan de los yndios y el alimento más común de todos los criollos. Cada una de estas cemillas necesita suelo cuyo temperamento sea proporcionado para criarse, de modo que la caña de azúcar prebalece en lo más caliente y el trigo en lo más frío, pero no tanto que alcancen con demacía los yelos, porque entonces no nace, bien que como en otros paíces, es el calor del sol el que los sasona, aquí son los yelos los que le hacen tomar color, de tal suerte que estando verdes y en su mayor vigor, con tres o quatro días de yelo que les sobrevengan, se ponen de repente amarillos en el estado que los cogió.

Las papas requieren temple frío, pero no tanto que los yelos les alcancen mucho, porque de succeder, se queman con él las ojas y no crecen debajo de tierra las papas.

Los ganados son bastantemente abundantes y la razón de serlo la doctrina de Conaica en lanas, es por tener mucha parte de montañas de puna, que es en donde tienen los rebaños.

N.º 9
Del Govierno de la provincia de los Angaraez

El Govierno de la provincia de los Angaraez se actúa por un theniente general que nombra el Governador de Guancavelica, el que, según queda dicho, recide en Acobamba como pueblo principal de ella, pero lo más del tiempo anda rodeando los otros pueblos para obligarlos a que den cumplimiento al servicio de la mina en gente y en la condución de maderas; y aunque las querellas y los pleitos se devían tratar por él, no es posible conceguir que las partes, y con particularidad los yndios, se sujeten a sus determinaciones, y así succede que por cosas de poquícima monta emprenden el viaje desde su pueblo a Guancavelica, no quedando satisfechos si no acuden al Governador, resultando de esta impertinencia embarasarle el tiempo que debía aplicar en otros asumptos más graves. Además de este juez, y en fuersa de no poder atender a todo, he mantenido un justicia mayor en cada doctrina, consiguiéndose assí que aiga havido buen orden en los pueblos y que no se experimenten alborotos, como queda dicho antes.

N.º 10
Sobre los alcaldes y demás justicias de los pueblos

Annualmente hacen los pueblos elección de alcaldes y demás ministros de justicia, que por lo regular son el alcalde ordinario, un alcalde de campo, un rexidor y dos alguaciles; sobre esto havía mucho abuzo, porque la elección la hacía el cura de cada doctrina; el theniente general la confirmaba y excigía seis pesos por derechos de confirmación de baras de cada pueblo. Desde el primer año de mi Govierno lo reformé uno y otro, mandando que las elecciones se hagan por la comunidad del pueblo en cavildo, que se forme con los mandones y alcaldes que acaban, que propongan tres para cada vara y que acudan a Guancavelica por que yo mismo los confirme, reformando enteramente la contribución por derechos de varas. En este modo se ha practicado desde entonces y ha sido medio de que obedescan lo que se les manda sin dificultad, porque en el otro modo, hacían lo que el cura disponía, y no otra cosa, de que se seguían bastantes disturbios entre el theniente general y ellos, siendo lo más sencible faltar a la subordinación.

N.º 11
Sobre los tributos

La cobransa de los tributos toca al theniente general hacerla pero siendo el Governador quien debe responder de ella, y haviendo experimentado en el primer año de Govierno varias intercadencias en este particular, dispuse que viniesen a hacerse los enteros en Guancavelica. Ésta es una contribución que la hacen los yndios con la mayor repugnancia que se pueda imajinar; es para ellos carga tan pesada, que cuesta triumpho el conceguir que la exciban y no hay trampa ni astucia que dexen de practicar para engañar. Al cumplirse cada tercio es necesario apremiarlos para que acudan a la satisfacción del tercio antecedente, y el castigo de prenderlos no es suficiente para que paguen; el méthodo que ai en esta recaudación es nombrar cada pueblo uno, dos o más enteradores, según los partidos de que se compone; estos enteradores cobran el tributo de los yndios con arreglo a una razón, que llaman margecí, la qual se forma en la Caxa Real y se les entrega, como también un tanto de ella al theniente general de la provincia; en ella consta lo que cada pueblo deve satisfacer al año, arreglado a la revicita y enumeración de yndios hecha posteriormente, y que aiga más o menos yndios, los enteros no varían. Los yndios enteradores entriegan al theniente general por San Juan y por Navidad lo que deben satisfacer sus pueblos, de lo qual se les da recivo, y éste lo pasa a la Caxa Real, siendo de su cargo satisfacer de la misma gruessa los sínodos de los curas y las encomiendas que se pagan del ramo de tributos. Ordinariamente ay en los pueblos más número de yndios tributarios que los que corresponden a lo que pagan, y aún siendo así, no se puede conceguir de ellos que satisfagan en los tiempos regulares lo que están deviendo, como tampoco el que lo hagan íntegramente, y es la causa de ello el que los yndios enteradores no cobran de todos los de su partido por entero, y de algunos de ellos, nada, sin que esto tenga más fundamento que la voluntariedad de los que recaudan y de los que contribuyen. También succede, y esto no es con poca frecuencia, discipar en sus festividades y embriagueses lo que han recaudado de tributos, y de aquí proceden en gran parte las quiebras que se experimentan, sin que baste para estorbarlo la vigilancia del theniente general y los justicias mayores, pues a succedido que en el mismo día que deben hacer el entero disciparlo todo, o la mayor parte, prestándolo a otros para alguna función de embriaguez, o dándolo en pago de lo que debe su communidad por las que a tenido antes. Esta es la concequencia de haverse de manejar con una gente que no sabe lo que es rasón ni pundonor a quien sobra la malicia para propender a los vicios y no dársele nada de los castigos, mucho menos de las reprehenciones; assí quando por razón del número de yndios que componen cada partido debería sobrarles mucho dinero, succede que nunca les alcansa para lo que les está señalado. En este particular parece ser cosa verdaderamente injusta que los correjidores aigan de pagar de su caudal lo que los yndios dicipan malamente, y que si para estorbarlo procede con algún género de enteresa o de rigor, lo aya de pagar doblado, porque sin dexar de satisfacer el total de los tributos, sufra el que lo capitulen, levantándole mill testimonios, que para justificarse necesita hacer mayores gastos, con que si maneja la cosa con suavidad entre los yndios, se burlan dél y paga lo que no ha entrado en su poder ni ha tenido bastantes facultades para recaudarlo; esto es causa de que muchos corregidores en ves de quedar aprovechados al concluir su tiempo, queden enteramente perdidos y que los fiadores tengan que lastar por ellos, sin que dexe de succeder perderlo en algunos casos la Real Hacienda.

N.º 12

De lo que la Real Hacienda pierde en los tributos por el modo de recaudarlos, y medio que se pudiera adbitrar para que esto se hiciese con más regularidad

La Real Hacienda tiene dos quebrantos en los tributos de los yndios; el uno es efectivo, el otro es casual; el primero procede del número de los que dejan de pagar o por mal hechas las revicitas de numeración o por los yndios que se aumentan; y el segundo por las quiebras que tienen los correxidores. En la provincia de Quito me acuerdo que en los años de 36 estaba este ramo de tan mala calidad, que la Real Hacienda experimentaba unos descubiertos conciderables y al mismo tiempo no havía correxidor que no quedase arruinado para el resto de su vida; entonces se adbitró arrendar la cobranza de tributos, sacándola a remate y se conciguieron dos ventajas muy buenas, la una fue que en la Caxa Real se hiciesen los enteros con regularidad y sin pérdidas; la otra dar un aumento a este ramo, que tengo entendido haver sido de un ciento por ciento, si acaso no pasó, y los que tomaron a su cargo la cobransa, tuvieron al fin competentes utilidades. La rasón de esto es que arrendados por un tanto, saben los que toman este cuidado lo que an de satisfacer a su Majestad y lo executan punctualmente, solicitando el dinero a interés; quando no lo pueden hacer de otro modo, ellos en persona van a hacer la cobransa y no dispensan a ningún yndio de los que no tienen exempción y con el incentivo que lo que sobra a de quedar en beneficio propio, reciben lo que los yndios tienen, sea jerga, bayeta, lana, cimientes u otras cosas, de modo que por no dexar de percibir, no se detienen en que no sea dinero; esto lo procuran vender quando le pueden dar el mayor valor, en cuya forma conciguen las utilidades correspondientes a su diligencia, la Real Hacienda está bien servida y para los contribuyentes es de combeniencia pagar en aquello que tienen, que es lo mismo que practicaban los reyes yngas entre los yndios que vibían sujetos a su soberanía; es necesario suponer que siempre les falta dinero a ellos para sus festividades y embriagueses, porque al punto que lo reciben lo imbierten en esto, conque el recaudador rara ves llega a tiempo de que le puedan pagar en dinero, y quando éste es yndio, como succede en Angaraez, gasta él en los mismos vicios lo que entra en su poder; conque por todos modos son dificultades, mayormente quando el theniente de la provincia, y lo mismo digo de los otros corregidores, no puede por sí cobrar de cada yndio porque además de las dificultades que esto tiene, se alborotarían y bastaría el intentarlo para capitularlo, suponiéndole que cobraba con crueldad, que lo hacía en los que están exemtos, que percebía de cada uno mucho más de lo que le debían contribuir, y otras muchas acusaciones que serían la causa de su ruina, para lo qual tienen sobrada avilidad. La dificultad de hacerlo conciste en que vibiendo la mayor parte de ellos en las quebradas y en los cerros esparcidos, es necesario mantener número de gente por que continuamente ande en su seguimiento y los solicite quando se trasponen huyendo de la contribución, lo qual no se puede hacer sin que el que hace la obligación con su Majestad tenga suficientes utilidades para mantenerlos y para sobrellevar las pérdidas que pueden ocacionársele de la mala fee de los mismos recaudadores que él nombra, motivos mui dignos de concideración para que el que tomare a su cargo un arrendamiento de esta naturalesa, tenga con qué resarcir su travajo y los quebrantos que le puedan resultar.

En este modo parece que la Real Hacienda experimentaría adelantamiento y los correxidores no estarían expuestos a padecer en la misma ocupación que tienen del servicio del rey, lográndose asimismo sacarlos del dominio de los oficiales reales que con motivo de las quentas los tiranisan sin que de ello resulte a su Majestad y a su real servicio otra cosa más que atrasos y la perdición de sus vasallos; pero lo experimentado en los corregimientos de la provincia de Quito podrá servir de norma sobre este particular.

N.º 13

Aumentos de Yndios en la provincia de los Angaraez descubiertos en mi goviERNO

Confírmase quanto queda dicho en punto de tributos con lo succedido en la provincia de los Angaraez, y en ello se reconocerá así mismo la demaciada malicia de los yndios en todo aquello que mira al engaño y a eximirse de cumplir las obligaciones a que están sujetos. Luego que empesé a governar, viendo el desorden que avía en la recaudación de tributos y que avía pueblos que devían dos y tres tercios atrasados sin haver adbitrio de que los satisfaciesen, di órdenes estrechas para que enterasen con punctualidad, y les hice intimar que serían castigados con prición en la mina y en obrajes de no dar cumplimiento a ello; apenas expedí estas órdenes quando acudieron los enteradores, los mandones de los pueblos y algunas yndias viudas representándome que lo que se les tenía asignado de contribución era excesivo y que en esta supocición les era precizo para completarlo, hacer que pagasen las yndias viudas, los yndios viejos que pasaban de 80 años y los impedidos, con otros exemptuados. Esto me pareció inhumanidad y sin más detención mandé que se puciese en execución revicitar la provincia y hacer numeración de sus yndios, proveyendo auto para este intento en primero de mayo de 1759. Yo en persona pasé con el escrivano de la villa a executarla en la doctrina de Conaica, y no permitiendo mis ocupaciones de superintendencia hacerlo igualmente en las demás doctrinas, di comición al alguacil mayor don Francisco García para ir a ellas y executar la diligencia en la misma forma. A fines del año de 1761 se concluyó, y lo que resultó, fue que en el total de la provincia, y en los pueblos en particular, se numeraron doblados yndios que los que se avían empadronado en otra revicita hecha en el año de 1730, por la qual estaban arreglados los tributos que debían pagar los pueblos; esto fue sin comprehenderse en la nueva numeración a los viexos que pasaban de 50 años, a los impedidos, coxos, mancos, ciegos, ni a los demás que están exemptos de tributos, y haviendo pasado al Virrey los quadernos de autos de esta revicita, reconocidos por el contador de retasas, se despacharon nuevas proviciones con aumento quaci del duplo de lo que antes pagaban, porque siendo por las del año de 1730 de 10.897 pesos 2 ¾ reales, por las modernas debe contribuir la provincia

19.083 pesos 7 ½ reales, cuyo servicio es uno de los que mi aplicación a podido hacer a favor de su Majestad y en desempeño de mis encargos; pues esta misma revicita estando mandada hacer por proviciones expedidas al intento desde el año de 1753, no se havía practicado, siendo regular quando se concidera que ai aumento de yndios o diferir su execución o hacerlas de modo que queden en el pie antiguo, para tener los correxidores este menos cargo y responsabilidad.

Es assimismo de notar que la numeración hecha de mi orden fue con tanta regularidad, que se executó de los yndios, que voluntariamente acudieron en fuersa del auto que expedí para que concurriesen a los pueblos, y viviendo ellos esparcidos entre las quebradas y punas, no se puede asegurar que no quedasen algunos que no compareciesen, que es una razón combincente de que más bien debe aver más que menos de los numerados. De esta diligencia procedió la primera noticia que tube sobre lo que dexo dicho de irse a bautisar a distinta parroquia de aquella donde son nacidos, porque al querer averiguar las edades por los libros bautismales, no se hallaban las partidas correspondientes a los nacidos en cada pueblo, y el cura, no menos que el escribano, me impusieron en esta costumbre, que se estiende a los españoles.

N.º 14
Sobre el repartimiento que se hace en la provincia de los Angaraez

Si en todas las provincias es combeniente el repartimiento que se hace a los yndios quando se executa con regularidad, y sin que se mescle en ello tiranía, en Angaraes es absolutamente precizo por razón de la mina, porque la condución de maderas sola necesita crecido número de mulas que no se empleen en otra cosa más que en esto, con tal precición, que a la hora que faltare o que llegare a escacear, se arruinaría la mina. El theniente general hace el repartimiento de mulas entre aquella jente, españoles, mestisos y yndios, vecinos de los pueblos que están en proporción de los parajes donde se conciguen las maderas, y su importe se lo satisfacen en este material.

Este repartimiento y el de otros efectos que se les dan, como son hierro, azero, ropa de la tierra en piesas y alguna de Castilla, no solamente no es con violencia o precisados, sino es que es precizo no darles de cada especie todo lo que piden, siñéndolo a lo que cada uno puede pagar, y para con los españoles y mestizos, entre quienes entran los clérigos que están avesindados, es necesario que sea mayor el cuidado, porque como en ellos no hai travajo personal de donde satisfacerlo, es más difícil la cobransa y bastantes ditas que se hacen con ellos, se pierden, porque lo que reciben en todas especies, es sin otra seguridad más que la de su palabra. Todos los havitadores de la provincia, aunque no tengan el trato de las maderas, participan del repartimiento, proveyéndose cada uno de lo que necesita; los que trafican se avían de mulas; otros, de hierro y azero para herramientas con que cultivar la tierra, y generalmente todos de ropas para vestirse, porque es de suponer que estas gentes nunca se hallan con dinero para comprar nada de contado y si no hubiese quien les adelantase la cosa con la pención de cobrar su importe poco a poco, lo más de ello en aquellos efectos que les produsen las labransas o el exercicio que tienen, carecerían de ello y no sólo sería extremada su miseria, sino es, por lo que toca a los yndios, no sería capas de que pagasen los tributos; digo que quando el repartimiento se practica con moderación en los precios, es de combeniencia, y aun necesario, porque en esto se practican algunos excesos. En el tiempo de mi antecesor, sin embargo de las grandes ideas que el contador Texada tenía de su mina de Julcani, les dio las mulas en el primero de dos repartimientos que hizo a 46 pesos cada una, y en el segundo a 44. Mui poco después, que fue quando empesé a governar, mandé que se les diesen a 40, cuya diferencia para un pobre yndio o mestizo, es de concideración; a este tenor les hise hacer rebaxa en los géneros para vestirse y en quanto se les ha dado; pero aun en esta forma, y estando ya a mediados del quinto año de Govierno, no se ha conceguido que paguen el importe de lo que recibieron, faltando una tercera parte para completarlo, y aun assí y con el pleno conocimiento que ay de que se pierda lo que no estubiere cobrado para quando llegue el succesor, ha sido precizo en los años de 61 y 62 bolver a darles mulas para que no falte la madera en la mina, reponiéndoles las que se les mueren, que es el cuidado principal que debe tener el Governador para con su theniente general.

N.º 15

Del destino que regularmente se da a la provincia de los Angaraez

Desde que su Majestad tomó la real determinación de nombrar por sí los governadores de Guancavelica, que fue el primero en don Gerónimo de Sola, ha sido regular poner en la provincia de theniente general a un dependiente y aplicarle las utilidades en correspondencia del travajo que tiene en la administración de justicia y en las providencias para la mina. Don Pablo de la Vega, a imitación de otros governadores del tiempo antiguo, hizo negociación de ella, cediéndola al contador de la Caxa Real don Francisco Ysidoro Fernández de Texada por un tanto que éste debía darle cada año; el contador por su parte no pudiendo ir a servir el empleo por razón del que tenía en la Caxa, avía puesto un theniente general, con que avía de dar utilidades para tres, procediendo de aquí aver quedado esquilmada y sus moradores en suma miseria, y los quentos y disgustos que también en esta parte se me han orijinado. Yo, siguiendo el méthodo de don Gerónimo de Sola, nombré a un dependiente, disponiendo que las utilidades, pocas o muchas, se repartiesen entre él y los demás que me asisten ayudándome a llevar el pezo del travajo del govierno; pero hasta el presente no se save si conceguirán esta recompensa tan justa, porque lo recaudado asta el presente escasamente ha bastado para satisfacer a los acreedores que facilitaron lo necesario para la avilitación. Esta dispocición la tomé en fuersa de que el Governador no tiene al presente gajes ni facultades algunas para destinarles cosa que les rinda algún provecho, como succedía en el tiempo de aquel governador, porque entonces proveía la cayana en donde se funde la piña de plata, la procuraduría de la villa, dos oficialías, una de la Caxa Real y otra en su casa, pagadas por el Gremio de Mineros, en cuya forma tenía colocados a sus dependientes con los salarios de estos exercicios, los quales ya no los ay, pero aunque no fuera assí, desde el principio hize ánimo de no emplear a ninguno de mis dependientes en la mina ni en Guancavelica, de mantenerlos a mi costa y de recompensarles el servicio con las utilidades de la provincia.

N.º 16

De las diligencias que el contador Texada hizo para que le cediese la provincia de los Angaraez

Engreído el contador Texada con las esperansas que avía concebido de la mina de Julcani y poseído de las lisonjas que le hacían sobre ella los que participaban de la poca plata que producía para seguir con el trabaxo y asegurar yndios con qué hacerlo, formó el proyecto de perpetuarse en la provincia, como lo avía estado antes. A este fin quizo disponer la cosa de modo que por bien o por mal pudiese obligar a qualquier governador que nombrase su Magestad a que se la cediese, y para ello, teniendo indicios de que se pensaba en España en nombrar governador, dispuso un segundo repartimiento de mulas y de ropas, que se hizo en los años de 57 y de 58, este último, a lo que se decía públicamente en Guancavelica, quando ya me hallaba yo en el puerto de Valparaíso, porque suponía que teniendo repartido de su importe, ningún governador se avía de atrever a contender con él, y conciguientemente, se avía de ver precisado a dexar la provincia a su dispoción. Assí se verificó después, porque luego que llegué a Lima, valiéndose de aquellas personas que comprehendió tener conmigo confiansa y de los sirvientes del Virrey, se empeñaron unos y otros en que no avía de disponer y la avía de ceder a Texada, lo qual les negué respondiéndoles que los negocios que el rey me avía encargado no eran para que los pusiese en venta sino es para governarlos yo, que siendo quien avía de dar quenta del modo en que se hacía no era correspondiente entregarlos a una tercera persona para que a su voluntad dispuciese sin sujeción a mis órdenes y a lo que fuese justo. En aquella coyuntura no me hallaba bien ympuesto sobre las intenciones del contador en esta pretención, ni sobre la estraviada ocupación que se les avía dado a los yndios, pero bien comprehendía que en semexante pretención, no podía dexar de aver algún fin particular de interés que no fuese de lo más regular.

Esta solicitud, como después entendí, tenía varias resultas contra el servicio del rey; la primera era averse de orijinar no pocas dicenciones con él por rasón del servicio de los yndios en la mina de azogue, porque al tiempo que yo por una parte mandase que se asistiese con todo el número de la asignación, o con los que más fuesen necesarios, él avía de repugnarlo para tener en su mina todos los que de continuo travajaban en ella; y de pretenderse que una y otra estubiesen bien servidas de gente, era pencionar los pueblos en que no tubiesen descanso para hacer sus cementeras y demás exercicios en que se ocupan. Por otra parte, era también concequencia precisa que los mismos que avían comido de la provincia antes, continuasen haciéndolo después, unos cometiendo extorciones y otros sirviéndose de los yndios para labrar sus haciendas y todo esto era de mala resulta quando yo lo quiciese estorvar, mayormente aviendo de contender para hacerlo con un oficial real que en su grado son más que los governadores en la autoridad y en el valimiento.

Después de haverme recevido en el govierno, repitió las instancias el mismo contador, unas veces por sí y otras por medio de don Francisco de Ocharán, que entonces era uno de los acentistas generales conductores de azoguez a las Caxas del reyno y con sus fines particulares avía otorgado fiansa por el importe de las mulas que se avían repartido en aquel tiempo, pero igualmente se lo negué a uno y a otro; y viendo ellos que no me podían reducir por su parte, empesaron las amenasas, valiéndose del motivo de recaudar por su parte el importe de lo repartido, deviendo suponerse que para evitar discordias en este particular, le concedí a Texada el tiempo desde principio de noviembre de 1758 en que empezó mi govierno, hasta fin de marzo de 1759, que fue quando nombré theniente en la provincia, para que en este intermedio recaudase lo que pudiese, cuya urbanidad nunca se avía practicado antes, porque el mismo día que se reciben los governadores en Guancavelica, nombran theniente general que govierne en la provincia.

N.º 17

De la conducta que don Pablo de la Vega tuvo conmigo y con el contador Texada sobre la pretención de la provincia

Antes que el contador Texada y Ocharán hiciesen directamente por sí la pretención de que les cediese la provincia, se avía valido el primero de don Pablo de la Vega para que éste intercediese y a lo que supe después les ofreció hacerlo; pero mui al contrario hizo el papel de mui distinto modo. A pocos días de averme recivido en el Govierno y en concequencia de lo mucho que el Virrey Conde de Superunda me avía recomendado que mirase por el mexor aire del antecesor, y por sus intereses, le pregunté, con ánimo de cumplirlo assí, si tenía algunos en la provincia para tomar a mi cuidado su recaudación, a lo qual me respondió que no porque núnca avía tenido deliberación en ella, en fuersa de que quando se le nombró para el govierno, el mismo paje de confiansa del Virrey que me havía hecho hablar a mí, le avía prevenido que no dispuciese de ella y que la entregase al contador Texada, dándole una carta para éste en que se le prevenía lo mismo, y que en esta supovición lo havía practicado así, por lo qual sólo Texada era quien tenía intereses y no él. Al mismo tiempo que a mí me hizo esta respuesta, o en aquellos días, fue a Texada, que con el mal de la gota rara ves podía salir de casa, y le dio parabienes, diciéndole que ya era dueño de la provincia, porque a sus ruegos avía yo venido en concedérsela. Éste, que dicen hera hombre ostentoso, lo abrazó y levantándose, sacó de una papelera un vale de 22 mill pessos que Vega le devía y rompiéndolo en su precencia le dixo que le perdonaba la cantidad en correspondencia del servicio que le avía hecho. Esto pasaba entre los dos sin saver yo nada asta que resolví nombrar theniente; pero de una cantidad tan conciderable cedida por sólo la interseción, se dexa entender quán largas irían las ideas del pretendiente y qué provechos se avrían sacado de ella en el tiempo anterior, que precisamente avrían sido a costa de los vecinos en el exceso de precios de lo que se les repartía y en el travajo personal que se excigía de ellos para la mina de Julcani.

N.º 18.

De lo que se ha practicado en la provincia en quanto a nombrarse thenientes y cobranza de lo repartido

Como esta provincia está annexa al govierno de Guancavelica, a sido de práctica cesar enteramente los thenientes con los governadores por quienes están, y no tener acción ninguna para continuar cobrando lo que se les queda debiendo, a menos de que entre el que acaba y el que entra aiga alguna compocición, pero este método es tan general, que se observa del mismo modo en todas las provincias de los correjimientos que no tienen tanta recommendación; ni pudiera ser de otro modo respecto de que si los que acaban continuasen cobrando sus dependencias, perjudicarían a los que entran, y esta misma amplitud sería causa de que se arruinasen unos a otros y los vecinos de las provincias lo padeciesen; por esto cada corregidor debe repartir ciñéndose a lo que puede cobrar en el tiempo que ha de permanecer en el empleo, y si se excede, se expone a perderlo; en este modo y en precios regulares, el repartimiento es de combeniencia para los vecinos, al contrario quando se les da más de lo que pueden pagar, aunque sea pidiéndolo ellos es arruinarlos mediante que para satisfacer su importe, es precizo executarlos, perseguirlos, y aun despojarlos de aquello que poseen y les hace falta.

Quando entró a governar don Gerónimo de Sola, pretendió el theniente que estaba puesto por su antecesor don Gaspar Pérez Buelta, continuar cobrando; el governador, no determinándose a estorbarlo por sí, lo hizo presente al Virrey y immediatamente se expidió orden para que suspendiese, y aun se adelantó a que se le prendiese y remitiese a Lima en esta forma, porque interrumpía el buen orden y la quietud pública de la provincia, en la qual durante su tiempo nadie la avía perturbado, ni entrado a usar de ningún género de autoridad. Lo mismo succedió quando empesó a governar don Pablo de la Vega, y aun con alguna más exhorbitancia que en los antecesores, porque hallándose achacoso y de una edad bien abansada, el governador don Gaspar de la Cerda y Leyva, cuidadoso éste de que los negocios del servicio del rey no padeciesen atrazo por causa de no poder atender a ellos por sus accidentes, hizo renuncia del empleo antes de aver cumplido el término de los cinco años, ni de averse dado providencia por su Majestad, lo que executó ante el Virrey Conde de Superunda; y aviendo nombrado éste interinamente a don Pablo de la Vega, que era oidor supernumerario de la Audiencia de Chuquisaca, y se hallaba entonces en Lima con licencia, le encargó que por lo tocante a la provincia de los Angaraez no hiciese novedad mayor asta que se completase el tiempo de los cinco años, dexándola correr como estaba por quenta del propietario, porque su provición era en concideración a la renuncia y a los motivos que le obligavan a hacerla al governador puesto por Su Majestad, pero nada de esto tubo efecto, porque apenas se recibió de governador en Guancavelica, quando entregó la provincia al contador Texada; el qual, sin más dilación, nombró theniente general en ella, hizo repartimiento y empeó a disponer a su livertad, sin permitir que por don Ygnacio Ferrari, yerno de don Gaspar de la Cerda y su theniente en Angaraez, se continuase recaudando lo que se le estaba debiendo, ni menos entrar en ningún género de combenio con él, de suerte que quedó enteramente perdido lo que no se avía cobrado hasta entonces, y estando todavía vivo el propietario, fue testigo del méthodo con que se procedió en un asumpto en que su selo por el servicio del monarcha, le avía obligado a cepararse del derecho que el mismo monarcha le avía conferido a él y no al interino. Esta práctica, que por la antigüedad que tiene y la observancia con que ha corrido se puede llamar ley, sólo para conmigo no lo ha sido y se ha interrumpido con tanta tropelía de los fueros del govierno, que no se ha practicado cosa igual con los corregimientos en donde no se solicitan los méritos, los servicios y el carácter de las personas para conferírseles; pero la causa de ello está bastantemente anunciada en otros pasajes de los demás puntos de esta relación, sin ser prudente bolver a insistir en ello.

N.º 19
De las facultades que se le concedieron al fiador del contador Texada para recaudar sus débitos y de la protección que éste a tenido

Como era hechura del Virrey conde de Superunda el governador don Pablo de la Vega y que tanto por esta rasón como por la de averse ampliado en aquel tiempo la práctica de los obsequios, avía procurado señalarse éste en ellos con el fin de permanecer en el empleo contra la repugnancia de los oidores de Lima, que pretendían venirles por derecho, y contra las representaciones que se hacían por las extorciones que cometía con el desafuero de su codicia, tenía tan de su parte aquel govierno que no avía asumpto ni materia en donde no se le procurase complacer, como lo comprueba el que siendo deudor a su Majestad de las crecidas cantidades que quedan dichas en su lugar, y causando en Guancavelica después de mi llegada las cediciones y alborotos que igualmente se han referido, no hubo resolución para tomar providencia contra él como correspondía, y no ignorando él mismo el dominio que tenía con el virrey, hacía tanto abuzo de ello, que aún de aquellas órdenes que se le avían dado para irse a servir la plasa de su Audiencia, las miraba con tan poco aprecio, que núnca se verificó el que las obedeciese.

La provincia de los Angaraez, como parte que avía sido del govierno, gosaba del mismo privilegio de la protección; y assí luego que Texada y Ocharán vieron que no avía medio de que se la cediese, y sin querer admitir aquellas propociciones que eran regulares y son las que se practican por todo el reyno en las provincias que se allan en iguales circunstancias, empesaron a hacer ostentación del favor que tenían en Lima, y a poner en planta las diligencias con que me amenasaban, de modo que ya después de muerto el contador Texada, se le concedió a Ocharán, por despacho del mismo Virrey Conde de Superunda de 30 de Abril de 1760 y 27 de Julio de 1761, que pasase a la provincia la persona que él eligió, con un apoderado ecleciástico, a quien también nombró para hacer su personería y que éstos cobrasen los débitos a su livertad. Es necesario suponer que con esta providencia se vino a nombrar simuladamente segundo theniente en la provincia, por quedarle la facultad de traer una vara de justicia, de apremiar, de castigar, vender fincas en todos sus pueblos, traer ministros de Justicia consigo y priciones, hera usar de las jurisdicciones de theniente general, y Ocharán desde Guancavelica disponiendo y ordenando lo que avían de hacer a su voluntad, hera ser otro governador en la villa; pero nada de esto deve causar admiración, porque no ay cosa, por monstruosa que paresca, que no la allane el interés en estas partes. A la tropelía en jurisdición, se seguían los perjuicios de intereses, porque siendo cantidad fixa la que la provincia puede dar cada año en pago de lo que importa lo que se le tiene repartido para su avilitación, todo aquello que cobrare el intruzo dexará de percebir el propietario, y al fin de los 5 años a de tener todo esto de menos, de modo que darle facultad al que ha concluido su tiempo de cobrar cantidades tan crecidas como de 40 mill y más pesos, que tanto montan las que Ocharán pretendía devérsele como fiador del contador Texada, fue concederle prórroga del govierno para que se aproveche de las utilidades, sin cargo de administrar justicia, de dar recidencia, y con notable perjuicio del que está en posesión; porque si éste debe avilitar su provincia repartiendo en ella lo que los vecinos necesitan, que siendo a precios moderados y de cosas que les sean precisas y no de las superfluas, es de mucha combeniencia para ellos, como queda dicho, se le priba de la facultad que se le concede al que avía concluido de que cobre lo que a él le pertenece, y concluido el tiempo, pierde las utilidades que le avían de quedar, y queda adecuado con los acreedores de aquellos caudales o efectos que le franquearon para el intento, sin que sea razón el decirse que él cobrará lo que se le restare en el tiempo del succesor, porque esto, como no es corriente, se concede unas veces y otras no, según las circunstancias, viéndose encontradas las dispociciones con atención al valimiento que cada uno ha savido granjearse, porque si se observara en todos por modo de ley, aunque nunca sería esto lo mejor, tendría menos perjuicios que concederlo a contemplación del valimiento a unos sí y a otros no, mediante que entonces se harían las estipulaciones de las escrituras con esta seguridad, y los acreedores no tendrían motivo para perseguir a los correxidores sus deudores hasta tanto que la cobransa se huviese concluido.

N.º 20

De la lixeresa con que se libraron los despachos a favor de Ocharán y representaciones echas por el theniente general de la provincia

Luego que Ocharán se presentó en Lima suponiendo en su memorial quanto quizo que podía combenir a su intento, lo qual se practica por estas partes con indecible ligeresa, dándose allí por cierto y por justificado quanto decía de siniestro, se le concedieron despachos para que entrase en la provincia, haciendo de juez por su parte Diego Herrera a quien él havía pedido para esta diligencia, y con título de su apoderado, a un clérigo don Fernando Delgadillo, con otros quantos ministriles, sin que para esta determinación se me pidiese informe, se citase al theniente general puesto por mí, ni menos ver si la pretención hera justa o irregular; lo qual visto por mi theniente general y que este modo de proceder tocaba el despotismo, hizo representación al mismo virrey Conde de Superunda reclamando de la provincia y pidiendo que se suspendiese lo ordenado en favor de Ocharán. Poco después entró a governar el reino don Manuel de Amat, quien, con parecer del fiscal, me previno que recojiese los despachos librados por su antecesor, y que se retirasen los que actuaban la cobranza, con particularidad el eclesiástico, que por razón de su carácter, no devía ocuparse en semexante asumpto, siendo apto para que a su abrigo se cometiesen extorciones y violencias en los pueblos, como se ha hecho, y estando al mismo tiempo exempto de la jurisdicción real. La diligencia se practicó, y desde abril hasta julio no hubo novedad, porque este tiempo lo necesitó Ocharán para sangear la venevolencia del palacio y asegurarse de que se le bolvería a dar curzo al primer despacho; como assí fue, porque luego que tubo conceguida la palabra, presentó un memorial larguísimo, lleno de quantas voluntariedades le dictó su maledicencia, y de no pocas desvergüensas contra mí y contra el theniente general, de modo que en diciendo averse dispuesto por el cura Aguirre que en Lima hacía de su abogado, no es necesario explicar más para que se venga en conocimiento de que en él no se guardaron las leyes del decoro, mucho menos las del respeto, que se atropelló sin el menor reparo; esto hera lo que en el govierno se deseaba, y luego que se conciguió, sin más averiguación ni examen, bolvió a concedérsele por segundos despachos de 21 de agosto de 1762, que corriesen los primeros y que el clérigo continuase en la forma que avía estado. El theniente quizo repetir instancia contra esta segunda providencia, pero no se lo permití con el fundamento de que aviéndose dado en concequencia de la plata que Ocharán avía regalado, no avía esperansas de que se retrocediese de ella, y visto que no se avía hecho opocición, se adelantó dentro de mui poco tiempo la facultad a mandarse que de la madera que se conduce a la real mina se hiciese pago Ocharán, sin tenerse presente pertenecer ésta al theniente general por las mulas que reparte a los que la conducen para este efecto, ni ningún otro respeto, como el de estar la sobrestantía mayor de ellas en los governadores por reales dispociciones de Su Majestad, desde que se le confirió el govierno a don Gerónimo de Sola, lo qual se determinó en concideración al desorden con que corría este material antecedentemente, y a la falta que se experimentaba con notable perjuicio de la mina, de suerte que todo se atropelló, porque quando se procede con motivos de interés, no hai ley ni rasón que limite las facultades.

N.° 21

De los excesos que se cometieron en la mina con motivo de las facultades que se le concedieron a Ocharán atropellando las regalías del govierno y las facultades privativas del Superintendente

Aviéndosele concedido a Ocharán que cobrase lo que se le estaba debiendo al contador Texada en la provincia del importe de la madera que se conduce a la mina, el qual ha sido tan privilegiado a favor del theniente general de ella, por ser el que verdaderamente la probee, que ni aún se permite que se paguen de su producto los reales tributos en aquellos que los están deviendo, se cometió este negocio a los oficiales reales con total ceparación mía, dándoles facultad para hacer y deshacer en todo lo que fuese favorable a Ocharán, lo que se declaró por despachos de 1º de noviembre de 1762. Aquí se verá a dónde llegan las monstruocidades de los goviernos quando se apartan de lo que es justo, y por ser superiores los que manejan, se figuran ser absolutos, para hacer aquello que más les complace. Ocharán, luego que obtuvo este despacho, empezó a pedir a los oficiales reales quanto quizo, y éstos por no displicentar al Virrey, a concedérselo; de ello nació empesar a embiar órdenes a los veedores y sobrestantes que no deven recivirlas en ningún caso mas que del governador, intimarles castigos, y ocuparse la veeduría y sobrestancia de la mina del juez nombrado a pedimento de Ocharán, Herrera, de su apoderado el clérigo Delgadillo y de los demás ministriles suyos, de suerte que en aquel lunes immediato, quando fui a hacer la vicita, me hallé con esta tropa de jente independientes de mi jurisdición, disponiendo y ordenando en recivos de madera a su adbitrio; pero esto no fue lo más: al tiempo que se cometían semexantes excesos en la mina, se practicaban otros mayores en Guancavelica; Ocharán hacía vanidad públicamente de tener en la mina iguales facultades al gobernador, persuadía a quantos veía, con indecible escándalo, que yo no era superintendente de la mina ni de los Azogues, que estos cargos estaban en todo y por todo en el Virrey, y que avía usado de ellos por tolerancia, con otros atrevimientos algo más desvergonsados. De este despacho procedió el presentarse a los oficiales reales, pidiéndoles con amenasas que reciviesen una información contra mí con otros varios atentados, por este tenor.

Éste es el estado a que ha venido a parar el govierno de Guancavelica, que en España no se halla sujeto de sobrada confianza para conferírselo, el empleo a que Su Majestad tiene conferidas las más amplias facultades y recomendaciones por ser de la mayor importancia, como que está a su cargo el cuidado de los mayores thezoros de la monarquía y todo procedido de la repugnancia con que los virreyes miran a un suxeto que no les tributa, como lo hacen por todo el reino, y que mirando por los intereses del soberano a quien sirve, no se suxeta a disimular todo aquello que contempla contrario a su real servicio.

N.º 22

De las representaciones hechas al Virrei por mí contra las facultades concedidas en la mina a Ocharán y a los oficiales Reales

Aviendo yo visto la livertad con que se empezó a disponer en las cosas de maderas de la mina, sin sugeción a lo mandado por Su Majestad en este particular, y que aun de esto se hacía abuzo con la introducción allí de personas estrañas, hize dos representaciones al Virrey, con fechas de 29 de noviembre y 22 de diciembre de 1762, poniendo en su concideración, por una parte, el servicio de Su Majestad enteramente alterado y interrumpido; por otra, atropellados los fueros y respectos del empleo que ocupa, y por otra, perjudicados los intereses de mi theniente general, o los míos, que todos son unos, después de tener el cargo de abastecer la mina de maderas y de probeer de mulas a los yndios para este fin; pero como ya se le havía concedido a Ocharán la licencia, y que ésta naturalmente no fue, sin que dejase de intervenir para ello algún mérito, la misma fuersa que hicieron mis rasones hubieron de obligar a buscar un camino por donde no se retrocediese de lo mandado y quedar cubiertas con algún colorido de justicia; el que se adbitró por acesor fue dar vista al fiscal de mis consultas, y estando el negocio bien amasado entre unos y otros, pidió éste que se diese traslado de ello a la parte de Ocharán, que lo ha sido en Lima el cura Aguirre, con lo que se les dio motivo para desemfrenarse de nuevo, como lo avían hecho en el primer escrito, que es lo que allí se desea para de este modo confundir la justicia y disculpar la inniquidad.

Aquí hay varias cosas que notar, la primera es que quando Ocharán pretendió contra derecho, no huvo reparo en concederle quanto quizo; a mí como governador no se me pidió informe, al theniente general de la provincia no se le dio traslado para ver si tenía que pedir en contra, y dos informes que avía hecho yo antes, el uno en concequencia de lo representado por el theniente general y el otro en instancia que los yndios de Acobamba avían interpuesto, no se tubieron presentes; lo segundo, que a mis representaciones hechas con los privilegios de governador se dio traslado para que la maledicencia de los súbditos tubiese campo espacioso por donde correr desemfrenadamente; lo tercero, que siendo

Ocharán el que no tenía derecho a la provincia y yo a quien su Majestad se la a concedido como parte del govierno, en lo que era favorable a aquél, se mirava el punto como executivo en lo que era concerniente a la mente real, se procuraba hacer contencioso; lo quarto es que dos consultas sobre un punto de esta naturalesa nunca pedían mas que ver si avía facultad para conceder lo mandado, o no las avía y proceder a determinar en concequencia; pero esto no podía ser y sin necesitarse de más interpretación es bien perceptible la causa.

En este estado se halla el negocio a la hora de estar formando esta relación y no espero de él nada favorable, ni tube esperansas de ello desde los principios, aviéndome movido a representar por no quedar con la duda del camino que se tomaría en Lima, sobre una injusticia tan notoria; pero estando ya conocida, me a servido de confirmar por ello el méthodo con que se procede allí en todos asumptos, debiendo advertir que desde que se recivieron en Lima mis representaciones, se le avizó a Ocharán de los pasos que se avían de dar para salvar la dificultad, y aun se le remitieron borradores de la substancia de los decretos y vista fiscal que se avía de poner, de modo que vino a succeder en esto lo mismo que en la causa que seguí contra los veedores de la mina, los quales, siendo reos, tenían con anticipación rasón de lo que el fiscal avía de pedir y de lo que se avía de resolver.

N.º 23

Sobre la venta que se hace en Lima de los correximientos y el méthodo de distribuir la justicia

Lo experimentado por mí en la Provincia de los Angaraez y en el govierno de Guancavelica, no menos que lo que he visto succeder en correjimientos, oficialías reales y materias de justicia, me ha obligado a aser recuerdo de cierto proyecto que años hace tuve noticia averse presentado a su Majestad por un sujeto de Lima, y ciertamente si su autor hubiese estado instruido de los términos a que esto ha llegado en los tiempos presentes pudiera haverlo amplificado con algunos fundamentos más conbincentes de los que entonces avía. Este tal pretendía que su Majestad no necesitava pagar los crecidos sueldos de Virrey, de oydores, de contadores y otros, porque al contrario, todos los que sirven semejantes empleos devían hacer una contribución annual a su Majestad, en cuya forma avría sujetos beneméritos que los ocupacen y la Real Hacienda en vez de grabamen experimentaría beneficios, yo tube noticia de la especie y aunque entendí que se avía despreciado, atribuyendo la especie a falta de juicio en su autor, y tiene bastantes indicios de ello, pero en medio de esto lo que no se puede dudar es que tenía bien penetrados los modos con que se govierna el reyno, y que en la práctica de lo que proponía no quedaban gravados los que sirven semejantes empleos en hacerlo sin salario, y aún haciendo ellos alguna contribución. No hai asunto, sea de la especie que se fuere, que se determine sin que medie alguna contribución y a proporción de su gravedad, así es aquélla. Los de Real Hacienda en rentas de todas especies están subordinados a esta ley y en tanto que no ay quien contribuya, no se resuelven, a menos que la resolución que se tome no se contemple que pueda ser medio para que dispierten los interesados y acudan a pagar el feudo; los de justicia siguen por el mismo rumbo, a vista de lo qual, aquellos que son puramente de gracia se dexa entender que no se conceden sin que primero se capte la voluntad. El primer empleo que el actual virrey proveyó, o de los primeros, fue el govierno de Chucuyito por dos años en don Juan Joseph de Herrera, quien havía pasado de Chile con su familia; éste se le dio por ocho mill pesos que contribuyó, cuya noticia escandalisó en Lima, donde me hallaba porque el día que él salió para ir a tomar poseción, entré yo allí, el día 1º de mayo de 62. Apenas llegó éste a Chucuito quando con la confianza que le daba el aver comprado el empleo, sacó de las Cajas reales los caudales del ramo de tributos que avía en ellas, y fue a Potosí a emplearlo en mulas para hacer su repartimiento, de modo que quando se aparenta mucho celo para el servicio del rey, y por sus reales intereses, se dejan facultades para usar de ellos a la voluntad de cada qual, porque así lo pide el que ha intervenido para la concepción de la gracia.

N.º 24
Correximiento de Cañete

El corregimiento de Cañete se le havía concedido por el Virrey don Joseph Manzo a don Miguel Valiente en remuneración de otro de que tenía cédula real por averse destinado éste a que lo sirviesen militares, y tengo entendido haver sido el de Xauxa; su Majestad enterado de no averse cumplido la real merced que le avía hecho, mandó que se le diese el equibalente en uno de los correjimientos bacos que no tuviesen cédula. El de Cañete se estaba sirviendo por dos años interinamente por don Juan Lasarte y el Virrey avía ofrecido a Valiente dárselo en recompensa del suyo quando bacase; pero aviendo entrado en el virreynato el excelentísimo señor don Manuel de Amat se dio por nula la conceción que se le avía hecho por el virrey antecesor, que verdaderamente era la misma gracia concedida por su Majestad. Visto esto, trató el interesado de ponerla corriente, y lo conciguió por medio de tres mill pesos que regaló por él el Conde de Monteblanco.

Al tiempo de concluir Lasarte los dos años, llegaron cédulas de su Majestad a don Alfonso Santa de Ortega en que se le hacía gracia del mismo correximiento de Cañete y orden expresa de que immediatamente que bacase por el que lo estubiese sirviendo, se le pusiese en poseción. Presentóse con ellas a los 3 ó 4 días de haverse fijado los edictos llamando al que tubiese cédula para de no probeerlo, pero aunque faltaban quatro o cinco días para completar el tiempo de los editos, no sirvió esta diligencia porque se le dixo que esperase a que Valiente concluyese los cinco años de que se le tenía dada palabra. Éste se supo ingeniar por entonces de tal modo, que al antecesor a quien los yndios y demás vecinos debían crecida cantidad de dinero, se le mandó salir de aquella provincia, prohibiéndole que no pudiese cobrar por sí ni por apoderado e imponiéndole penas si contrabenía a lo mandado. Viéndose en este estado procuró, para no perderlo todo, hacer proposiciones ventajosas de conpocición al succesor, pero engreído éste con el favor que merecía en el palacio, no quiso admitir ninguna, y el otro, no quedándole recurso para recaudar los débitos, adbitró valerse del mismo medio que avía usado el succesor, y sacrificando una parte de caudal en regalos, obtubo que se lebantase la prohibición de entrar en la provincia y que se nombrase a su contemplación un justicia mayor, el qual recaudase todo lo que se le estava debiendo, de modo que en este particular, no ay más ley que la del interéz, el que da más o da el último es el que concigue lo que pretende.

N.º 25

El goviernoo de Xauxa

Por consulta del Virrey Conde de Superunda se sirvió su Majestad disponer que los corregimienos de Tarma, Xauxa y Guanta en estas cercanías de Guancavelica se erigiesen en goviernos militares, por corresponder una parte de confines acia la montaña que ocupan los yndios bravos, y que se empleasen en ellos ciertos oficiales del exército que vinieron igualmente en virtud de real orden para arreglar las tropas de frontera y servir en ellas en la defensa de los paíces de su Majestad contra los yndios infieles. En principios de este año bacó el de Xauxa por muerte de don Alonso Villalpando que estaba en él; immediatamente lo solicitó el que estava de su theniente, un hombre de baxo nacimiento, criollo, y sin experiencia militar, don Atanacio Muños, ofreciendo por el tiempo de dos años 12 mill pesos con el fin de cobrar lo que se le estava debiendo; por segunda instancia se dice que adelantó hasta 16 mill, pero en esta circunstancia, y para tener grato a don Alphonso Santa, a quien se le havía hecho el perjuicio de privarlo del uzo del de Cañete, se manejó la cosa de Lima con tal avilidad, que se le concedió a éste, aunque no sé con fixesa bajo de qué condiciones, y pasó a tomar poseción, interrumpiéndose en ello la mente de su Majestad de que sean servidos por militares de los que vinieron para la defensa de las fronteras, porque aunque don Alfonzo Santa es suxeto de méritos, y de acreditada conducta, nunca ha militado.

N.º 26

De lo que han contribuido por otros correximientos

Entre los correximientos probeídos desde el año de 1762 de que he tenido noticia, se comprehenden Castro Virreyna, por dos años, en don Juan Antonio Matienzo, por 8 mill pesos; Condesuyos, por el mismo tiempo, en don Sancho Bracho, por 6 mill pesos; Urubamba, por el mismo tiempo, en el Marquéz de Rocafuerte, en 8 mill pesos, de modo que estos tres, el de Chucuito, Xauxa y Cañete, sin entrar en ello las demás negociaciones particulares sobre cobransas o no cobransas, componen la cantidad de 49 mill pesos. Aora es necesario traer a concideración todos los demás corregimientos probeídos 1º primero de enero del año de 1762 por el virrey, en que no se incluyen los que quedan nombrados, y son como sigue:

Otoca y Lucanas, en 1º de enero.
Canas y Canches, en 1º de enero.
Azángaro, en 9 de marzo.
Pilaya y Paspaya, en 17 dicho.
Arica, en 9 de abril.
Camaná, en 30 dicho.
Carangas, en 23 junio.
Larocaxa, en 27 maio.
Chachapoyas, en 22 junio.
Caxatambo, en 28 julio.
Yca, Pisco y Nasca, en 4 agosto.
Atacama, en 12 de agosto.
Caxamarca, en 14 septiembre.
Cercado de Lima, en 29 dicho.
Misque y Pocoma, en 8 julio.
Saña y Lamballeque, en 20 octubre.
Guamuchuco, en 8 de noviembre.
Leypes, en 20 de noviembre.
Luya y Chillaos, en 24 dicho.
Apolobamba, en 6 diciembre de 1762.

Son en todos 20.

La casualidad más que el cuidado y la publicidad con que se hacen estas negociaciones de correximientos, es la que me ha dado instrucción de la cantidad que se ha franqueado por cada uno de los seis primeros y me facilitó de los proveídos en todo el año de 62 y parte de 63, comprobándose el ningún cuidado que he puesto en ello en no aver hecho averiguación de las personas a quienes se an conferido ni de la cantidad que cada uno a dado por ellos, porque si llegaron a mi noticia iguales circunstancias por lo tocante a los otros seis, ha sido por aver recaído en personas de mi conocimiento, o por estar en las cercanías de esta villa, como succede con Xauja y Castro Virreyna; pero computando estos 20 por lo que contribuyeron los que obtuvieron los otros 6, y regulando uno con otro en 6 mill pesos, que parece ser lo menos en que se pueden graduar, hacen la suma de 120 mill pesos, que con 49 mill pesos de aquellos son 169 mill pesos; esto es de los que yo he tenido noticia, pues puede aver havido probición de otros que yo ignore, unos por dos años, como los dos antecedentes, y otros por havilitazión y dar curso a las cédulas de su Majestad.

N.º 27
De las demás contribuciones que les hacen a los Virreyes y ministros de la Audiencia en los otros asumtos que no son correximientos

Como no he investigado particularmente sobre las contribuciones que se les hacen a los virreyes por las pretenciones de las partes en los asumtos de gracia y de justicia, no sé en este particular más que lo que la casualidad me a instruido, y assí sobre proviciones de empleos de oficiales reales, de thesorerías de crusada, de alcaldes provinciales en bacantes, de remates de alcavalas y de otras infinitas cosas que corresponden al manejo de todo un reino tan basto como el del Perú, sólo sé lo que a pasado en el corto distrito de la jurisdición que govierno, lo qual podrá servir de instrucción para todo el resto de estos dilatados payces. Algunas cosas ay que no se pueden referir sin rubor ni traerse a la concideración sin faltar a la decencia que es devida al respecto de las personas que se ocupan en los empleos de mayor concideración y autoridad; pero también es cierto que si el descomedimiento de estos que avían de cuidar de su propio decoro, no lo hace, y en su lugar ellos mismos son pregoneros de sus operaciones, haciéndolas notorias, no deve estrañarse que aquello mismo que es notorio en el Perú se traslade a relaciones para que el concepto que se tiene formado en las partes más distantes, se sugete en algún modo a la realidad de los hechos y no quede engañando con aquel juicio que obligaron a formar otras operaciones de la conducta, mui diversas de las posteriores.

Recién entrado en el pezo del govierno del Perú el Excelentísimo señor D. Manuel de Amat, todos se persuadieron por lo que avían oído de su justificación y desinterés en la presidencia de Chile, que intentaba manejarse en la misma conformidad; y bien fuese por esta circunstancia o por natural cortedad de los suxetos, hubo algunos que no practicaron la demostración de regalarle; de este número fue don Joseph Nieto de Lara, director general de Tabacos, porque le parecería que era atropellar el respecto de una persona tan justificada propasarse a ofrecerle plata u oro, pero este descuido lo pagó doblado porque repentinamente se expidió un decreto mandándose que pasasen a su casa ciertos ministros, que embargasen todos los papeles y instrumentos que encontrasen en ella, y que se entregasen a otros que estaban nombrados para que se examinasen a fin de averiguar cierto comercio de géneros que se decía hacer en el reyno por medio de los administradores de tavacos. Él sintió el golpe y penetró el camino por donde venía, con lo qual preparó un regalo de 6 mill pesos, y sin pasar a más las diligencias, se le mandaron devolber los papeles y que continuase en sus manexos sin novedad, quedando para lo succesibo en una buena opinión y con el crédito de ser uno de los mejores ministros del rey para con el virrey. Aquí entra mi reflexión; si el fin no era otro, como después se vio y en poquícimo término, sino es el que reconociese la obligación de contribuir, ¿havía que hacer más que dárselo a entender por tercera persona y que se evitase el escándalo? Es assí, pero lo que se pretendía era que la advertencia llevase un aparato exterior de servicio del Rey y como quando se procede con algún fin torcido no se tienen presentes los incombenientes, se hizo la demostración, pero no se perfeccionó la obra, dexando en un gran descubierto la conducta.

Otro tanto succedió con los acentistas del traxín de Azoguez don Gaspar Alexo de Mendiolasa y don Nicolás de Mendiolasa; a estos, contra lo estipulado en el aciento que tiene celebrado, se les hizo cargo de que los caudales de las Caxas pertenecientes a ramos de la Real Hacienda fuera de los de Azogues devían conducirlos a Lima sin ecempción de alguna de ellas; lo qual era opuesto a lo estipulado, en el tiempo que va corrido de aciento, venía a montar más de 20 mill pesos de pérdida y con otros tantos por el tiempo que les falta que corren en este encargo para completar la comición hacían más de 40 mill pesos. Esto se entendió por los thesoros de aquellas caxas, que mediante no estar estipulado, no los avían conducido ellos y se avía pagado el flete de quenta de su Majestad a otros varios conductores; las diligencias se corrían en Lima para hacer conocer la sinrrasón que se llevaba en ello, no se adelantava nada hasta que visto en lo que consistía la dificultad, procuraron allanarla y immediatamente todo se facilitó, declarándose lo mismo que constava del aciento, que hera no estar obligados a tales conduciones.

El Gremio de Mineros de Guancavelica, estando en una miseria lamentable, perdidos en unos el todo de sus caudales y en otros gran parte de ellos, solicitava con las mayores instancias que se les pagasen tales quales los alcances que tenían vencidos; no avía quien les supliese dinero, porque aquellos que lo avían hecho antes, o ya no lo tenían o biendo que no se les pagaba lo que les tenían adelantado desconfiaban y reusaban contraer maiores empeños. La saca del azogue avía baxado a 60 quintales por semana, quando se necesitavan 120 para el precizo consumo de los minerales del reyno. Yo hacía representaciones al virrey que no producían ningún buen efecto; en Lima se hallava un minero diputado por la mancomunidad, sin más destino que el de esta solicitud y tampoco adelantava cosa alguna: todo amenasava una fatalidad y lo menos que se atendía era a remediarla. En esta constitución, a fuersa de instancias, de representaciones innútiles y aún de intimarle al virrey la pérdida total del reyno, que estava próxima a experimentarse por la falta del azogue, se consiguió que tubiese curzo el negocio de alcances y aviéndose llevado al Acuerdo, quedó determinado que se pagasen, pero no bastó esto para que lo hiciese, porque extendido el decreto, no se llegava el término de que se firmase, y quando las esperansas estaban más vivas y más urjente la nececidad, respondía el virrey que no tenían que aguardar tal providencia, que era una maldad haverles concedido a los mineros el quinto del azogue y muy injusto bonificarles su importe. Percevidas estas dificultades por el diputado, y conociendo en lo que concistían, entró en compocición, y por este medio obtuvo que mediante 6 mill pesos se le firmase el decreto. Aquí sobrevinieron nuevas dificultades porque aviéndolos pedido el Gremio, los que tenían que percebir alcances lo repugnaron con tenacidad, pero con razón, diciendo que no avían de dar cosa alguna por esta negociación en la que sólo pedían lo que era suyo, y de ello lo que les quedava en líquido después de lo mucho que tenían perdido en servicio de su Majestad.

En Lima estaba dada la palabra, pero el decreto no corría asta que se entregase el dinero; en Guancavelica los mineros aburridos y abandonados se hallavan resueltos a suspender enteramente el travajo. En este conflicto para mí imponderable, huve de dedicarme con el mayor ahínco a persuadirlos, y al cabo de algunos días de instarles y de hacerles comprehender que no avía otro camino por donde conceguir cada uno lo que era suyo, se conciguió que entrasen por él, aunque siempre con repugnancia y al punto que el dinero llegó a Lima, ya no fue injusta la conceción del quinto ni mal fundada la paga de los alcances, ¿será pocible que esto se crea en un negocio el más urjente y el de mayor importancia de quantos tiene el reyno del Perú, y aún la monarchía de España? Pues este caso podrá instruir sobre lo que succede en otros de menos concequencia.

N.º 28

Sobre otras contribuciones como las anteriores

Don Francisco de Ocharán aseguró a varias personas fidedignas que para conceguir que se interrumpiese el orden establecido por su Majestad sobre maderas de la mina, avía embiado a Lima 12 mill pesos y que sólo por este medio se le avía facilitado; de otras personas con quienes tengo conocimiento, he savido que an hecho semejantes negociaciones, interviniendo algún regalo de interés crecido; con que esto se reduce a que el que quiere conceguir a de ser contribuyendo, y no es del caso que la pretención sea justa o dexe de serlo.

Personas de bastante especulación tienen computado que annualmente no baxa a los virreyes de 500 mill pessos los que les valen las proviciones de oficios y de providencias en todos asumptos de justicia o de gracia, porque no echan firma en estos negocios en que anticipadamente no aiga intervenido algún obsequio; y se puede creer así sin violencia puesto que sólo los corregimientos probeídos en el discurzo de poco más de un año suben a 170 mill pesos. Aora es necesario suponer que los ministros de la Audiencia y del Tribunal de Quentas, como de las otras oficinas tiran también su parte en estos negocios, porque los pareceres y los informes no se acen a contemplación de los que pretenden, por su buena cara, con que el proyecto de aquel a quien se graduó de loco, no fue tan disparatado que no estubiese fundado en lo que tenía bien especulado, que en el tiempo presente excede mucho de lo que él pudo experimentar y en un modo figurativo quizo dar a entender lo que succedía entonces en estos paíces, no teniendo duda que un virrey que recive annualmente 500 mill pesos por sus firmas, no necesita de 40 ó 60 mill que le da el Rey de salario, y aunque le diese a su Majestad cien mill, le quedarían todavía 400 mill, que es muy suficiente cantidad para costearse y quedar poderoso. Que este modo no sea lícito, nadie lo ignora, pero él está en uzo, y en estos tiempos, con más excesos que en los anteriores, en cuya supocición nada se deve estrañar, aunque sea fuera de toda regularidad, pero lo que si deve causar novedad que en España se escrupulisa en beneficiar los empleos de Yndias en las ocaciones más urjentes, quando en el Perú es cosa corriente y que dos años de un correximiento o la avilitación de alguna cédula, rinden más que allá los cinco años o la merced hecha por el soberano.

N.º 29

De los modos cómo se me hizo comprehender que devía sujetarme a constribuir, y demás respuestas

Desde que pasé a Lima por febrero del año de 62, se me dio a entender por varios modos que hera precizo que regalase para salir bien. Yo procuré desentenderme de tales propociciones y aún con el virrey mismo en ciertas palabras de amenasa con que manifestó estar mui enredado en pleitos, que le sería preciso informar a su Majestad la realidad sobre mi conducta, con otras cosas nada correspondientes a su carácter; las quales por este tenor, sin equibocación, manifestavan el intento. Mis respuestas al mismo virrey fueron cortas y exprecibas, diciéndole que yo no podía apetecer mayor timbre, sino es que informase a su Majestad en la forma que me insinuaba la realidad de los hechos, porque de ellos se vendría en conocimiento de lo mucho que he travaxado en el desempeño de mi obligación; y que por lo tocante a pleitos, siendo el mayorasgo del Rey el que yo cuidaba y no ninguna cosa que me perteneciese, no me perjudicaban. A los que venían echados respondía que yo, ceñido al sueldo que el Rey me da y al desempeño de mis encargos, ni tenía con qué ni sobre qué regalar. Finalmente, viendo el virrey que no me a podido suxetar a una ley tan indecorosa como la de la contribución, por la que todos pasan, en carta de 2 de marzo me propuso que siendo muchos y varios los asumptos de este govierno, y sus materias de gravedad, combendría que tuviese en Lima apoderado para que le informase todas las semanas sobre el estado de cada uno a fin de promober su más prompto expediente. Mi respuesta con fecha de 8 del presente mes fue decir que yo ni aora ni núnca tenía en Lima asumpto que me perteneciese, que mis encargos se reducían a la mina, al Gremio de Mineros, a las Caxas Reales y al cuidado de los intereses reales, que en todos cumplía con darle quenta de lo que experimentava y el de expedirlos con puntualidad, o tocaba a los ministros en aquellos que pertenecen a su Majestad o a las partes, que para mí el retardarse o no, no traía concequencia porque siempre iba a mi camino, particularmente en los que tocaban al rey. El ánimo, según lo concebí, era que teniendo apoderado en Lima, conceguir por este medio combertir en negocios míos los que no lo son sino es del exercicio que manejo, enrredarlo en pleitos y por este medio hacer que el sueldo que el Rey me da, y algo más, si acaso lo tubiese, viniese a refundirse en tributar allá; porque aunque es cierto que la provincia de los Angaraez y el defender el derecho que me pertenece en concequencia de la gracia de su Majestad es en algún modo asumpto particular mío, nunca a sido mi ánimo hacer empeño sobre ello, mediante que más que al derecho que yo pudiera tener, se ofende con la violencia a la real voluntad, y que quando menos disfructare la merced del Rey, tanto más se reconocerá el desinterés con que he servido, y tendrán de más recomendación en la real piedad los méritos que mi aplicación puede aver adelantado en este penoso manexo y dificultosa comición; por esto mis dos representaciones dirigidas al virrey en el particular se encaminaron principalmente a hacer comprehender el derecho a manifestar la tropelía conque se procedía y a dejar a su adbitrio la deliveración, porque en mí no avía motivo para entrar en pleito con Ocharán, no siéndole deudor de cosa alguna, ni por mí ni por el theniente general; ni pretendiendo tampoco nada suyo ni cosa en que él estubiese en poseción, sino es meramente, como llevo dicho, que no disfructase la provincia de los Angaraez en el tiempo que yo governase en Guancavelica, y que sobre el abasto de maderas de la Real Mina, no se hiciesen alteraciones contrarias al establecimiento y a lo que su Majestad tiene ordenado.

N.° 30

De el motivo que a movido a traer a consideración los intereses que sacan los virreyes del cargo durante su govierno

Parece fuera del asumpto de lo perteneciente a la provincia de los Angaraes, de que iba haciendo relación, introducir en ella el modo con que se manejan los negocios en Lima, las contribuciones que se hacen a los virreyes y los medios por donde se determinan los negocios de toda suerte de especies, pero no lo es si se considera que en el primer punto de esta relación he dicho las irregularidades con que se a tratado la causa de mina que formé contra los veedores de ella y otras distintas contra varios mineros por sus desordenes; en el segundo, lo desautorisado que se halla un governador de Guancavelica para hacer respectar sus órdenes del Gremio de Mineros, que le obedescan y pueda presisarlos a que cumplan lo que es de su obligazión; en el tercero, los desórdenes que se experimentan en las Caxas Reales y los desbaratos que ay en la Hacienda Real; en el quarto, la impocibilidad moral que tiene de administrar Justicia y de governar con regularidad a los vasallos de su Majestad que se le entregan para este fin, y en el quinto, las tropelías que experimenta, aún en aquello mismo que por establecimiento y por ser así la voluntad del soverano, le pertenece; cuyas irregularidades pudieran atribuirse a defecto de mi conducta y a no saverme governar si no explicase la causa de donde procede, que no lo es otra más que el interés porque en donde se ha de comprar todo con él, y aún el buen éxito de los negocios que se manejan por razón de la confiansa del monarca, no se pueden esperar succesos favorables quando se deja de entrar por semexante camino. Yo no lo he acostumbrado, y en fuersa de ello, aunque he procurado exmerarme en ver las cosas de mi cargo con el amor y buen celo que devo hacerlo, han salido mui contrarias a mi deseo.

N.º 31
De los curatos de la provincia de los Angaraez

Cada una de las cinco doctrinas que contiene la provincia de los Angaraez es un curato, y debajo de él están los pueblos que componen las doctrinas; así, un sólo cura da pasto espiritual a 6 ó 7 pueblos, que distan unos de otros 5, 6 ó más leguas y del pueblo principal ai algunos que están mucho más apartados. Para asistirlos tienen los curas uno o dos clérigos compañeros, los quales sirven para ir a confeciones de enfermos a donde los llaman. Déxase de entender que todo el año están sin misa en estos pueblos ni otra ninguna obra de christianos, porque sólo una vez al año va el cura a cada uno de ellos; y esto es quando se celebra la fiesta del santo titular, entonces, además de ésta, hace finados, transfiriendo a entonces el día de los Difuntos y las demás festividades clácicas del año que le valen algún estipendio; y hace igualmente los entierros de los que an muerto en el discurso del año, de modo que se puede decir que por estas partes todos mueren en un solo día, aunque en la realidad an muerto quando a cada uno le llegó su hora, porque lo que succede

es que los entierros verdaderos los hace un yndio rústico, que tiene oficio de sacristán, y quando el cura ba a hacer la fiesta del pueblo, destina un día para hacer la formalidad de los entierros que ha havido durante su ausencia, cuya demostración es muy importante, porque en fuersa de ella adquiere derecho a todos los bienes del difunto y se constituye unibersal heredero de ellos, dexando a la viuda y a los hixos en total desamparo, siendo el fin de estas fiestas de finados y de entierros no tanto el culto divino ni los sufragios de las almas, quanto por coger la cosecha annual.

N.º 32
Del modo de celebrar las fiestas clácicas

Aunque en cada doctrina ay un pueblo principal, está establecido celebrar las festividades clácicas de Semana Santa, Pascua de Resurrección y día de Corpus cada año en un pueblo distincto, y assí la doctrina que tiene cinco pueblos, de cinco en cinco años gosa cada uno la oportunidad de que se celebren en él estas festividades, y para lo que toca al cumplimiento de yglecia, se obliga a los vecinos de los otros que concurran a aquél en donde se hace Semana Santa y Pascua. También tienen sus proceciones y estandartes, que les valen al cura buen estipendio, al modo que queda dicho de Guancavelica, y no es cosa irregular para hacerse pagar de los derechos de algún entierro, de festividad o de otros débitos, embargar el mismo cura los santos u otras ymsignias sagradas de la proceción, como la cruz de nuestro Señor, el manto de la Virgen, y por este thenor obligándolos a que entre sí echen derrama los de aquel pueblo donde le deben, y rescaten el santo o la ynsignia embargada.

Estas funciones además se reducen a embriagarse, al modo que se ha dicho de Guancavelica, con la diferencia, además, que el día único en el año que tienen misa en el pueblo, no la oyen porque con preparativos para ella, todo es agitación, bulla y mobimientos, por una parte disponiendo las cosas para la función y por otra entregados a la vebida, de modo que el cura dice la missa, pero los feligreses no la oyen, ni aquél se inquieta por ello, siendo su cuidado principal el que le contribuyan lo que está de entable por los derechos.

N.º 33

De lo que valen estos curatos y que con mexor réximen cada pueblo podía tener un cura

Estos cinco curatos se regulan valer cada uno al año cinco mill pesos; los de Acobamba y de Conaica pasan desta cantidad; los otros tres no llegan enteramente a ella, pero les faltará poco. Cada uno tiene 781 pesos 2 reales de sínodo, que se les pagan de los tributos de los yndios, y todo el resto viene de las obenciones: cosa es verdaderamente estraña que el cura gose una congrua tan crecida y que la feligrecía que se la contribuye, no tenga una misa los días de fiesta, vibiendo como bárbaros.

En esta circunstancia parece que sería más natural una de dos cosas: o que cada pueblo tubiese un cura que gosase al año entre sínodo y obenciones 800 o mill pesos, partiéndose el ingreso total que al presente recive uno sólo en otros tantos como tiene pueblos principales cada doctrina, o que se les obligase a los curas que mantubiesen en cada uno un theniente de cura, pues con 300 pesos que les diese, ay infinitos ecleciásticos que les servirían en este exercicio; y siendo por lo regular dos, los que al presente mantienen aún dándoles menos estipendio que los 300 pesos en otros dos que acrecentasen y el cura que recidiese de continuo en uno de sus pueblos, todos tendrían sacerdote y pasto espiritual; pues por lo que toca a los pueblos que son annexos de los principales, podría el ecleciástico a quien perteneciese, decir dos misas los domingos y días de fiesta clácicos como se practica en toda la christiandad, y obligarse al mismo tiempo a los dueños de las haciendas, que están retiradas de pueblo y donde ay mucha vecindad de yndios, que mantubiesen capellán para que les dixese misa. Es también verdad que para que esto pudiere tener forma, sería necesario que contribuyesen a ello los obispos mirando los derechos de vicita y otras contribuciones que sacan de los curas, porque ay curato en donde pasan de 1.200 pesos los que perciben con motivo de derechos propios de vicita, de quartas, de libros de cofradías, de hospicio, de bagajes, de propinas y de criados, que todo se paga en plata, aunque las vicitas se hacen por comición, dirigiéndose únicamente a recevir estas contribuciones, aunque con el aparente semblante de cumplir con lo que está dispuesto por la yglecia; minorados estos derechos que lo pagan cada dos años, y quitadas enteramente las demás contribuciones que no solamente no son de ley, sino es contra ley, tendrían los curas menos repugnancia en mantener un theniente en cada pueblo principal y los vecinos vibirían en más señales de christianos y regularidad en esta parte que las que tienen aora, pues aunque no sea más que el decirse que pueblos de 200 vecinos, y aún de más número, en donde viben los yndios, mestisos y españoles y sólo una ves al año ven representada la Passión y Muerte de nuestro Señor Jesuchristo y celebrada la Pascua de su Resurección Gloriosa y celebrada la festividad de Corpus, es cosa que escandalisa en lo christiano y llena de horror la religiocidad española, que es más que ninguna otra nación preciada de christiana y observantíssima de los sagrados preceptos de la religión.

Esto mismo que succede en los curatos de la provincia de los Angaraez se experimenta en los demás de la Sierra, por esta parte del Perú, según lo tengo oído a los que trafican por ellos, y para que se vea lo que se extiende de vicio de la ambición, aún en las personas retiradas del mundo, o que deverían estarlo, no obmitiré decir ser común opinión que el obispo de Guamanga, ya difunto, don Felipe Manrrique, no avía chasqui o correo alguno que bajasen de 20 mill pesos en varras o en moneda los que embiaba a Lima; y siendo, por lo menos 6 los que ay en el año, vienen a componer 120 mill pesos; esto y lo demás que embiaría por otros conductos de viageros y de negociantes, salía de lo que le daban las vicitas de curatos y demás contribuciones de los curas, conque comparadas estas excesivas riquesas con la falta de pasto espiritual en el rebaño de la yglecia pueden sin mucha dificultad sacarse las concequencias que son regulares, comprehendiéndose quánto dista este modo de proceder de las christianas intenciones y deseos católicos de nuestros monarcas, que siempre han sido propagadores de la fe cathólica, defensores de la religión y sostenedores de ella.

N.º 34

Sobre las penciones que tienen los yndios en Angaraez

Además de las contribuciones que hacen los yndio al cura por rasón de las festividades de cada pueblo y de entierros, que no pueden ser mayores, es establecimiento que así a él como a sus curas thenientes les aigan de dar, en qualquiera donde estén, yndios que les sirvan, bagajes para conducir sus camas y equipajes de unos pueblos a otros, o quando salen a confeción, y juntamente en todos ellos donde están, sea de tráncito o de aciento, les han de mantener, dándoles dos platos al medio día y otros dos a la noche, cuya pención recae sobre las yndias viudas, que para este efecto se remudan todos los días, y cada una cumple en que le toca con poner a su costa quanto se necesita para la comida, que es de establecimiento, conque por todos modos travaja ésta miserablemente para que el cura tenga en ellos más de aprovecharse. He entendido haverse reformado esta práctica de que las viudas mantengan al cura y a sus thenientes en algunas doctrinas, aún de la provincia de Angaraes, pero en otras subsiste y sería muy combeniente que en todas estubiese quitada, y que en su lugar se dedicasen con algún más cuidado a darles el pasto espiritual de que carecen.

Guancavélica y mayo 15 de 1763.
[Firmado: Antonio de Ulloa]

Glosario de personas

A

Afino, Juan de (dependiente del gobernador Vega, sobrestante de materiales de la mina) 34, 70, 95, 100, 117, 126
Aguirre, Juan José de (Cura de San Sebastián) 95, 97, 98, 99, 100, 101, 102, 104, 105, 108, 110, 223, 240, 255, 256, 257, 258, 260, 261, 262, 263, 265, 266, 269, 270, 303, 305
Alegría, Domingo (sobrestante de la mina) 45
Amat, Manuel de (Virrey) 100, 127, 186, 187, 266, 302, 308, 311
Anthesana, Fernando (veedor de la mina) 70
Arana, Fernando de (escribano público) 119, 221
Arana, Fernando (veedor y sobrestante) 45
Arizmendi, Luis (azoguero de Potosí) 189
Azofra, José de (contador de Lima) 177

B

Barco, Francisco del (contador interino, caja de Huancavelica) 202
Barreda, Ygnacio de la (procurador del gremio de mineros) 103, 249
Barrera, Miguel de la 154
Bergara, Francisco de (minero del gremio) 65, 249
Bracho, Sancho (corregidor de Condesuyo) 309

C

Calongo, Antonio (corregidor de Omasuyos) 128

D

E

F

G

H

L

M

N

O

P

Q

R

S

T

V

Y

Made in United States
Cleveland, OH
11 November 2026

48143870R00179